国家社会科学基金（教育学）重大项目（VDA200004）阶段性研究成果
北京外国语大学"双一流"建设标志性项目（BW202018）阶段性研究成果

"一带一路"国家文化教育大系　　　总主编　王定华

突尼斯文化教育研究

التعليم والثقافة في الجمهورية التونسية

李书红　黄晓亮　著

外语教学与研究出版社
FOREIGN LANGUAGE TEACHING AND RESEARCH PRESS
北京 BEIJING

图书在版编目（CIP）数据

突尼斯文化教育研究 / 李书红，黄晓亮著. -- 北京：外语教学与研究出版社，2023.3（2023.10重印）
（"一带一路"国家文化教育大系 / 王定华总主编）
ISBN 978-7-5213-4353-3

Ⅰ. ①突⋯ Ⅱ. ①李⋯ ②黄⋯ Ⅲ. ①教育研究－突尼斯 Ⅳ. ①G541.4

中国国家版本馆 CIP 数据核字（2023）第 050545 号

出 版 人　王　芳
项目负责　孙凤兰　巢小倩
责任编辑　巢小倩
责任校对　夏洁媛
封面设计　李　高　锋尚设计
版式设计　李　高
出版发行　外语教学与研究出版社
社　　址　北京市西三环北路 19 号（100089）
网　　址　https://www.fltrp.com
印　　刷　北京盛通印刷股份有限公司
开　　本　787×1092　1/16
印　　张　19.5　彩插 1 印张
版　　次　2023 年 4 月第 1 版 2023 年 10 月第 2 次印刷
书　　号　ISBN 978-7-5213-4353-3
定　　价　150.00 元

如有图书采购需求，图书内容或印刷装订等问题，侵权、盗版书籍等线索，请拨打以下电话或关注官方服务号：
客服电话：400 898 7008
官方服务号：微信搜索并关注公众号"外研社官方服务号"
外研社购书网址：https://fltrp.tmall.com

物料号：343530001

"一带一路"国家文化教育大系编写委员会

顾　　问：顾明远　　马克垚　　胡文仲

总 主 编：王定华

委　　员（按姓氏音序排列）：

常福良	戴桂菊	郭小凌	金利民	柯　静	李洪峰
刘宝存	刘　捷	刘生全	刘欣路	钱乘旦	秦惠民
苏莹莹	陶家俊	王　芳	谢维和	徐　辉	徐建中
杨慧林	张民选	赵　刚			

"一带一路"国家文化教育大系编审委员会

主　　任：王　芳

副 主 任：徐建中　　刘　捷

秘 书 长：孙凤兰

委　　员（按姓氏音序排列）：

蔡　喆	柴方圆	巢小倩	杜晓沫	华宝宁	焦缨添
刘相东	刘真福	马庆洲	彭立帆	石筠弢	孙　慧
万作芳	王名扬	杨鲁新	姚希瑞	苑大勇	张小玉
赵　雪	祝　军				

杜迦古城遺址

迦太基古城遺址

突尼斯市老城建筑一角

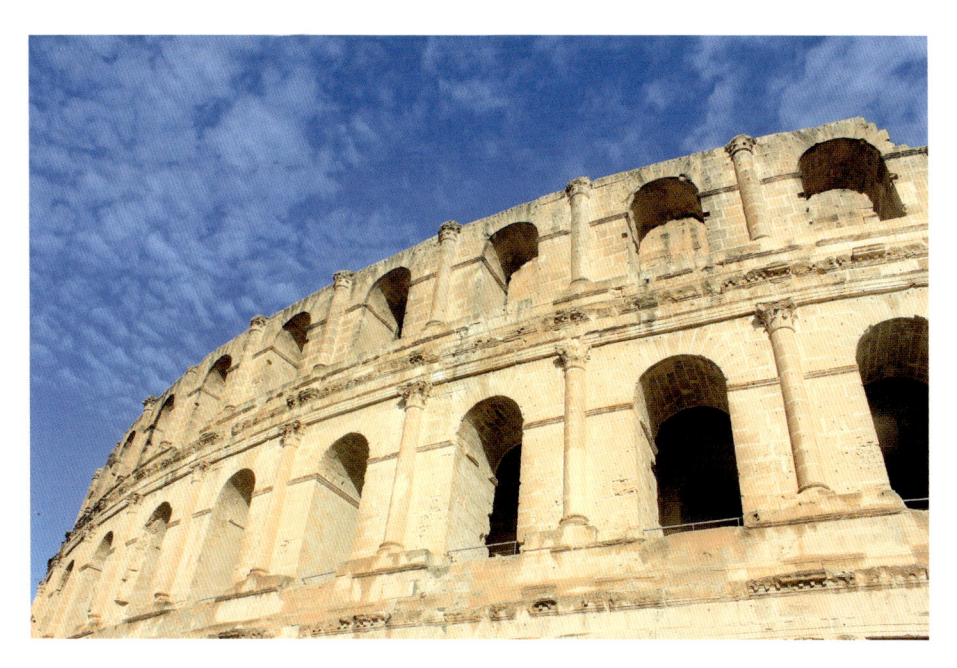

埃尔·杰姆古罗马斗兽场

突尼斯内陆民居

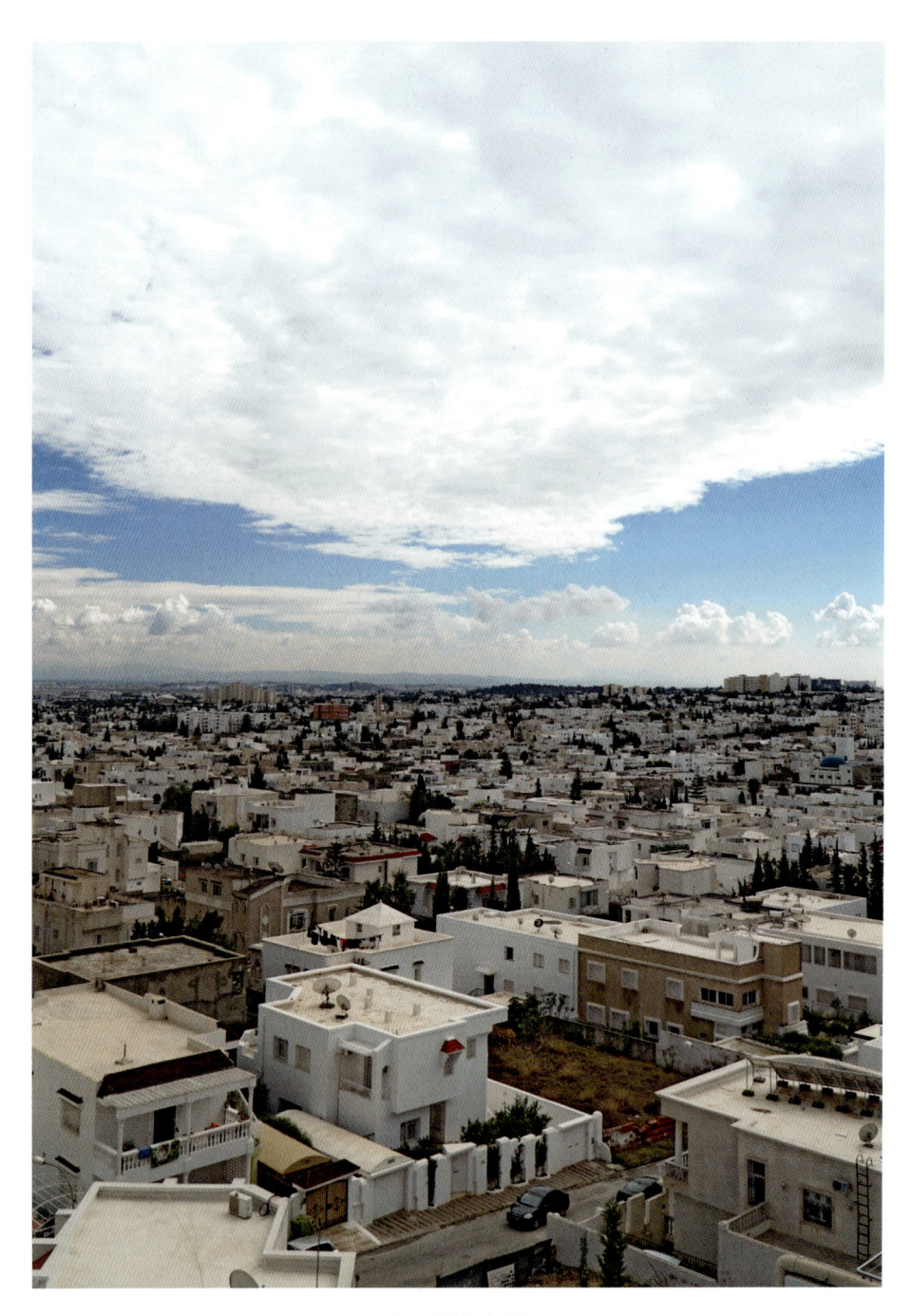

突尼斯市鸟瞰

突尼斯蓝色小镇

婚礼上的甜点

突尼斯国家图书馆

突尼斯湖岸第二小学

迦太基大学

宰图纳大学

突尼斯-艾尔马纳尔大学

突尼斯国家应用科学与科技学院图书馆

突尼斯高等教育与科研部

突尼斯高等语言学院中文课堂

迦太基大学孔子学院

迦太基大学孔子学院中秋活动

出版说明

2013年9月7日，国家主席习近平提出共建"丝绸之路经济带"重大倡议。2013年10月3日，习近平主席提出共建"21世纪海上丝绸之路"重大倡议。两者合称"一带一路"倡议。以2013年金秋为起点，"一带一路"倡议作为构建人类命运共同体的伟大设想，在开拓和平、繁荣、开放、绿色、创新、文明之路的非凡征程中，孕育生机和活力，汇聚信心和期待，在世界范围内广受欢迎和响应。

文化交流、文明互鉴是构建人类命运共同体的人文基础。文化发展，教育先行。作为"共和国外交官的摇篮"、文化教育的主动践行者、"一带一路"倡议的踊跃响应者和构建人类命运共同体的积极参与者，北京外国语大学在党委书记王定华教授的带领下，放眼世界，找准坐标，勇于担当，主动作为，深耕文化教育相关领域，研究、策划并组织编写了"一带一路"国家文化教育大系（以下简称大系）。国内相关高校和研究机构的众多专家学者献计献策，踊跃参加，形成了一个范围广泛、交流互动、共同进步的"一带一路"国家文化教育学术研究共同体。大系旨在填补国内相关研究领域的学术空白，实现"一带一路"国家教育研究全覆盖，为中国教育"走出去"和相关国家先进教育理念"请进来"提供科学理论和实践指导，具有重要的学术价值。同时，大系服务国家重大战略，通过分期分批出版，形成规模和品牌，向中国共产党建党一百周年和"一带一路"倡议提出十周年献礼，具有深远的意义。

作为国家社会科学基金（教育学）重大项目"新时代提升中国参与全球教育治理的能力及策略研究"、北京外国语大学"双一流"建设标志性项目"'一带一路'国家文化教育研究"的课题研究成果和北京外国语大学党委的"奋进之举"，大系秉承学术性与可读性兼顾的原则，对"一带一路"国家文化教育理论与实践问题展开深入研究，从国情概览、文化传统、教育历史、学前教育、基础教育、高等教育、职业教育、成人教育、教师教育、教育政策、教育行政、教育交流等方面，全景擘画"一带一路"国家的教育风貌，帮助读者了解"一带一路"国家教育的历史与现状、经验与特点，为我国教育的发展和对外交流合作提供有益的借鉴、思考与启迪。

肆虐全球的新冠肺炎疫情严重影响了各国人民的生产生活，带来了二战以来人类面临的最严重的全球性危机，同时也再次阐述了人类命运共同体深刻内涵的世界性意义。在疫情防控常态化背景下，大系所有专家学者不畏困难，齐心协力，直面挑战，守望相助，化危为机，切实履行了响应和支持"一带一路"倡议的承诺。在此，特别感谢大系总策划、总主编王定华教授，以及所有顾问、编委和作者的心血倾注、智慧贡献和努力付出。

外语教学与研究出版社对大系的编写和出版工作给予了高度重视。自2019年项目启动以来，外研社抽调精锐力量成立大系工作组，多次组织相关部门和人员召开选题论证会，商建编委会，召开全体作者大会，制订周密、科学的出版计划，以保证项目的顺利开展和图书的优质出版。目前，大系的出版工作已取得阶段性成果，预计在2023年"一带一路"倡议提出十周年前后，将分期分批推出数量和规模可观的、具有相当科研价值和学术价值的系列专著。期望大系的编写和出版能为"一带一路"建设、中外教育交流及我国文化教育发展发挥基础性、服务性、广远性的作用。

外语教学与研究出版社
2021年4月

总　序

王定华

改革开放以来，中国各项事业取得了巨大成就。中国经济和世界经济高度关联，中国一以贯之地坚持对外开放的基本国策，构建全方位开放新格局，深度融入世界经济体系。2013年9月和10月，习近平主席在出访中亚和东南亚国家期间，先后提出共建"丝绸之路经济带"和"21世纪海上丝绸之路"的重大倡议（以下简称"一带一路"倡议），得到国际社会的高度关注。其中，"丝绸之路经济带"东边牵着亚太经济圈，西边系着发达的欧洲经济圈，是世界上最长、最具发展潜力的经济大走廊；"21世纪海上丝绸之路"串起连通东盟、南亚、西亚、北非、欧洲等各大经济板块的市场链，发展面向南海、太平洋和印度洋的战略合作经济带，以亚欧非经济贸易一体化为发展的长期目标。

一、精准把握"一带一路"倡议的时代意蕴

"经济带"概念是对地区经济合作模式的创新。其中经济走廊涵盖中蒙

俄经济走廊、新亚欧大陆桥、中国–中亚–西亚经济走廊、孟中印缅经济走廊、中国–中南半岛经济走廊等，以经济增长极辐射周边，超越了传统发展经济学理论。"丝绸之路经济带"概念不同于历史上所出现的各类"经济区"与"经济联盟"，同后两者相比，经济带具有灵活性高、适用性广以及可操作性强的特点，各国都是平等的参与者，本着自愿参与、协同推进的原则，发扬古丝绸之路兼容并包的精神。

"一带一路"倡议是我国在新时代推进全方位对外开放的重要举措，为当今世界提供了一个充满东方智慧、实现共同发展的中国方案，也是对历史文化传统的高度尊重，凝聚了世界各国利益的最大公约数。丝绸之路是起始于古代中国，连接亚洲、非洲和欧洲的古代陆上商业贸易路线，最初的作用是运输古代中国出产的丝绸、瓷器等商品，后来成为东方与西方之间在经济、政治、文化等方面进行交流的主要通道。1877年，德国地质、地理学家李希霍芬（F. P. W. Richthofen）在其著作《中国》一书中，把公元前114年至公元127年，中国与中亚、中国与印度间以丝绸贸易为媒介的这条西域交通道路命名为"丝绸之路"，这一名词很快为学术界和大众所接受，并正式运用。其后，德国历史学家赫尔曼（A. Herrmann）在20世纪初出版的《中国与叙利亚之间的古代丝绸之路》一书中，根据新发现的文物考古资料，进一步把丝绸之路延伸到地中海西岸和小亚细亚，并确定了丝绸之路的基本内涵，即它是中国古代与中亚、南亚、西亚以及欧洲、北非的陆上贸易交往通道。进入21世纪，海上丝绸之路也被纳入丝绸之路的涵盖范围，即从中国沿海港口过南海到印度洋并延伸至欧洲，从中国沿海港口过南海到南太平洋。随着时代的发展，"丝绸之路"成为古代中国与西方所有政治经济文化往来通道的统称。

推进"一带一路"建设既是中国扩大和深化对外开放的需要，也是加强和世界各国互利合作的需要，中国愿意承担更多责任和义务，为人类和平发展做出更大的贡献。文明交流互鉴是构建人类命运共同体的重要途径，是推动人类文明共同进步、实现世界和平发展的重要动力。共建"一带一路"要顺应世界多极化、经济全球化、文化多样化、社会信息化的潮流，秉持开放的区域合作精神，致力于推动"一带一路"各国实现经济政策协调，开展更大范围、更高水平、更深层次的区域合作，共同打造开放、包容、均衡、普惠的区域经济合作架构，维护全球自由贸易体系和开放型世界经济格局。

"一带一路"贯穿亚欧非大陆，一头是活跃的东亚经济圈，一头是发达的欧洲经济圈，中间广大腹地国家经济发展潜力巨大。根据"一带一路"走向，陆上依托国际大通道，以中心城市为支撑，以重点经贸产业园区为合作平台，共同打造新亚欧大陆桥以及中蒙俄、中国-中亚-西亚、中国-中南半岛等国际经济合作走廊；海上以重点港口为基点，共同建设通畅安全高效的运输大通道。

"一带一路"建设是有关国家开放合作的宏大经济愿景，需要各国携手努力，朝着互利互惠、共同安全的目标相向而行：努力实现区域基础设施更加完善，安全高效的陆海空通道网络基本形成，互联互通达到新水平；投资贸易便利化水平进一步提升，高标准自由贸易区网络基本形成，经济联系更加紧密，政治互信更加深入；人文交流更加广泛深入，不同文明互鉴共荣，各国人民相知相交、和平友好。

"一带一路"倡议是具有开放性和包容性的友好建议。当今世界是一个开放的世界，开放带来进步，封闭导致落后。中国认为，只有开放才能发现机遇、抓住并用好机遇、主动创造机遇，才能实现国家的奋斗目标。"一带一路"倡议就是要把世界的机遇转变为中国的机遇，把中国的机遇转变为世界的机遇。正是基于这种认知与愿景，"一带一路"倡议以开放为导向，冀望通过加强交通、能源和网络等基础设施的互联互通建设，促进经济要素有序自由流动、资源高效配置和市场深度融合，开展更大范围、更高水平、更深层次的区域合作，打造开放、包容、均衡、普惠的区域经济合作架构，以此来解决经济增长和平衡问题。"一带一路"倡议的开放包容性是区别于其他区域性经济倡议的一个突出特点。

"一带一路"倡议是超越地缘政治的务实合作的广阔平台。"和平合作、开放包容、互学互鉴、互利共赢"的丝路精神是人类共有的历史财富，"一带一路"倡议就是秉承这一精神与原则提出的新时代重要倡议，通过加强相关国家间的全方位多层面交流合作，充分发掘与发挥各国的发展潜力与比较优势，形成互利共赢的区域利益共同体、命运共同体和责任共同体。在这一机制中，各国是平等的参与者、贡献者、受益者。因此，"一带一路"倡议从一开始就具有平等性、和平性特征。平等是中国坚持的重要国际准则，也是"一带一路"建设的关键基础。只有建立在平等基础上的合作才能是持久的合作，也才会是互利的合作。"一带一路"倡议平等包容的合作特征为其推进减轻了阻力，提升了共建效率，有助于国际合作真正"落地生根"。同时，"一带一路"建设离不开和平安宁的国际环境和地区环境，和平是"一带一路"建设的本质属性，也是保障其顺利推进所不可或缺的重要因素。这些就决定了"一带一路"倡议不应该也不可能沦为大国政治较量的工具，更不会重复地缘博弈的老路。

"一带一路"倡议是政府、企业、团体共同发力的项目载体。"一带一路"建设是在双边或多边联动基础上通过具体项目加以推进的，是在进行充分政策沟通、战略对接以及市场运作后形成的发展倡议与规划。2017年5月发布的《"一带一路"国际合作高峰论坛圆桌峰会联合公报》强调了建设"一带一路"的合作原则，其中就包括市场运作原则，即充分认识市场作用和企业主体地位，确保政府发挥适当作用，政府采购程序应开放、透明、非歧视。可见，"一带一路"建设的核心主体与支撑力量并不是政府，而是企业，根本方法是遵循市场规律，并通过市场化运作模式来实现参与各方的利益诉求，政府在其中发挥构建平台、创立机制、政策引导等指向性、服务性功能。

"一带一路"倡议是与现有相关机制对接互补的有益渠道。参与"一带一路"建设的国家要素禀赋各异，比较优势差异明显，互补性很强。有的国家能源资源富集但开发力度不够，有的国家劳动力充裕但就业岗位不足，有的国家市场空间广阔但产业基础薄弱，有的国家基础设施建设需求旺盛但资金紧缺。我国目前经济总量居全球第二，外汇储备居全球第一，优势产业越来越多，基础设施建设经验丰富，装备制造能力强、质量好、性价比高，具备资金、技术、人才、管理等综合优势。这就为我国与其他"一带一路"建设参与方实现产业对接与优势互补提供了现实可能与重大机遇。因而，"一带一路"倡议的核心内容就是要加强基础设施建设和促进互联互通，对接各国政策和发展战略，以便深化务实合作，促进协调联动发展，实现共同繁荣。由此可见，"一带一路"倡议不是对现有地区合作机制的替代，而是与现有机制互为助力、相互补充。实际上，"一带一路"建设已经与俄罗斯主导的欧亚经济联盟、印尼全球海洋支点发展规划、哈萨克斯坦光明之路经济发展战略、蒙古国草原之路倡议、欧盟欧洲投资计划、埃及苏伊士运河走廊开发计划等实现了对接与合作，并形成了一批标志性项目，如中哈（连云港）物流合作基地。作为新亚欧大陆桥经济走廊建设成果之一，中哈（连云港）物流合作基地初步实现了深水大港、远洋干线、中欧班列、物流场站的无缝对接。该项目与哈萨克斯坦光明之路经济发展战略高度契合。

"一带一路"倡议是促进人文交流的沟通桥梁。"一带一路"倡议跨越不同区域、不同文化、不同宗教信仰，但它带来的不是文明冲突，而是各文明间的交流互鉴。"一带一路"倡议在推进基础设施建设、加强产能合作与发展战略对接的同时，也将"民心相通"作为工作重心之一。民心相通是"一带一路"建设的社会根基。民心相通就是要传承和弘扬丝绸之路友好合作精神，广泛进行文化交流、学术交流、人才交流往来、媒体合作、青年和妇女交往、志愿者服务等，为深化双边和多边合作奠定坚实的民意基础。一是扩大相互间留学生规模，开展合作办学；国家间互办文化年、艺术节、电影节、电视周和图书展等活动，深化国家间人才交流合作。二是加强旅游合作，扩大旅游规模，联合打造具有丝绸之路特色的国际精品旅游线路和旅游产品。三是强化与周边国家在传染病疫情信息沟通、防治技术交流、专业人才培养等方面的合作，提高合作处理突发公共卫生事件的能力。四是加强科技合作，共建联合实验室（研究中心）、国际技术转移中心、海上合作中心，促进科技人员交流，合作开展重大科技攻关，共同提升科技创新能力。五是整合现有资源，开拓和推进参与国家在青年就业、创业培训、职业技能开发、社会保障管理服务、公共行政管理等共同关心领域的务实合作。六是充分发挥政党、议会交往的桥梁作用，加强国家之间立法机构、主要党派和政治组织的友好往来，互结友好城市。七是加强各国民间组织的交流合作，重点面向基层民众，广泛开展教育、医疗、减贫开发、生物多样性和生态环保等主题的各类公益慈善活动，改善贫困地区生产生活条件；加强文化传媒领域的国际交流合作，积极利用网络平台，运用新媒体工具，塑造和谐友好的文化生态和舆论环境；通过强化民心相通，弘扬丝绸之路精神，开展智力丝绸之路、健康丝绸之路等建设，在科学、教育、文化、卫生、民间交往等领域广泛合作，使"一带一路"建设的民意基础更为坚实，社会根基更加牢固。"一带一路"建设就是要以文明交流超越文明隔阂，以文明互鉴超越文明冲突，以文明共存超越文明优越，为相关国家人民加强交流、增进理解搭起新的桥梁，为不同文化和文明加强对话、交流互鉴织就新的纽带，推动各国相互理解、相互尊重、相互信任。

"一带一路"是促进共同发展、实现共同繁荣的友谊之路。共建"一带一路"旨在促进各国发展战略的对接和耦合，有利于发掘区域市场的潜力，推动经济要素有序自由流动、资源高效配置和市场深度融合，促进投资和消费，创造需求和就业，增进各国人民的人文交流与文明互鉴，从而让各国人民相逢相知、互信互敬，共享和谐、安宁、富裕的生活。共建"一带一路"符合国际社会的根本利益，彰显了人类社会的共同理想和美好追求，是国际合作及全球治理新模式的积极探索，将为世界和平发展增添新的正能量。中国政府倡议秉持和平合作、开放包容、互学互鉴、互利共赢的理念，全方位推进务实合作，打造政治互信、经济融合、文化包容的利益共同体、命运共同体和责任共同体。

"一带一路"倡议已经得到世界上众多国家和地区的积极响应，成为维护全球自由贸易体系和开放型世界经济的重要支撑。截至 2021 年 1 月 30 日，中国已经同 171 个国家和国际组织签署 205 份共建"一带一路"合作文件。[1] 特别是 2017 年 5 月第一届"一带一路"国际合作高峰论坛、2019 年 4 月第二届"一带一路"国际合作高峰论坛和 2019 年 5 月亚洲文明对话大会的成功举办，充分彰显了我国开放、包容的大国外交风范。在此背景下，我们一方面应致力于向世界介绍中国，推动中国文化"走出去"，讲好中国故事；另一方面也应加强对"一带一路"国家的历史、文化、语言、教育、艺术等方面的介绍和研究，让中国人民更多地了解"一带一路"国家的具体国情，特别是文化传统和教育体系。

"一带一路"倡议合作范围不断扩大，合作领域愈加广阔。它不仅给参与各方带来了实实在在的合作红利，也为世界贡献了应对挑战、创造机遇、强化信心的智慧与力量。

当今世界，新冠肺炎疫情带来诸多挑战，局部战争风险依然存在，经济增长动能不足，"逆全球化"思潮涌动，地区动荡持续，恐怖主义蔓延。和平赤字、发展赤字、治理赤字带来的严峻问题，已摆在全人类面前。这充分说明现有的全球治理体系面临结构性问题，亟须找到新的破解之策与应对方略。作为一个新兴大国，中国有能力、有意愿同时也有责任为完善全球治理体系贡献智慧与力量。面对新挑战、新问题、新情况，中国给出

---

[1] 中国一带一路网. 我国已签署共建"一带一路"合作文件 205 份 [EB/OL].（2021-01-30）[2021-02-23]. https://www.yidaiyilu.gov.cn/xwzx/gnxw/163241.htm.

的全球治理方案是：构建人类命运共同体，实现共赢共享。"一带一路"倡议正是朝着这个目标努力的具体实践。"一带一路"倡议强调各国的平等参与、包容普惠，主张携手应对世界经济面临的挑战，开创发展新机遇，谋求发展新动力，拓展发展新空间，共同朝着人类命运共同体方向迈进。正是本着这样的原则与理念，"一带一路"倡议针对各国发展的现实问题和治理体系的短板，创立了亚洲基础设施投资银行、丝路基金等新型国际机制，构建了多形式、多渠道的交流合作平台。这既能缓解当今全球治理机制代表性、有效性、及时性难以适应现实需求的困境，在一定程度上扭转公共产品供应不足的局面，提振国际社会参与全球治理的士气与信心，又能满足发展中国家尤其是新兴市场国家变革全球治理机制的现实要求，大大增强了新兴国家和发展中国家的话语权，是推进全球治理体系朝着更加公正合理方向发展的重大突破。

"一带一路"倡议涵盖了发展中国家与发达国家，实现了"南南合作"与"南北合作"的统一，有助于推动全球均衡可持续发展。"一带一路"建设以基础设施建设为着眼点，促进经济要素有序自由流动，推动中国与相关国家的宏观政策的对接与协调。对于参与"一带一路"建设的发展中国家来说，这是一次搭中国经济发展"快车""便车"，实现自身工业化、现代化的历史性机遇，有利于推动"南南合作"的广泛展开，同时也有助于增进"南北对话"，促进"南北合作"的深度发展。不仅如此，"一带一路"倡议的理念和方向同联合国《2030年可持续发展议程》也高度契合，完全能够加强对接，实现相互促进。联合国秘书长古特雷斯表示，"一带一路"倡议与《2030年可持续发展议程》都以可持续发展为目标，都试图提供机会、全球公共产品和双赢合作，都致力于深化国家和区域间的联系。

二、深入推动"一带一路"国家的教育交流

2020 年 6 月印发的《教育部等八部门关于加快和扩大新时代教育对外开放的意见》指出,教育对外开放是教育现代化的鲜明特征和重要推动力,要以习近平新时代中国特色社会主义思想为指导,坚持教育对外开放不动摇,主动加强同世界各国的互鉴、互容、互通,形成更全方位、更宽领域、更多层次、更加主动的教育对外开放局面。

教育为国家富强、民族繁荣、人民幸福之本,在共建"一带一路"中具有基础性和先导性作用。教育交流为各国民心相通架设桥梁,人才培养为各国政策沟通、设施联通、贸易畅通、资金融通提供支撑。各国间教育交流源远流长,教育合作前景广阔,大家携手发展教育,合力共建"一带一路",是造福各国人民的伟大事业。推进"一带一路"国家教育共同繁荣,既是加强与各国教育互利合作的需要,也是推进中国教育改革发展的需要,中国愿意在力所能及的范围内承担更多责任和义务,为区域教育大发展做出更大的贡献。

(一)教育合作的原则

"一带一路"国家教育合作应遵循四个重要原则。

一是育人为本,人文先行。加强合作育人,提高区域人口素质,为共建"一带一路"提供人才支撑。坚持人文交流先行,建立区域人文交流机制,搭建民心相通桥梁。

二是政府引导,民间主体。政府加强沟通协调,整合多种资源,引导教育融合发展。发挥学校、企业及其他社会力量的主体作用,活跃教育合作局面,丰富教育交流内涵。

三是共商共建,开放合作。坚持共商、共建、共享,推进各国教育发

展规划相互衔接，实现各国教育融通发展、互动发展。

四是和谐包容，互利共赢。加强不同文明之间的对话，寻求教育发展最佳契合点和教育合作最大公约数，促进各国在教育领域互利互惠。

（二）教育合作的重点

"一带一路"各国教育特色鲜明、资源丰富、互补性强、合作空间巨大。中国将以基础性、支撑性、引领性三方面举措为建议框架，开展三方面重点合作，对接各国意愿，互鉴先进教育经验，共享优质教育资源，全面推动各国教育提速发展。

1. 开展教育互联互通合作

一是加强教育政策沟通。开展"一带一路"国家教育法律、政策协同研究，构建各国教育政策信息交流通报机制，为各国政府推进教育政策互通提供决策建议，为各国学校和社会力量开展教育合作交流提供政策咨询。积极签署双边、多边和次区域教育合作框架协议，制定各国教育合作交流国际公约，逐步疏通教育合作交流政策性瓶颈，实现学分互认、学位互授联授，协力推进教育共同体建设。

二是助力教育合作渠道畅通。推进"一带一路"国家间签证便利化，扩大教育领域合作交流，形成往来频繁、合作众多、交流活跃、关系密切的携手发展局面。鼓励有合作基础、相同研究课题和发展目标的学校缔结姊妹关系，逐步深化和拓展教育合作交流。举办校长论坛，推进学校间开展多层次、多领域的务实合作。支持高等学校依托优势学科和专业，建立"产学研用"相结合的国际合作联合实验室（研究中心）、国际技术转移中心，共同应对各国在经济发展、资源利用、生态保护等方面面临的重大挑战与机遇。打造"一带一路"国家学术交流平台，吸引各国专家学者、青年学生开展研究和学术交流。推进"一带一路"国家优质教育资源共享。

三是促进语言互通。研究构建语言互通协调机制，共同开发语言互通开放课程，逐步将国家语言课程纳入各国的学校教育课程体系。拓展政府间语言学习交换项目，联合培养、相互培养高层次语言人才。发挥外国语院校人才培养优势，推进基础教育多语种师资队伍建设和外语教育教学工作。扩大语言学习国家公派留学人员规模，倡导各国与中国院校合作在华开办本国语言专业。支持更多社会力量助力孔子学院和孔子课堂建设，加强汉语教师和汉语教学志愿者队伍建设，全力满足不同国家的汉语学习需求。

四是推进民心相通。鼓励学者开展或合作开展中国课题研究，增进各国对中国发展模式、国家政策、教育文化等各方面的理解。建设国别和区域研究基地，与对象国合作开展经济、政治、教育、文化等领域研究。逐步将理解教育课程、丝路文化遗产保护纳入各国中小学教育课程体系，加强青少年对不同国家文化的理解。加强"丝绸之路"青少年交流，注重通过志愿服务、文化体验、体育竞赛、创新创业活动和新媒体社交等途径，增进不同国家青少年对其他国家文化的理解。

五是推动学历学位认证标准联通。推动落实联合国教科文组织《亚太地区承认高等教育资历公约》，支持联合国教科文组织建立世界范围学历互认机制，实现区域内双边、多边学历学位关联互认。呼吁各国完善教育质量保障体系和认证机制，加快推进本国教育资历框架开发，助力各国学习者在不同种类和不同阶段教育之间进行转换，促进终身学习社会的建设。共商、共建区域性职业教育资历框架，逐步实现就业市场的从业标准一体化。探索建立各国教师专业发展标准，促进教师流动。

2．开展人才培养培训合作

一是实施"丝绸之路"留学推进计划。设立"丝绸之路"中国政府奖学金，为各国专项培养行业领军人才和优秀技能人才。全面提升来华留学人才培养质量，把中国打造成为深受各国学子欢迎的留学目的地。以国家公派留学为引领，推动更多中国学生到"一带一路"其他国家留学。坚持"出国留学和来华留学并重、公费留学和自费留学并重、扩大规模和提高质量并重、依法管理和完善服务并重、人才培养和发挥作用并重"，完善全链条的留学人员管理服务体系，保障平安留学、健康留学、成功留学。

二是实施"丝绸之路"合作办学推进计划。有条件的中国高等学校开展境外办学要集中优势学科，选好合作契合点，做好前期论证工作，构建科学的人才培养模式、运行管理模式、服务当地模式、公共关系模式，使学校顺利落地生根、开花结果。发挥政府引领、行业主导作用，促进高等学校、职业院校与行业企业深度产教融合。鼓励中国优质职业教育配合高铁、电信运营等行业企业"走出去"，探索开展多种形式的境外合作办学，合作设立职业院校、培训中心，合作开发教学资源和项目，开展多层次职业教育和培训，培养当地急需的各类"一带一路"建设者。整合资源，积极推进与各国在青年就业培训等共同关心领域的务实合作。倡议国家之间开展高水平合作办学。

三是实施"丝绸之路"师资培训推进计划。开展"丝绸之路"教师培训，加强先进教育经验交流，提升区域教育质量。加强"丝绸之路"教师交流，推动各国校长交流访问、教师及管理人员交流研修，推进优质教育模式在各国的互学互鉴。大力推进各国优质教学仪器设备、教材课件和整体教学解决方案的输出，跟进教师培训工作，促进各国教育资源和教学水平均衡发展。

四是实施"丝绸之路"人才联合培养推进计划。推进国家间的研修访学活动。鼓励各国高等院校在语言、交通运输、建筑、医学、能源、环境工程、水利工程、生物科学、海洋科学、生态保护、文化遗产保护等国家发展急需的专业领域联合培养学生，推动联盟内或校际教育资源共享。

3．共建丝路合作机制

一是加强"丝绸之路"人文交流高层磋商。开展国家间的双边、多边人文交流高层磋商，商定"一带一路"教育合作交流总体布局，协调推动各国建立教育双边和多边合作机制、教育质量保障协作机制和跨境教育市场监管协作机制，统筹推进"一带一路"教育共同行动。

二是充分发挥国际合作平台作用。发挥上海合作组织、东亚峰会、亚太经合组织、亚欧会议、亚洲相互协作与信任措施会议、中阿合作论坛、东南亚教育部长组织、中非合作论坛、中巴经济走廊、孟中印缅经济走廊、中蒙俄经济走廊等现有双边、多边合作机制的作用，增加教育合作的新内涵。借助联合国教科文组织等国际组织力量，推动各国围绕实现世界教育发展目标形成协作机制。充分利用中国–东盟教育交流周、中日韩大学交流合作促进委员会、中阿大学校长论坛、中非高校20+20合作计划、中日大学校长论坛、中韩大学校长论坛、中俄综合性大学联盟等已有平台，开展务实的教育合作交流。支持在共同区域、有合作基础、具备相同专业背景的学校组建联盟，不断延展教育务实合作平台。

三是实施"丝绸之路"教育援助计划。发挥教育援助在"一带一路"教育共同行动中的重要作用，逐步加大教育援助力度，重点投资于人、援助于人、惠及于人。发挥教育援助在"南南合作"中的重要作用，加大对相关国家尤其是最不发达国家的支持力度。统筹利用国家、教育系统和民间资源，为相关国家培养培训教师、学者和各类技能人才。积极开展优质教学仪器设备、整体教学方案、配套师资培训一体化援助。加强中国教育培训中心和教育援外基地建设。倡议各国建立政府引导、社会参与的多元化经费筹措机制，通过国家资助、社会融资、民间捐赠等渠道，拓宽教育经费来源，做大教育援助格局，实现教育共同发展。

三、精心组织"一带一路"国家文化教育大系的编著出版

在编写"一带一路"国家文化教育大系过程中，应当全面了解国内外对"一带一路"倡议的响应情况，关注进展，总结做法；应当在新冠肺炎疫情得到控制后到对象国去走一走，看一看，实地感受其教育情况和发展变化；应当广泛收集对象国一手资料，认真阅读，消化分析，吐故纳新；应当多方检索专家学者已经开展的相关研究，虚心参阅已有的研究成果。肆虐全球的新冠肺炎疫情，给人类身体健康和生命安全带来了巨大威胁，对世界格局和世界治理体系产生了重大影响，给全球各行各业带来了巨大挑战。教育置身其间，影响十分明显。因而，对"一带一路"国家文化教育进行研究时，必须观察分析疫情对相关国家文化教育和全球教育治理的深刻影响。

"一带一路"倡议提出后，中外已形成多个"一带一路"多边大学联盟。2015年5月22日，由西安交通大学发起的新丝绸之路大学联盟成立，迄今已吸引38个国家和地区的150余所大学加盟。该联盟是海内外大学结成的非政府、非营利性的开放性、国际化高等教育合作平台，以"共建教育合作平台，推进区域开放发展"为主题，推动"新丝绸之路经济带"国家和地区大学之间在校际交流、人才培养、科研合作、文化沟通、政策研究、医疗服务等方面的交流与合作，增进青少年之间的了解和友谊，培养具有国际视野的高素质、复合型人才，服务"新丝绸之路经济带"及欧亚地区的发展建设。

2015年10月17日，丝绸之路（敦煌）国际文化博览会筹委会文化传承创新高端学术研讨会在敦煌举行。中国的复旦大学、北京师范大学、兰州大

学和俄罗斯乌拉尔国立经济大学、韩国釜庆大学等 46 所中外高校在甘肃敦煌成立了"一带一路"高校战略联盟,以探索跨国培养与跨境流动的人才培养新机制,培养具有国际视野的高素质人才。46 所高校当日达成《敦煌共识》,联合建设"一带一路"高校国际联盟智库。联盟将共同打造"一带一路"高等教育共同体,推动"一带一路"国家和地区大学之间在教育、科技、文化等领域的全面交流与合作,服务"一带一路"国家和地区的经济社会发展。

2016 年 9 月,中国、中亚及丝绸之路经济带沿线 7 个国家的 51 所高校共同发起成立了中国-中亚国家大学联盟,旨在打造开放性、国际化互动平台,深化"一带一路"科教合作。

此外,高等教育合作研讨会也日渐增多,既有官方推动形成的研讨会,也有民间自发举办的研讨会。比如,中外大学校长论坛、新加坡-中国-印度高等教育论坛、"一带一路"教育对话论坛,以及北京师范大学举办的"一带一路"国家教育交流与合作高端研讨会,北京外国语大学举办的"一带一路"与行业国际化人才培养高峰论坛,北京理工大学主办的"一带一路"高等教育研究国际会议,浙江大学举办的"一带一路"背景下的工程科技人才培养国际研讨会等。这些多边研讨会的召开,不仅吸引了大量"一带一路"沿线国家的教育研究者与实践者参会,推动了研究与实践合作,而且创新了教育合作模式,促进了国际化高端人才培养,为"一带一路"建设奠定了民意基础。

"一带一路"倡议提出之后,中国学术界迅速开展了关于"一带一路"的研究活动,有关"一带一路"主题的图书主要有以下五类。第一类是倡议解读类图书,一般是梳理"一带一路"倡议的提出、发展及其理论内涵与外延。第二类是经济贸易类图书,专业性较强,主要为理论研究型图书。第三类是国情文史类图书,多为介绍"一带一路"国家国情概览、历史情况、发展概况的工具书,语言平实,部分图书学术性较强。第四类是丝路历史类图书,一般回顾古代丝绸之路的形成与发展、丝绸之路上的人物和大事记等，追古溯源，以便更好地开启"一带一路"新篇章。第五类是法律税收类图书，多为法律指引、税务规范手册等。

可以看出，国内对"一带一路"国家的研究已有一定基础，但是囿于语言翻译的障碍，已经出版的"一带一路"图书，大多是政策解读、数据报告、概况介绍等，对对象国的研究广度和深度还很不够，尤其是针对"一带一路"国家文化教育的系统研究还比较少。

在"一带一路"国家中，遴选具有代表性的对象，对其文化、教育进行系统性的研究，并在此基础上编写"一带一路"国家文化教育大系，分期分批出版，对于帮助中国普通读者和研究人员了解"一带一路"国家的文化教育情况，以及对于拓展我国比较教育研究领域、丰富比较教育研究文献，乃至对于促进中外文明互通、更好地参与推进"一带一路"建设，都具有重要意义。基于对选题背景与意义、相关出版产品调研和北京外国语大学比较优势的分析，"一带一路"国家文化教育大系坚持学术性、可读性兼顾原则，分批次推出，不断积累，以形成规模和品牌。

大系在内容上，一方面呈现"一带一路"国家的文化概貌，展示"一带一路"国家教育发展的文化背景和社会依托。大系采用专题形式，力求用简洁平实的语言生动活泼地介绍"一带一路"国家的自然地理、人文景观、历史发展、风土人情、文化遗产等内容，重点呈现对象国独有的文化现象和独特风貌，集中揭示其民族文化内涵、民族精神、人文意蕴。另一方面，大系重点研究、评价、介绍"一带一路"国家教育的基本情况、发展历史、发展战略、政策法规、现存体系、治理模式与师资队伍等，这方面内容占较大篇幅，是全书的重点和主要内容。

"一带一路"倡议正在成为我国参与全球开放合作、改善全球治理体系、促进全球共同发展繁荣、推动构建人类命运共同体的中国方案。作为国家社会科学基金（教育学）重大项目"新时代提升中国参与全球教育治理的能力及策略研究"的部分研究成果和北京外国语大学"双一流"建设重大标志性成果，"一带一路"国家文化教育大系计划在 2021 年中国共产党建党 100 周年和北京外国语大学建校 80 周年之际，推出首批图书。2023 年"一带一路"倡议提出 10 周年时，推出该项目二期成果。同时积极参与党和国家相关主题纪念活动，以及国家重大图书项目的申报评选工作。

北京外国语大学以外语见长，国际交往活跃，被誉为"共和国外交官的摇篮"，先后培养了 400 多位大使、2 000 多位参赞，以及更多的外交外事外贸工作者。凡是有五星红旗飘扬的地方，都能看到北外人的身影。北外不仅承担着培养各类国际化人才的任务，更担负着向中国介绍世界、向世界介绍中国的历史使命。迄今为止，北外已获批开设 101 种外国语言，成立了 37 个区域与国别研究中心，丰富的涉外资源正在助力"一带一路"国家的研究。

大系由外研社具体组织实施。外研社隶属北外，多年来致力于"一带一路"国家的合作交流，服务讲好"中国故事"，在中华思想文化传播、打造中外出版联盟、推动中外学术互译等方面积累了丰富经验，对于协助研究、编著、出版"一带一路"国家文化教育大系具有良好的工作基础。这也是北外及外研社的使命和担当之所在。

大系编著者以北外教师为主。服务国家重大战略，北外人责无旁贷。同时，国内有研究专长和研究意愿的专家学者也踊跃参与，他们或独自撰著一书，或与北外同仁合作。大系还邀请了驻外使领馆的同志和对象国的学者参加撰写或审稿，他们运用一手资料，开展实地调研，力图提升大系的准确性。

四、结语

"一带一路"倡议植根历史，更面向未来；源于中国，更属于世界。"一带一路"作为文明互鉴的桥梁，从亚欧大陆延伸到非洲、美洲、大洋洲，与世界各国发展战略及众多国际和地区组织的发展实现对接联通，在通路、通航的基础上更好地通商，进而开展文化教育交流与沟通，加强商品、资金、技术、文化、教育流通，达成互学互鉴的文明愿景。"一带一路"倡议的目标是中国与"一带一路"国家在互联互通基础上分享优质产能，共商项目投资，共建基础设施，共享合作成果，内容包括政策沟通、设施联通、贸易畅通、资金融通、民心相通"五通"。"一带一路"倡议肩负重大使命，它要探寻经济增长之道，将中国自身的产能优势、技术与资金优势、经验与模式优势转化为市场与合作优势，实行全方位开放，共享中国改革发展红利；它要实现全球化再平衡，鼓励向西开放，带动西部开发以及中亚、蒙古等内陆国家和地区的开发，在国际社会推行全球化的包容性发展理念，主动向西推广中国优质产能和比较优势产业，惠及沿途、沿岸国家，避免西方国家所开创的全球化造成的贫富差距和地区发展不平衡情况，推动建立持久和平、普遍安全、共同繁荣的和谐世界；它要开创地区新型合作，强调共商、共建、共享原则，超越了马歇尔计划和传统的对外援助活动，给21世纪的国际合作带来了新的理念。所以，新时代中国的教育学者应当将"一带一路"国家文化教育研究作为比较教育新的增长点，全面深入开展研究，以自己的聪明才智丰富学术，为国出力，服务国家重大发展战略；在加强与"一带一路"国家的交流合作中，推动"一带一路"建设高质量发展，努力建设高质量的中国教育体系，并积极参与后疫情时代全球教育治理体系改革，加快构建以国内大循环为主体、国内国际双循环相互促进的新发展格局。

2023 年春
于北京外国语大学

（王定华，北京外国语大学党委书记、博士、教授、博士生导师，国家督学。历任河南大学教师、中国驻纽约总领事馆教育领事、教育部基础教育一司司长、教育部教师工作司司长等。）

本书前言

1964年1月10日，中华人民共和国与突尼斯共和国发表联合公报，两国正式建立外交关系。突尼斯历史悠久，其文明起源于古代地中海东岸居民腓尼基人，距今约有3 000年的历史。在漫漫历史长河中，位于欧亚非三大洲交汇处的突尼斯先后经历了迦太基、罗马、阿拉伯、奥斯曼土耳其以及法国的统治，创造出色彩斑斓的突尼斯文化。突尼斯作为阿拉伯-伊斯兰国家的身份认同从7世纪开始形成并延续至今。尽管在历史上位于地中海文化圈的突尼斯与位于东亚文化圈的中国并没有太多交集，但是近代西方殖民扩张使两国遭受同样的命运，并且两国也采取了相似的方式回应时代巨变：19世纪中叶，突尼斯侯赛因王朝以欧洲模式进行现代化革新，清政府几乎在同时期也掀起"洋务运动"。

中突历史文化渊源虽然不同，但两国近代史有很多相似经历，这不禁让中国读者在熟悉突尼斯的过程中或多或少有了代入感。两国都有对民族复兴的追求，都需要在面对历史和现代时找到平衡。理解了以上时代大背景后，再来理解突尼斯的国家政策和社会现实也就有了参考坐标。在今天的突尼斯，传统文化与西方文化的碰撞无处不在，这些碰撞的印记在国家文化教育政策以及社会政治生活中也显而易见。实际上，突尼斯的教育制度与法国非常相似，以致当笔者查阅资料和编写本书时，经常有在研究描述法国教育制度的错觉。

然而突尼斯终归需要找到自己的发展方向。教育制度应当立足于本国文化传统，以人口和经济体量以及近现代教育基础为土壤，这也是突尼斯有识之士在反思本国教育问题时得出的结论。无论如何，突尼斯独立后在教育领域取得的成就令世人瞩目：以独立之初从法国当局接手的殖民地教育体系为基础，在独立后将教育视为基本国策，以教育为基础打造现代化国家，有计划、分步骤地大幅提高初、中、高等教育的普及程度。在取得成就的同时，突尼斯教育也面临新的挑战，特别是如何消除地区经济不平衡所带来的教育资源分配不平均，以及改变只重视"量"而无暇顾及"质"的教育观念等问题。如何将学校教育与儿童和青少年发展结合起来？如何将应试教育转变为素质教育？如何在经济全球化的背景下，培养具备就业能力的大学毕业生？如何将教育创新转化为社会经济效益？如何实现终身教育的理念？以上问题在当代中国也能够引起共鸣。突尼斯和中国在教育发展过程中经历相似并非出于偶然，而是中突两国同作为发展中国家必须跨越的历史阶段。从这一角度来说，研究突尼斯教育具有直接的现实意义，中国和突尼斯在相关领域取得的成功经验对于彼此也具有参考价值。

进入 21 世纪以来，得益于中国走向世界、多方拓展合作关系的大背景以及突尼斯作为北非阿拉伯-伊斯兰国家的双重属性，中突关系发展进入了全新阶段。2000 年和 2004 年，中非合作论坛和中国-阿拉伯国家合作论坛（以下简称中阿论坛）先后宣告成立。2006 年 1 月，中国政府发表《中国对非洲政策文件》，其中写道：

> 中非友谊源远流长，基础坚实。中非有着相似的历史遭遇，在争取民族解放的斗争中始终相互同情、相互支持，结下了深厚的友谊。
>
> 新中国成立和非洲国家独立开创了中非关系新纪元。半个多世纪以来，双方政治关系密切，高层互访不断，人员往来频繁，经贸关系发展迅速，其他领域的合作富有成效，在国际事务中的磋商与协调日益加强。中国向非洲国家提供了力所能及的援助，非洲国家也给予中

国诸多有力的支持。

真诚友好、平等互利、团结合作、共同发展是中非交往与合作的原则，也是中非关系长盛不衰的动力。

2018年，中阿合作论坛第八届部长级会议通过了《中阿合作共建"一带一路"行动宣言》，突尼斯与中国签署了共建"一带一路"谅解备忘录，正式加入"一带一路"国家行列。

本书共分前言、正文十二章、结语、参考文献四个主要部分。其中第一章国情概览、第五章基础教育、第七章职业教育、第八章成人教育、第十章教育政策、第十一章教育行政以及结语由李书红执笔，第三章教育历史、第四章学前教育、第六章高等教育、第九章教师教育、第十二章中突教育交流由黄晓亮执笔，前言和第二章文化传统由两位笔者共同完成。

现阶段突尼斯教育研究的国内文献数量较少。在写作过程中，笔者查阅了大量第一手资料，包括大量突尼斯法律条款、政府文件以及联合国、欧盟等国际组织的研究报告等，力图为读者展现突尼斯教育的全貌。尽管本书的编撰工作从2020年2月至2023年4月历时三年多的时间，然而由于涉及主题众多，每一章每一节的每一个标题，以及每一个事件、人物、统计数据，甚至一条简单的脚注都可以单独作为研究题目，因此在写作时不免顾此失彼，加之笔者专业及学识所限，疏漏和错误在所难免。其中最为遗憾的是由于无法阅读阿拉伯语文献，外文资料的掌握及查证只能以法语为主。此外，也存在已掌握的材料中部分统计数据不连贯，最新数据缺乏，甚至数据之间自相矛盾，酌情取舍之后仍无法呈现突尼斯各教育领域的完整发展轨迹的问题。而2020年突发的新冠肺炎疫情也使得笔者无法前往突尼斯当地查找相关材料或验证结论。抱着以上种种遗憾，我们欢迎读者批评指正，同时希望本书能够抛砖引玉，为研究突尼斯教育的学者和专业人士提供一定的参考。

在本书写作的过程中，我们得到了众多同行以及突尼斯教育领域相关专业人士的帮助。在此特别感谢北京外国语大学党委书记、中国教育学会国际教育分会理事长、"一带一路"国家文化教育大系总主编王定华教授的指导，感谢大系编委会，外研社编审团队，北京外国语大学非洲学院院长李洪峰教授、法语语言文化学院洪晖副教授，上海外国语大学贤达学院佳荷副教授，突尼斯斯法克斯市西蒙·波伏娃学校 Alexandre Espinet 先生，北京外国语大学亚洲学院朱文珊博士后，北京大学区域与国别研究院何则锐博士，等等。最后，笔者希望本书读者能够继续关注突尼斯教育，并祝愿这一在国内刚起步的研究今后能够蓬勃发展。

李书红　黄晓亮
2023 年 4 月于北京外国语大学

目 录

第一章 国情概览 ... 1
第一节 自然地理 ... 1
一、地理位置 ... 1
二、地形地貌 ... 2
三、气候水文 ... 2
四、自然资源 ... 3

第二节 国家制度 ... 4
一、国家标志 ... 4
二、行政区划 ... 4
三、政党、宪法和政体 ... 5
四、军事国防 ... 8
五、对外政策 ... 9

第三节 社会生活 ... 11
一、经济发展 ... 11
二、新闻传媒 ... 22
三、医疗卫生 ... 24
四、体育休闲 ... 25

第二章 文化传统 ... 27
第一节 历史沿革 ... 27
一、迦太基文化 ... 28
二、古罗马文化 ... 30
三、阿拉伯-伊斯兰文化 ... 31
四、奥斯曼土耳其文化 ... 33

五、法兰西文化···35
　　　六、布尔吉巴至本·阿里时期的文化建设··················38
　　　七、2011年以来的文化发展································42
　第二节 风土人情···45
　　　一、人口、语言和宗教··46
　　　二、民间传统···49
　　　三、大众文化···53
　第三节 文化名人···54
　　　一、伊本·赫勒敦···54
　　　二、马木德·卡巴度··55
　　　三、哈伊尔丁···56
　　　四、阿里·本·阿义德··56
　　　五、马哈茂德·梅萨迪··57

第三章 教育历史···58
　第一节 历史沿革···58
　　　一、7—18世纪的教育···59
　　　二、19世纪的教育···61
　　　三、法国殖民统治时期的教育······························63
　　　四、独立之后的教育··68
　第二节 教育流派···71
　　　一、革新派与保守派诞生的历史背景·····················72
　　　二、独立前后革新派与保守派的角力·····················73

第四章 学前教育···75
　第一节 学前教育的发展和现状·································76
　　　一、托儿所··78

二、幼儿园 ……………………………………… 79
　　三、古兰经学校 …………………………………… 81
　　四、小学预科班 …………………………………… 82
  第二节　学前教育的特点 ………………………………… 83
　　一、以提高妇女儿童地位促进学前教育的发展 …… 84
　　二、世俗学校与宗教学校并存 …………………… 85
　　三、民间资本大量进入学前教育领域 …………… 86
  第三节　学前教育的挑战和对策 ………………………… 86
　　一、学前教育面临的挑战 ………………………… 87
　　二、学前教育的发展对策 ………………………… 89

第五章　基础教育 ……………………………………… 92
  第一节　基础教育的发展与现状 ………………………… 92
　　一、基础教育体制 ………………………………… 93
　　二、基础教育规模 ………………………………… 96
　　三、全民教育 ……………………………………… 99
　　四、基础教育质量 ………………………………… 102
　　五、基础教育投入 ………………………………… 109
　　六、私立学校 ……………………………………… 112
  第二节　基础教育的特点 ………………………………… 117
　　一、语言教学以双语制为主、多语制为辅 ……… 117
　　二、设立重点学校以培养精英 …………………… 120
　　三、区域发展差异显著 …………………………… 122
  第三节　基础教育的改革对策 …………………………… 125
　　一、通过加强教师培训与学生管理改善
　　　　教学质量 ……………………………………… 125
　　二、采取各种措施减少失学辍学现象 …………… 127
　　三、鼓励发展私立学校 …………………………… 128

第六章 高等教育 …………………………………………… 130
第一节 高等教育的发展与现状 …………………………… 130
一、高等教育概况 ……………………………………… 131
二、高等教育学制 ……………………………………… 134
三、师资管理 …………………………………………… 140
四、公立高等教育机构一览 …………………………… 142
第二节 高等教育的特点 …………………………………… 150
一、以国际化提升高等教育质量 ……………………… 151
二、积极发展私立高等教育 …………………………… 153
三、高等教育与科研协同发展 ………………………… 155
第三节 高等教育的挑战与对策 …………………………… 159
一、高等教育面临的挑战 ……………………………… 160
二、高等教育的发展对策 ……………………………… 164

第七章 职业教育 …………………………………………… 168
第一节 职业教育的发展与现状 …………………………… 169
一、职业教育概况 ……………………………………… 169
二、职业教育体制 ……………………………………… 170
三、职业教育规模 ……………………………………… 174
第二节 职业教育的特点 …………………………………… 182
一、多方参与职业教育 ………………………………… 183
二、鼓励措施多种多样 ………………………………… 186
第三节 职业教育的挑战与对策 …………………………… 189
一、职业教育面临的挑战 ……………………………… 190
二、职业教育的发展对策 ……………………………… 192

第八章 成人教育 ... 196
第一节 成人教育的发展和现状 ... 197
一、扫盲机构和政策 ... 197
二、文盲人群的分布 ... 198
三、扫盲成效 ... 202
第二节 成人教育的特点与经验 ... 206
一、成人教育的特点 ... 206
二、成人教育的经验 ... 210
第三节 成人教育的挑战和对策 ... 213
一、成人教育面临的挑战 ... 213
二、成人教育的发展对策 ... 214

第九章 教师教育 ... 217
第一节 教师教育的发展和现状 ... 217
一、教师教育的发展 ... 218
二、教师教育的现状 ... 219
第二节 教师教育的挑战和对策 ... 230
一、教师教育面临的挑战 ... 230
二、教师教育的发展对策 ... 232

第十章 教育政策 ... 235
第一节 政策与规划 ... 235
一、2011年以前的教育立法 ... 236
二、2011以后的教育立法和规划 ... 239
第二节 实施与挑战 ... 245
一、教育政策的实施 ... 246
二、教育政策的挑战 ... 248

第十一章 教育行政 ······ 252

第一节 中央教育行政 ······ 253
一、中央层面教育主管部门 ······ 253
二、教育管理部门间的协调 ······ 254
三、教育评估、跟踪和评审机制 ······ 256

第二节 地方教育行政 ······ 258
一、地方教育管理机构 ······ 258
二、赋予地方教育管理机构更多的自主权 ······ 259

第十二章 中突教育交流 ······ 262

第一节 交流历史 ······ 263
一、主要文件 ······ 263
二、交流实践 ······ 264

第二节 现状、模式与案例 ······ 265
一、日新月异的中突教育交流 ······ 265
二、中非合作论坛与中阿论坛 ······ 268
三、案例与思考 ······ 270

结　语 ······ 273

参考文献 ······ 278

第一章 国情概览

第一节 自然地理

一、地理位置

突尼斯[1]位于非洲大陆北端，北部和东部濒临地中海，隔突尼斯海峡与意大利西西里岛相望，西部与阿尔及利亚接壤，东南部毗邻利比亚，海岸线全长约1 300千米，总面积约16.2万平方千米。[2]位于突尼斯东北部的卡本半岛与西西里岛和意大利半岛构成一条链条，纵贯地中海中央，扼地中海东西航运要道。突尼斯位于欧洲、非洲和地中海的交界地带，地理位置具有十分重要的战略意义，自古以来便是多种文明的交汇地，也是兵家必争之地。

---

[1] 为避免歧义，本书中的"突尼斯"均指突尼斯共和国，"突尼斯市"指突尼斯共和国的首都突尼斯市；第二章中提及突尼斯市历史时，使用"突尼斯城"指代；其他涉及"突尼斯"的地理概念还有"突尼斯省"和"突尼斯大区"。

[2] 中华人民共和国外交部. 突尼斯国家概况 [EB/OL].（2022-06）[2022-09-02]. https://www.fmprc.gov.cn/web/gjhdq_676201/gj_676203/fz_677316/1206_678598/1206x0_678600/.

二、地形地貌

突尼斯地形地貌复杂多样，各地差异较为明显。突尼斯北部以山地、丘陵为主，由西向东倾斜，东北部沿海地区地势平缓。西南–东北走向的阿特拉斯山脉卧贯突尼斯北部，止步于卡本半岛。舍阿奈比山为突尼斯最高点，海拔1544米。突尼斯中部地区为辽阔的平原和高原，中南部多盐沼，南部为艾卜耶德沙漠，约占国土面积的五分之一。[1] 近年来，由于海平面上升，沿海地区出现了沙颈岬和混入海水的潟湖，盈盈波光点缀在第四纪化石沙丘的脚下，更为突尼斯增添了几许魅色。

三、气候水文

突尼斯气候受地中海和撒哈拉沙漠的影响，南北差异明显。北部属地中海型气候，夏季炎热干燥，冬季温和湿润，每年9月到次年6月为雨季；南部属热带沙漠气候，全年干燥炎热。就全国而言，8月为气温最高的月份，日平均温度21—33℃；1月最冷，日平均温度6—14℃。[2] 突尼斯南北温差很大，南部常有从撒哈拉沙漠吹来的干热季风，夏季酷热，最高温度超过50℃，而北部山区冬季气温可低至-5℃。

突尼斯四分之三的领土属于干旱（南部）或半干旱地区（中部），南部干旱地区的年降水量不到100毫米，而北部尤其是临海的山地地带降水相对丰富，年降水量可达500—1500毫米。[3]

---

[1] 中华人民共和国驻突尼斯共和国大使馆. 突尼斯概况 [EB/OL].（2005-09-21）[2022-09-02]. http://tn.china-embassy.org/chn/ljtns/tnsjk/t213164.htm.

[2] 中华人民共和国外交部. 突尼斯国家概况 [EB/OL].（2022-06）[2022-09-02]. https://www.fmprc.gov.cn/web/gjhdq_676201/gj_676203/fz_677316/1206_678598/1206x0_678600/.

[3] 资料来源于《拉鲁斯百科全书》官网。

突尼斯水系不太发达，降水不充沛，河流水量不稳定，雨季时往往会出现洪水，而夏季干燥时河流经常干涸。突尼斯最长的河流是迈杰尔达河，也是该国唯一的常年性河流。迈杰尔达河发源于阿尔及利亚境内，流经突尼斯北部地区，最终注入地中海。突尼斯中部地区有一些内陆河，南部沙漠地带几乎没有地表河流，但杰里德地区地下水系较为发达，孕育了绿洲和盐沼。突尼斯的湖泊多为咸水湖，较为著名的有中东部的切丽塔湖。此外，北部的突尼斯湖和2014年形成的加夫萨湖也十分著名。

四、自然资源

突尼斯自然资源比较匮乏，主要的矿产资源有磷酸盐、石油、天然气、铁、铝、锌等。磷酸盐是突尼斯最主要的矿产资源，储量为1亿吨，居世界第17位，2016—2018年的年产量分别为260万吨、450万吨和300万吨；截至2018年1月1日，突尼斯原油探明储量4.25亿桶，约合1亿吨，居世界第48位；天然气探明储量651.3亿立方米，居世界第58位；铁矿石探明储量为2 500万吨。[1]

---

[1] 商务部国际贸易经济合作研究院，中国驻突尼斯大使馆经商处，商务部对外投资和经济合作司. 对外投资合作国别（地区）指南：突尼斯（2020年版）[EB/OL]. [2021-12-02]. http://www.mofcom.gov.cn/dl/gbdqzn/upload/tunisi.pdf.

第二节 国家制度

一、国家标志

突尼斯全称为突尼斯共和国。1956 年 3 月 20 日，突尼斯赢得国家独立，3 月 20 日便成为突尼斯的独立日，也是国庆日。

突尼斯共和国现行国旗为长方形，长宽比例为 3∶2，国旗为红色，正中是一个白色圆形，白色圆形的直径为国旗长度的三分之一，圆心与长方形对角线交点重合，圆形内是一弯红色新月环抱着一枚红色五角星。新月是伊斯兰教的象征。

2014 年颁布的突尼斯宪法第四条规定，突尼斯国歌为《祖国的卫士》，国家格言为"自由、尊严、公正、秩序"。突尼斯货币为突尼斯第纳尔（简称为第纳尔）。

二、行政区划

突尼斯全国划分为 24 个省，下设 264 个行政区，2 073 个县。[1]

突尼斯的 24 个省分别为：阿里亚纳省、巴杰省、本阿鲁斯省、比塞大省、加贝斯省、加夫萨省、坚迪拜省、凯鲁万省、卡塞林省、吉比利省、卡夫省、马赫迪耶省、马努巴省、梅德宁省、莫纳斯提尔省、纳布勒省、斯法克斯省、西迪布济德省、锡勒亚奈省、苏塞省、泰塔温省、托泽尔省、突尼斯省和宰格万省。

---

[1] 资料来源于经合组织官网。

突尼斯省的省会突尼斯市自 13 世纪的哈夫斯王朝开始便是首都，是突尼斯政治、金融、文化中心和全国交通枢纽。突尼斯市坐落于地中海南岸、突尼斯湖以西，毗邻突尼斯湾。

除首都突尼斯市外，突尼斯其他主要城市有：斯法克斯、苏塞、加夫萨、加贝斯、比塞大、莫纳斯提尔、纳布勒和凯鲁万。突尼斯市、斯法克斯市和苏塞市是突尼斯经济体量排名前三的城市。[1]

三、政党、宪法和政体

突尼斯共和国成立之初实行一党制统治。1981 年 4 月，布尔吉巴总统宣布实行多党制。目前，突尼斯共有 200 多个合法政党，大部分出现于 2011 年之后，主要有复兴运动、突尼斯之心党、民主潮流党、自由宪政党、人民运动党、祝福突尼斯党等。

1959 年 6 月，制宪议会通过突尼斯共和国第一部宪法，宪法规定突尼斯是自由、独立的主权国家，实行共和制政体，议会采取一院制。1959 年宪法明确保障伊斯兰教的地位，国语为阿拉伯语。1959 年宪法先后经历 18 次修订，最近一次修订在 2022 年。20 世纪 90 年代以来主要的宪法修订包括：1997 年，突尼斯通过 97-65 号法律，修订宪法内容，降低总统候选人的参选年龄，扩大参选范围；2002 年，突尼斯举行独立后的首次全民公决，通过了 2002-51 号法律，修订宪法内容，取消对总统连任次数的限制，并将总统候选人的年龄上限增至 75 岁，议会改为两院制，由众议院和参议院组成。2011 年 3 月，突尼斯过渡政府宣布废除当时的宪法，解散参众两院，组建

---

[1] 商务部国际贸易经济合作研究院、中国驻突尼斯大使馆经商处，商务部对外投资和经济合作司. 对外投资合作国别（地区）指南：突尼斯（2020 年版）[EB/OL]. [2021-12-02]. http://www.mofcom.gov.cn/dl/gbdqzn/upload/tunisi.pdf.

新的制宪会议。2013 年 6 月，新宪法草案完成，并于 2014 年 1 月通过。新宪法重申国家的阿拉伯-伊斯兰属性，明确突尼斯实行共和制，实行三权分立，依法治国。[1] 2022 年 7 月，突举行修宪公投，新宪法以 94.6% 的支持率通过。新宪法规定突尼斯实行总统制，总统在政府协助下行使行政权；规定议会实行两院制，分别为国民议会和全国省会委员会；删除伊斯兰教为国教的表述。

（一）立法权

突尼斯人民通过人民代表大会或者全民公决的方式行使立法权，选举人民代表大会委员的选举称为立法选举。人民代表大会代表根据比例代表制通过直接普选产生，任期 5 年。人民代表大会代表必须年满 23 岁且拥有突尼斯国籍 10 年以上。10 名以上人民代表大会代表联名、总统或者政府首脑可发起立法动议。

（二）行政权

突尼斯的行政权由总统和总理领导下的政府行使。

总统是突尼斯的国家元首和国家统一的象征。总统由直接普选产生，任期五年，任期不得超过 2 届。总统候选人必须年满 35 岁，且自出生之日起便拥有突尼斯国籍并信仰伊斯兰教。如果总统候选人拥有多重国籍，应承诺在当选后放弃突尼斯国籍以外的其他国籍。突尼斯总统大选采取两轮选举制，候选人第一轮如果获得绝对多数的有效表决票即可当选总统，如果首轮选举中没有候选人获得绝对多数的有效表决票，则需要在首轮投票

---

[1] 本节关于突尼斯立法权、行政权和司法权的内容主要参照 2014 年突尼斯宪法，除非特殊情况，不再逐一说明。

结果公布 2 周内进行第二轮投票，首轮选举中获得票数最多的前两位候选人有资格参与第二轮选举，票数居多者胜。

总统负责制定国防、对外关系和国内安全的总体政策，是国家武装力量的最高指挥官。总统颁布法律，并有权将法律草案提交人民代表大会审议，也可以将某些法案提交全民公决。总统有权解散人民代表大会。如果总统职位出现临时空缺，其权力应由总理行使。如果空缺超过 60 天，将由人民代表大会主席担任国家临时总统，任期为 45—90 天，临时总统任期内应举行新的总统选举。

政府由总理及其指定的部长和国务秘书组成。政府对人民代表大会负责。总理通过如下办法产生：立法选举时，参与选举竞争的各个政党分别指定一名总理候选人，立法选举结束后，总统根据选举结果，任命获得最多席位的政党的总理候选人为新一任总理，并责成其组建新政府。政府组阁权归总理所有，但外交部部长和国防部部长的任命需要和总统协商。政府成员不得兼任人民代表大会代表或其他职位。宪法第 91 条规定：在尊重宪法第 77 条关于总统职责规定的前提下，总理决定国家的总体政策并负责其实施。全国人民代表大会三分之一以上成员联名可提请人民代表大会就政府进行信任表决，不能取得人民代表大会信任支持的总理必须辞职。总统和总理的职责纠纷由宪法委员会裁决。

2011 年突尼斯政治突变前，布尔吉巴总统和本·阿里总统的权力很大。为避免权力过度集中，2014 年的宪法试图努力平衡总统和议会的权力，目前该宪法中关于总统、总理和议会的权力，以及人民代表大会的选举模式等内容仍是突尼斯社会讨论的热点。

（三）司法权

突尼斯司法体系为大陆法系，与法国司法体系一脉相承。突尼斯司法独立，最高司法委员会是突尼斯司法系统最高机构，包括四个部分：诉讼司法委员会、行政司法委员会、财政司法委员会和上述三个委员会组成的全体大会。最高司法委员会履行法官任命、晋升、调动和纪律处分的职能。最高司法委员会主席由委员会成员从级别最高的法官中选举产生，总统根据最高司法委员会的建议任命法官。突尼斯全国有1个最高法院、10个上诉法院、24个一审法院、83个地方法庭。各省分别设有1个一审法院。每个法院下辖若干民事、刑事法庭。突尼斯没有独立的检察院，在司法部内部设检察机构。[1]

四、军事国防

突尼斯国民军创建于1956年。突尼斯从1975年开始实行义务兵役制，服役期为一年。[2] 鉴于突尼斯面对的外部威胁相对较小，突尼斯的国防预算十分有限。2012年，突尼斯国防预算仅占国家预算总额的1.22%，在阿拉伯国家中占比最低。[3] 突尼斯军方有不介入国家政治、经济和财政事务的传统。2014年宪法第18条和第19条明确指出，突尼斯军队保持完全的中立，军队有维护安全和公共秩序的责任。

根据宪法，总统是突尼斯武装力量的总指挥官，在总理的配合下负责制定国家的防务政策；总理任命国防部部长时，需同总统协商。突尼斯国防部部长往往都是由非军职人员担任。此外，突尼斯人民代表大会安全与防务委员会负责监督国家军事机构。

---

[1] 中华人民共和国外交部. 突尼斯国家概况 [EB/OL].（2022-08）[2022-09-02]. https://www.fmprc.gov.cn/web/gjhdq_676201/gj_676203/fz_677316/1206_678598/1206x0_678600/.

[2] 中华人民共和国外交部. 突尼斯国家概况 [EB/OL].（2022-08）[2022-09-02]. https://www.fmprc.gov.cn/web/gjhdq_676201/gj_676203/fz_677316/1206_678598/1206x0_678600/.

[3] CHABBI M. Armée et transition démocratique en Tunisie[J]. Politique étrangère, 2015 (1) : 103-113.

2011年后，突尼斯国内外形势发生巨大变化。2016年11月，突尼斯政府着手编撰第一部安全与防务白皮书，详细阐述突尼斯所处的国内外安全环境以及面临的挑战，明确国家安全防务政策的大政方针，并就2030—2040年的突尼斯安全防务发展进行了具有前瞻性的、合理的规划和展望。

突尼斯是西地中海5+5防务机制和七国集团G7+7安全与防务协调与合作机制成员，近年来在国防军事领域加强国际多边合作，与欧盟和北约有合作关系。美国、德国、法国、意大利等国家是突尼斯重要的军事合作伙伴。

五、对外政策

突尼斯奉行温和、务实、平衡、多元的外交政策，坚持外交为经济建设和提升国际地位服务。突尼斯对外政策的重点是发展与欧盟，特别是法国的关系，注重加强同阿拉伯国家的经济合作，支持阿拉伯马格里布联盟和地中海联盟建设，同时致力于提升同亚洲国家，特别是中、日、韩的关系。目前，突尼斯与世界138个国家建立了外交关系。[1]

突尼斯是阿拉伯国家联盟、非洲联盟、阿拉伯马格里布联盟及伊斯兰会议组织成员。2020年1月，突尼斯成为联合国安理会非常任理事国。近年来，挖掘国家经济发展潜力和吸引外资成为突尼斯对外政策的重要内容。

中国和突尼斯世代友好，自1964年1月建交以来，两国友好关系长期健康稳定发展，在经贸、文教、卫生、新闻、农业等领域保持交流与合作。20世纪70年代以来，中国向突尼斯提供了大量的援助和支持。近年来，双方政治交往不断，双边经贸合作不断加强，突尼斯已成为中国在北非地区

---

[1] 中华人民共和国外交部. 突尼斯国家概况[EB/OL].（2022-06）[2022-09-02]. https://www.fmprc.gov.cn/web/gjhdq_676201/gj_676203/fz_677316/1206_678598/1206x0_678600/.

重要的合作伙伴之一。[1] 突尼斯积极响应中国"一带一路"倡议，2018 年，中突双方签署了"一带一路"合作谅解备忘录。

作为突尼斯最大的贸易伙伴和投资方，欧盟在突尼斯对外政策中占有重要位置，与欧盟的贸易额占突尼斯对外贸易总额的 80%。1995 年 7 月，突尼斯同欧盟正式签署了《欧盟与地中海国家联系国协议》，成为第一个签署协议并启动自贸区建设的地中海南岸国家。2011 年以来，欧盟加大了对突尼斯的援助力度，对突尼斯的发展起到了积极作用。

突尼斯和法国的关系密切，双方高层互访十分频繁。法国在突尼斯外贸和外资中居最重要地位，并为突尼斯旅游业提供了大量的客源。突尼斯是人均接受法国对外援助最多的国家，法国每年向突尼斯提供约 1 亿欧元的援助贷款。此外，法国还是突尼斯军事装备的主要来源国之一，每年为突尼斯培训近百名中级军官，两国经常举行联合军事演习。在欧盟国家中，突尼斯同意大利和德国的关系也十分紧密。意大利是突尼斯第一大物资出口国，2017 年，德国成为突尼斯的最大外资来源国。加强地中海南北两岸国家的合作与团结是突尼斯外交政策的基本原则和目标。

突尼斯同美国的关系也十分密切。自突尼斯独立以来，美国向突尼斯提供了大量的军事援助。近年来，美国注重在北非地区的影响力，也比较重视突尼斯在维护马格里布地区稳定中的作用。

在与非洲国家的关系方面，巩固同非洲国家在各个领域的关系，支持非洲联盟是突尼斯对外政策的既定方针。近年来，突尼斯采取了新的关于非洲的外交战略，落实了一系列外交举措。例如，在肯尼亚和布基纳法索设立大使馆，与苏丹、马里、喀麦隆、尼日利亚等国展开频繁的官方互访。2017 年 6 月，突尼斯成为西非国家经济共同体的观察员国。2018 年，突尼

---

[1] 商务部国际贸易经济合作研究院，中国驻突尼斯大使馆经商处，商务部对外投资和经济合作司. 对外投资合作国别（地区）指南：突尼斯（2020 年版）[EB/OL]. [2021-12-02]. http://www.mofcom.gov.cn/dl/gbdqzn/upload/tunisi.pdf.

斯加入东部和南部非洲共同市场。2022年11月，突尼斯承办法语国家与地区国际组织第18次峰会，进一步推动了突尼斯非洲战略的发展。[1] 此外，突尼斯宪法第五条指出，突尼斯是阿拉伯马格里布联盟的一部分，致力于联盟的建设，推动睦邻友好。因此，突尼斯同其他马格里布联盟国之间高层互访频繁。阿尔及利亚是突尼斯在马格里布地区最重要的伙伴，双方在诸多地区和国际事务上有很多共同点。一般情况下，突尼斯历任总统的首次出访地都是阿尔及利亚。

在同阿拉伯国家和伊斯兰国家关系方面，一直以来，突尼斯注重同所有阿拉伯国家发展友好关系，坚持相互尊重国家主权、不干涉内政、睦邻友好、通过谈判解决国家间分歧的原则。强化同伊斯兰国家的关系，推动与伊斯兰国家多领域的合作是突尼斯对外政策的原则之一。

第三节 社会生活

一、经济发展

国家独立之初，突尼斯致力于摆脱殖民时期的经济模式，建立独立的民族经济发展体系，实现国家在经济发展中占主导地位。为此，突尼斯采取了一系列国有化政策，将矿山、土地等资源收为国有，制定统一的工资和物价标准，采取贸易保护主义的政策。20世纪60年代末，突尼斯开始鼓励出口，将重工业、运输和电力等收归国有，引导私人资本进入纺织、旅游等领域。20世纪80年代，突尼斯经济状况艰难，公共赤字数额庞大，国家外债累累，

---

[1] 资料来源于法语国家与地区国际组织官网。

几乎无力偿还。1986 年，政府推出经济改革和结构调整计划，并向世界银行和国际货币基金组织申请援助。此后，突尼斯致力于经济发展的现代化和多样化，降低关税，减少企业和个人税收，逐步开展私有化。1995 年，突尼斯加入世界贸易组织，随后，政府不断推动私营经济的发展，实施对外开放政策，努力加强基础设施建设，缩小地区差异。进入 21 世纪后，突尼斯一方面注重经济增长，鼓励出口，提高就业率；另一方面努力维护国家宏观经济发展的稳定性，继续对外开放，加大高附加值产业的投入。

在 21 世纪的第一个十年里，突尼斯的经济呈现出相对良好的发展态势，经济增长率接近 5%，2005 年的贫困率也降至 5% 以下。[1] 然而，经济发展的同时伴有诸多不足。其中，失业率超过 15%，青年人失业率超过 30%，[2] 沿海和内陆地区经济发展严重失衡，经济发展的总体环境不佳，且受全球金融危机的影响巨大。

2011 年突尼斯政局巨变后，经济面临严峻挑战，经济增长率、吸收外资金额、外贸额、就业率等各项指标出现下滑，社会需求超出了国家经济实力所能承受的范围，经济陷入低增长、高通胀、高失业率的困境。原因在于：一方面，频繁更迭的政府不利于经济政策的稳定和落实；另一方面，突尼斯的经济发展战略无法从根本上解决问题，机制上的缺陷、法制建设的不健全、企业税收负担沉重等顽疾困扰着经济的发展。2016 年，突尼斯五年发展规划把优化经济结构、建设有支撑力的经济发展模式作为政府的工作方向，并设立了 4% 左右的年经济增长目标。世界经济论坛《2019 年全球竞争力报告》显示，突尼斯在全球最具竞争力的 141 个经济体中排第 87 位，在参选的 37 个非洲国家中名列第 5。[3] 根据世界银行公布的《2020 年营商报告——190 个经济体营商环境对比》，突尼斯营商环境在全球排名第

---

[1] 资料来源于非洲发展银行官网。

[2] 资料来源于非洲发展银行官网。

[3] 资料来源于世界经济论坛官网。

78位。[1]

据世界银行统计，2011—2019年，突尼斯国内生产总值年均增幅仅为1.5%。[2] 2020年新冠肺炎疫情的暴发令突尼斯经济变得更加脆弱，突尼斯国家统计局数据显示，2020年突尼斯国内生产总值较2019年下降了8.8%，降幅"史无前例"，[3] 主要行业或产业都受到严重影响，占国内生产总值7%—14%的旅游业更是首当其冲。[4]

总体而言，农业、工业、服务业在突尼斯经济中占有重要地位。农业是突尼斯经济中重要的传统产业，但粮食不能完全自给。工业主要包含磷酸盐开采、制造业和加工业。服务业在国民生产总值中的占比不断上升，2010年达59.7%，在国民经济中占重要地位，其中旅游业尤为突出。[5]

（一）农业

农业是突尼斯的传统产业，虽然随着国家产业结构的调整，农业在国民经济中的地位有所下降，但依旧是其重要的组成部分。国家独立之初，四分之三的突尼斯人口以农业为生或者从事农业相关行业。目前，仍有35%的突尼斯人口生活在农村。[6] 2011年前，农业一直处于国家严格的掌控当中。

突尼斯水资源缺乏，可耕种面积有限，降水很不规律，再加上农业生产技术水平较低，因此农业生产基本上是"靠天吃饭"。此外，突尼斯的土壤条件不适合粮食耕种，因此，尽管从独立之日起政府就致力于实现粮食

---

[1] 资料来源于世界银行官网。
[2] 资料来源于世界银行官网。
[3] 资料来源于Econostrum新闻网。
[4] 资料来源于Econostrum新闻网。
[5] 资料来源于非洲发展银行官网。
[6] 资料来源于突尼斯农业部官网。

自给自足，但时至今日粮食进口数量仍然很大。

突尼斯的谷物耕种主要集中在北部地区。近年来，政府主张减少谷物种植，以应对水灾带来的冲击。突尼斯许多水果用于内销，但椰枣、柑橘和橄榄基本用于出口，农产品加工业在突尼斯国民经济中占重要地位。畜牧业方面，突尼斯以畜养绵羊和山羊为主，2005年，国家实现了日用鲜奶的自给自足，但肉类产品还需要进口。[1] 随着生态健康意识的加强，政府积极推动有机产品的生产，使之成为农业生产中一个新的增长点。

突尼斯的农业发展面临着结构性困难，农业生产多以小农庄的形式进行，远离沿海经济活动中心的地区农业发展困难重重，农业机械化和现代化程度不高，很难吸引到投资。此外，农业人口老龄化、农业职业技术教育缺乏吸引力、对自然条件的严重依赖等问题都是突尼斯农业发展的阻力和挑战。

（二）工业

突尼斯的工业产品以出口为主，欧盟是突尼斯的主要出口地。2014年，突尼斯75%的出口产品销往欧盟，出口总额列非洲国家之首。[2] 服装、纺织、农产品加工、机械和电力工业是突尼斯主要的，也是传统的工业部门。近年来，推动制造业中高科技产业发展是突尼斯工业发展的新举措。

优越的地理位置、高性价比的产品，以及良好的人力资源是突尼斯工业发展的优势，但突尼斯的大部分工业都集中在低附加值领域，不利于经济的可持续发展。2016年，突尼斯制定了新的工业发展战略，目标包括为经济发展创造良好的环境，鼓励自主创业，提升教育培训与市场的对接程度，鼓励创新，提高竞争力，吸引投资，加快突尼斯融入世界经济的速度，

---

[1] 资料来源于突尼斯农业部官网。
[2] 资料来源于《工业信息》杂志官网。

与其他国家开展互利互惠的共赢合作，提升基础设施现代化程度，推动经济的可持续发展。为此，突尼斯政府还推出了一系列重要的措施，其中包括以创新与合作带动经济发展，大力发展绿色经济，使之成为经济可持续发展的支柱。与此同时，突尼斯政府还制定了许多量化目标，如到2025年出口总额达到500亿第纳尔，为2014年的两倍，占国民生产总值的42%。[1]

在具体的行业方面，机械电子制造业是突尼斯最重要的工业支柱，也是突尼斯的第一大出口行业和高附加值产业，在国民经济中占重要地位，主要产品包括电线、电缆、汽车零配件等。近年来，电力电子工业和汽车配件工业在突尼斯经济中的作用日渐突出。2011—2016年，突尼斯汽车配件相关产品在国际市场的销售额位列非洲第二。航空工业是突尼斯的新兴产业，主要生产航空零部件。随着国际航空运输的发展，政府对该领域寄予厚望。

纺织服装业也是突尼斯经济的支柱产业，无论是企业数量还是就业人数，该领域在突尼斯制造业中都位居第二。突尼斯是国际服装市场上最重要的供应商之一，分别是法国和欧盟纺织产品的第二大和第五大供应国。[2]突尼斯纺织产品最主要的市场是法国、意大利、比利时和德国，然而纺织服装产业主要生产低附加值产品。在未来的发展中，突尼斯将致力于为汽车、航空、医疗卫生等领域提供具有科技含量的纺织品。

农产品食品加工业是突尼斯经济链条中重要的一环，也是一个具有很大发展潜力的行业。突尼斯是世界最大橄榄油出口国，橄榄油是农产品出口中的明星产品。[3]

突尼斯是少数拥有制药工业的非洲国家之一，虽然制药产业已经有40

---

[1] 资料来源于《工业信息》杂志官网。

[2] 商务部国际贸易经济合作研究院，中国驻突尼斯大使馆经商处，商务部对外投资和经济合作司. 对外投资合作国别（地区）指南：突尼斯（2020年版）[EB/OL].（2020-12）[2021-12-02]. http://www.mofcom.gov.cn/dl/gbdqzn/upload/tunisi.pdf.

[3] 资料来源于《工业信息》杂志官网。

多年的历史，但突尼斯一半以上的药品仍然依赖进口。绿色能源产业是促进突尼斯经济和社会可持续发展的重要组成部分。此外，信息通信产业也受到政府重视，在国民经济中有巨大的发展潜力。

突尼斯与矿产相关的化工产业也十分重要。突尼斯的磷矿资源丰富，其中三过磷酸钙和磷酸的产量和出口量都位列全球前 5 名，但突尼斯矿产资源品种单一，且其产量受劳动力状况不稳定等诸多因素影响。

值得注意的是，突尼斯各地的经济发展和人民生活水平存在巨大差异。据世界银行资料显示，以突尼斯、斯法克斯和苏塞三大城市为中心的沿海地区与内陆地区经济水平差距巨大，前者汇集了全国 92% 的生产企业，产值占国内生产总值的 85%。[1] 因此，如何刺激内陆地区的经济发展、推动内陆地区在文化教育、医疗卫生、基础设施等多领域的建设、减少各地在发展水平上的落差是突尼斯政府亟待解决的问题。

（三）旅游业

得天独厚的地理位置、多样化的地形地貌、适宜的气候条件、悠久的历史和丰富多样的文化遗产为突尼斯旅游业的发展奠定了良好的基础。早在 20 世纪 50 年代，阳光、沙滩和优质的海滨浴场便吸引了大量的欧洲游客，使突尼斯成为西欧游客心仪的度假目的地之一。长期以来，旅游业一直是突尼斯国民经济的支柱产业，不仅创造了大量的就业岗位，也创造了大量的外汇。

突尼斯旅游业主要集中在沿海地区，以海滨浴场为主要产品，游客主要来自法国、德国、英国、意大利等欧洲国家。进入 21 世纪后，来自北美和亚洲的游客增多。近年来，突尼斯旅游业越来越多地受到摩洛哥、埃及、

---

[1] 资料来源于世界银行官网。

希腊和土耳其等国旅游业的挑战。2016年,突尼斯推出《2016—2025年突尼斯旅游发展十年行动计划》(以下简称《旅游十年计划》),努力为旅游业的发展提供纲领性指导和新思路。

事实上,突尼斯还有很多旅游资源没有得到开发,旅游业发展具有巨大潜力。例如,丰富的地形地貌和自然资源可以用来开发沙漠旅游、森林旅游、科学探险旅游,以及高尔夫、登山远足等运动项目,同时大力发挥遍布全国各地的历史古迹和多姿多彩的传统文化吸引力,设计文化旅游产品,使大量的非物质文化遗产和地方特色成为吸引游客、推动旅游业发展的动因,从而带动内陆旅游,实现旅游产品的多样化和多元化。

为此,《旅游十年计划》提出了五大发展方针:开发新的旅游产品,实现旅游产品的多样化;采取有力的市场营销手段,推广旅游产品;完善旅游行业的机构建设;改善旅游业资金和财务状况;发挥网络优势,推动旅游发展。《旅游十年计划》还提出,要提升旅游产品质量和服务质量,加强同航空公司的合作,拓展融资渠道,开展职业培训,利用网络大力宣传突尼斯在历史古迹、自然景观、风土人情方面的特色,打造突尼斯的旅游名片,进而发挥旅游对餐饮、土特产品生产等相关产业的带动作用,实现可持续发展。[1]

(四)财政、金融、货币和国际贸易

1. 财政

突尼斯财政长期赤字,其财政赤字通常由国外和国内的借款和捐赠款来弥补。1986年,突尼斯实行经济改革,简化税收体系,采用低税率,以

---

[1] 资料来源于突尼斯环境和可持续发展部官网。

降低预算赤字。进入 21 世纪后，国家财政收支状况稳定，基本实现平衡，政府也努力减少财政赤字。2008 年和 2009 年的财政赤字均占国内生产总值的 3%。[1]

2011 年以后，突尼斯经济增长速度由年均 5% 降至年均 1.5%，财政状况出现滑坡。从财政收入状况来看，2011—2013 年财政收入增长幅度明显，增幅比例分别为 16%、12.1% 和 13.6%，2014 年财政收入增幅放缓，增幅降为 3.3%，2015 年甚至出现负增长。2016 年以后，国家财政收入状况明显改善，增幅恢复到两位数，详见图 1.1。[2]

图 1.1 2011—2019 年突尼斯财政收入总额（单位：亿第纳尔）

在财政赤字方面，2011 年财政赤字占国内生产总值比例超过 3%，此后该比例增长迅速，2013 年达到 6.9%，2014 年和 2015 年有所下降，但仍然在 5% 左右，2016 年和 2017 年再度上升至 6.1%，此后呈下降趋势，2019 年减少至 3.5%，接近 2011 年水平（见图 1.2）。这表明，近年来突尼斯政府采取

---

[1] 杨鲁萍，林庆春．突尼斯 [M]．北京：社会科学文献出版社，2010：398．

[2] 除非特别说明，本节中 2011—2020 年突尼斯财务状况数字出自突尼斯财政部 2016 年 2 月、2018 年 2 月和 2020 年 10 月公布的国家财政预算执行状况报告，图表为作者根据这三份报告绘制而成。

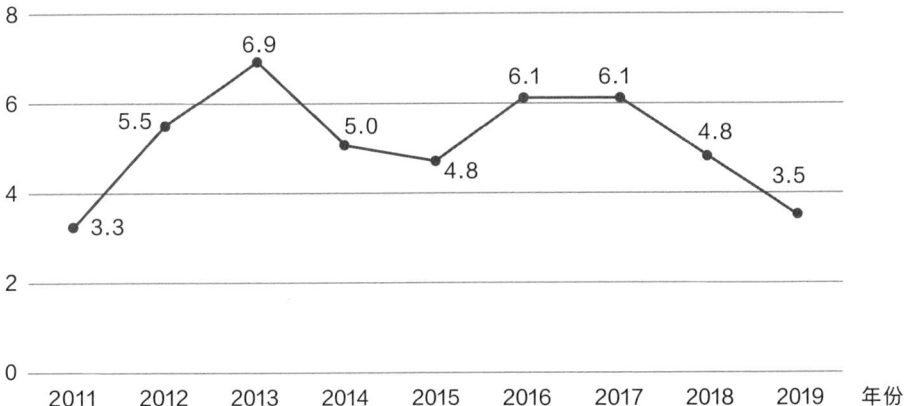

的稳健的财政政策在控制赤字比例上取得了良好的效果。

图 1.2 2011—2019 年突尼斯财政赤字占国内生产总值比例（单位：%）

在债务方面，为弥补财政赤字，突尼斯政府不断举债，公共债务占国内生产总值的比例连年攀升，由 2011 年的 44.6% 增长至 2018 年的 77.9%，2013—2018 年年增幅在 5%—8%，2019 年有所回落，初步统计为 72.4%，2020 年为 87%。[1] 公共债务中，外债比例不断增加，2011—2014 年，外债比例高出国债 15%—20%，2017 年和 2018 年外债占总债务的三分之二以上。外债比例的上升意味着突尼斯对国外资本的依赖程度增加。与此同时，2018 年外汇储备为 101.60 亿第纳尔，可维持 72 天进口（按 1 美元 =2.98 第纳尔计算），低于国际货币基金组织警戒线；2019 年 6 月，突尼斯外汇储备为 131.36 亿第纳尔，可维持 74 天进口。2018 年 12 月和 2019 年 4 月，国际评级机构对突尼斯主权信用评级分别为 B+ 和 B2。[2]

---

[1] 资料来源于新闻管理者中心新闻网。

[2] 商务部国际贸易经济合作研究院，中国驻突尼斯大使馆经商处，商务部对外投资和经济合作司. 对外投资合作国别（地区）指南：突尼斯（2020 年版）[EB/OL].（2020-12）[2021-12-02]. http://www.mofcom.gov.cn/dl/gbdqzn/upload/tunisi.pdf.

2．金融和货币

20世纪末，随着突尼斯经济的不断开放，政府逐步将金融体系纳入改革当中，由国家统一管理的单一体系转向多重机构管理的、提供多样化服务的体系，向市场化经营迈进。[1] 突尼斯中央银行为国家银行，主要职责包括发行货币和维持货币稳定，保持支付系统的稳定、有效和安全，监管信贷机构，保证金融体系的稳定与安全，以及管理国家外汇等。目前，突尼斯有43家金融机构。[2] 中国人民银行在突尼斯设有工作组，突尼斯阿拉伯国际银行等当地银行同中国银行有合作关系。

突尼斯证券市场始建于1969年，尽管历史悠久，但长期以来由于国家和银行在融资方面的主导地位，证券市场在融资方面发挥的作用十分有限。目前，突尼斯证券交易所是全国唯一的证券交易所。1994年11月，突尼斯颁布了第94-117号法律，重组金融市场，把金融市场的监督和管理两项职能区分开来。截至2012年年底，突尼斯共有58家上市公司。[3]

在货币政策方面，进入21世纪，国家逐步放松对货币制度的严格管理和对价格的控制。2011年后，国家财政赤字和债务达到前所未有的程度，可调控储备十分有限，经济增长速度变缓，通货膨胀较为严重，就业状况堪忧。面对严峻的经济形势，2016年，突尼斯通过相关法律使中央银行获得独立的决策权。突尼斯中央银行侧重从金融、货币的视角看待问题，采取了一系列新的货币政策，以此助力经济的发展。

---

[1] 杨鲁萍，林庆春. 突尼斯 [M]. 北京：社会科学文献出版社，2010：398.

[2] 资料来源于突尼斯财政部官网.

[3] 商务部国际贸易经济合作研究院，中国驻突尼斯大使馆经商处，商务部对外投资和经济合作司. 对外投资合作国别（地区）指南：突尼斯（2020年版）[EB/OL].（2020-12）[2021-12-02]. http://www.mofcom.gov.cn/dl/gbdqzn/upload/tunisi.pdf.

3．国际贸易

20世纪80年代中后期，突尼斯实行对外开放的政策，开始融入世界经济体系。1990年，突尼斯加入《关税及贸易总协定》，1995年加入世界贸易组织，同年成为欧盟联系国；2008年，突尼斯成为第一个与欧盟建立自贸区的地中海南岸国家。此外，突尼斯还是大阿拉伯自由贸易区成员国和《阿加迪尔协定》缔约国。目前，突尼斯同50多个国家和地区签有贸易协议。欧盟是突尼斯最大的贸易伙伴，法国和意大利在欧盟国家中与突尼斯的双边贸易额排名前两位；在海湾国家中，沙特是突尼斯第一大贸易伙伴，其次是阿联酋。2016年6月，突尼斯与七国集团开启新一轮的经济合作机制，目的在于调动七国集团及欧盟的力量来促进突尼斯本国经济发展。近年来，中国也成为突尼斯重要的经济、贸易与投资合作伙伴，双边贸易额逐年提升。

突尼斯的外贸政策遵循三个原则，即自由化、出口领域多元化和贸易伙伴多样化。随着突尼斯不断融入世界经济，其外贸政策也日趋向自由化发展。同时，突尼斯的出口产品也越来越多样化，机械工业、电力工业、航空业、服装业的相关产品和橄榄油都是突尼斯主要的出口产品。此外，虽然欧盟一直是突尼斯最重要的贸易伙伴，但突尼斯也在努力扩展自己的对外贸易网络，寻求新的贸易伙伴和发展机遇。长期以来，突尼斯的进口在对外贸易中占主要地位，进口总额由2011年的近337亿第纳尔增加到2014年的420多亿第纳尔，2015年出现负增长后于2017年和2018年实现两位数的增幅，2018年进口总额为600亿第纳尔，2019年约633亿第纳尔。出口方面，2011年突尼斯出口总额接近251亿第纳尔，2014年达到284亿第纳尔后于2015年下降，2017年和2018年同进口额一样实现两位数增长，2019年增幅放缓，预计出口总额接近439亿第纳尔（见图1.3）。突尼斯财政部数据显示，2011年以来，突尼斯进口贸易总额高于出口贸易总额，贸易逆差由 2011 年的 86 亿第纳尔增加到 2016 年的 126 亿第纳尔，2017—2018 年逆差的增幅加大，2018 年贸易逆差为 190 亿第纳尔，2019 年为 194 亿第纳尔。[1] 长期的贸易赤字严重影响了突尼斯的外汇储备，也影响了国家偿还外债的能力。

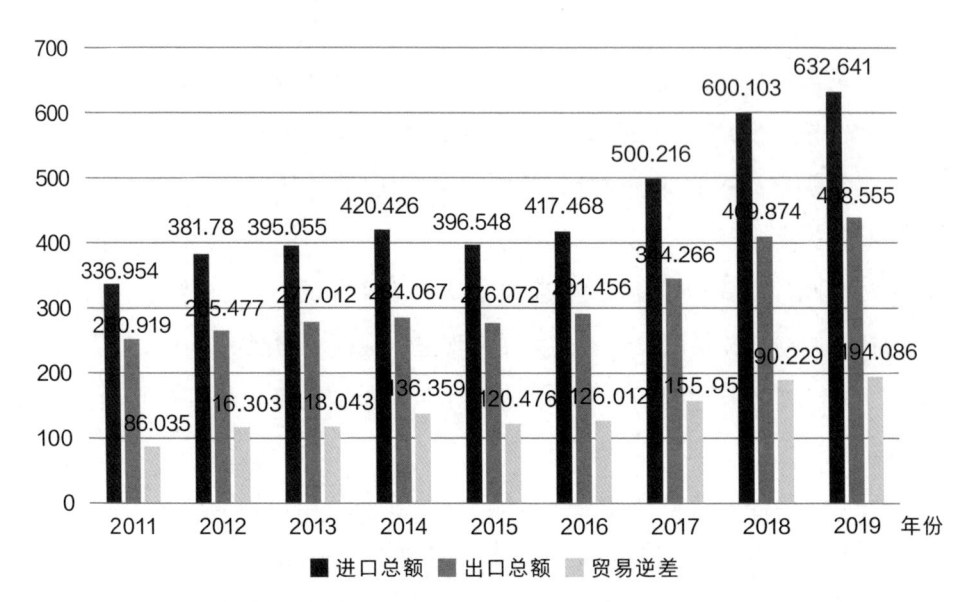

图 1.3 2011—2019 年突尼斯进出口情况（单位：亿第纳尔）

二、新闻传媒

突尼斯大众媒体的历史始于 19 世纪，其诞生标志是 1860 年创刊的阿拉伯语报纸《突尼斯先锋报》。在法国统治期间，众多法语和阿拉伯语报刊纷纷出现，其中一些报刊宣传民族主义思想，成为突尼斯独立革命的最初阵地。

突尼斯独立后，政府大力发展新闻事业。目前，突尼斯发行量最大的

---

[1] 资料来源于突尼斯财政部官网。

报纸是法文报纸《突尼斯媒体报》(或称《新闻报》)。该报创刊于 1936 年，20 世纪 60 年代末成为突尼斯的官方报纸，见证了突尼斯近现代史上历次重大事件。2002 年，《突尼斯媒体报》网络版上线，成为第一个报道时事新闻的网络日报，近年来发展迅速。此外，《曙光报》和《复兴报》也是突尼斯颇具影响力的报纸。

突尼斯非洲通讯社是突尼斯的国家通讯社，创办于 1961 年，拥有自己的官网，主要以阿拉伯语和法语为新闻报道语言。2011 年之后，面对同行竞争，突尼斯非洲通讯社的地位依旧稳固。

和报刊业一样，突尼斯的广播电视业起步也较早。突尼斯政府在 1957 年颁布了电视和广播业的相关规范，并在资金和销售渠道上给予支持。1975 年，突尼斯颁布了《新闻法》，为新闻媒体的发展提供了法律依据。突尼斯的第一个电视频道为国家一台，于 1963 年首次播放节目。经过若干年发展，自 2011 年以来，突尼斯的传统电视及报刊媒体开始整合，出现了很多新的报刊、电台和电视台，私人资本不断涌入。目前，突尼斯除国有的全国性和地方性电台和电视台外，还有很多私营电台和电视台。原突尼斯 7 台和 21 台分别转型为突尼斯电视一台和突尼斯电视二台，由突尼斯国家电视台管理。后者与突尼斯国家广播电台都隶属政府，是国家机构。

除了新媒体外，目前突尼斯传统媒体还受到了互联网的挑战，印刷、报亭零售等相关产业也都受到了不同程度的影响，一些突如其来的公共事件更让纸媒的境遇雪上加霜。根据突尼斯报刊发行协会统计，2020 年新冠肺炎疫情期间，全国将近 30 种报纸杂志在三个月的时间里无法继续经营，不得不停止发行。[1]

---

[1] 资料来源于年轻的非洲新闻网。

三、医疗卫生

突尼斯宪法规定，国家确保每个公民享有疾病防疫和治疗的权利，为每个公民提供必要的、有质量保障的医疗卫生服务，并向无依无靠或低收入人群提供免费的医疗服务。根据宪法，医疗健康同尊严和教育一样，同属于父母及国家应确保的儿童可以享受的权利。

突尼斯医疗卫生体系完备。根据世界卫生组织的数据，2020年，突尼斯医疗卫生水平名列非洲国家第二，仅次于埃及。[1] 每1 000名突尼斯居民对应60名医疗卫生服务人员，在世界卫生组织东地中海地区成员国中名列前茅。[2] 突尼斯的人口预期寿命位于非洲和中东地区前列，2020年人口预期寿命为76.89岁，新生儿死亡率和产妇分娩死亡率也不断下降。[3]

突尼斯医疗卫生体制包括公立和私立两种类型的医疗机构，分为三个级别，即城市医学院附属医院、地方医院和基层卫生所。突尼斯医疗卫生体系以基本健康服务为基础，实施分权式管理，并提供便利的门诊服务。突尼斯的医疗卫生服务覆盖全国，医疗卫生机构地域分布较为合理，但沿海发达地区与内陆地区仍存在明显差异。突尼斯医疗卫生机构以公立为主，三分之二的病人在公立医院就诊，90%的住院病人选择公立医院。[4] 尽管如此，无论从人力上还是资金上，私立医疗机构所占的资源比例更大，公立医疗机构往往无法提供必要的服务，难以保证人人都能享受到高质量的医疗服务。突尼斯私立医疗卫生机构十分活跃，眼科、牙科、美容和浴疗（温泉浴疗和海水浴疗）等领域的服务项目多由私立机构提供。突尼斯医疗设施比较先进，配备良好，医院和诊所提供24小时的全天候急诊服务，每个街区还设有一所夜间药房，从业人员数量充足。

---

[1] 资料来源于世界卫生组织官网。
[2] 资料来源于《引领者》杂志官网。
[3] 资料来源于Knoema数据库官网。
[4] 资料来源于世界卫生组织官网。

在社会保障方面，突尼斯公民必须加入社会保障体系。国家医疗保险中心负责管理居民医疗保险，公立医疗卫生机构向所有公民和居民提供免费医疗服务。此外，部分私立医疗机构产生的费用也可以走医保。2010年，基础义务医疗保险的投保费为工资的6.75%，其中员工和雇主分别承担2.75%和4%。雇主必须为雇员在国家医疗保险中心注册登记，未注册登记的人员不享受相应的医疗保障。[1]

2016年，突尼斯推出医疗卫生领域的五年发展规划，其中完善公立医疗卫生体系、平衡公立与私立医疗卫生机构的发展、优化医疗卫生管理、缩小地区差异被列为主要工作方向。在医疗卫生设施的建设方面，突尼斯重视国际合作，加入了世界卫生组织，联合国儿童基金会、联合国开发计划署、世界银行等多个国际组织在突尼斯都设有分支机构；突尼斯还同欧盟、法国、意大利、西班牙等组织或国家订立有多边或双边协议。中国和突尼斯建交以来，双方在医疗卫生领域的交流不断深入。从1973年起，中国开始向突尼斯派遣医疗队，至2020年，中国已派出23批医疗队（每批任期2年）。新冠肺炎疫情暴发后，中国政府、民间机构及有关企业为突尼斯提供口罩、防护服、隔离眼罩、医用手套、检测试剂等抗疫医疗物资援助，并通过视频会议分享抗疫经验。

四、体育休闲

突尼斯的体育事业始于近代法国殖民统治时期，最先开始普及的运动是足球。突尼斯的第一家足球俱乐部"苏塞爱国者"成立于1904年。

突尼斯政府非常重视发展体育事业，成立了国民教育、青年与体育事

---

[1] 资料来源于四月国际保险公司官网。

务部，宪法第 43 条也明确规定国家支持体育事业，并提供必要的条件促进体育和娱乐活动的发展。在布尔吉巴执政时期，政府加大对体育基础设施的投入，并于 1967 年承办了第五届地中海运动会。2001 年，突尼斯再次承办地中海运动会（第十四届），并于 2006 年启动"突尼斯体育城"计划，在突尼斯郊区建设一个配备各种现代化体育设施的卫星城镇，城镇内的体育俱乐部数以千计。尽管突尼斯人口规模较小，但是在国际体育舞台上的表现却毫不逊色。据统计，突尼斯在历届地中海运动会中获得的金牌数在阿拉伯国家中仅次于人口大国埃及。[1] 除地中海运动会之外，突尼斯 1977 年举办了第一届国际足联 U-20 世界杯，并分别于 1965 年、1994 年、2004 年举办了非洲国家杯足球赛。突尼斯在历届国家杯中多次闯入冠亚军决赛，并于 2004 年成功问鼎。很多优秀的突尼斯足球选手在海外效力，成为突尼斯体育的名片。

---

[1] 资料来源于地中海运动会官网。

第二章 文化传统

历史上，得益于优越的地理位置，突尼斯成为多种文明的交汇地，柏柏尔人、腓尼基人、罗马人、阿拉伯人、土耳其人、西班牙人、法国人等都在这片土地上留下了各自的文化元素，缔造了今日突尼斯异彩纷呈的文化面貌，成就了突尼斯独特的文化魅力。"文化在不同时间、不同地域呈现不同的形态。其多样性表现为人类不同种群、不同社会拥有各自不同的特点……文化多样性是人类共同遗产的一部分，应该得到认可和肯定，让现代和未来的人们从中受益"。[1] 自独立以来，突尼斯在强调自身阿拉伯-伊斯兰文化属性的同时，积极维护和发展文化多样性，努力发挥文化在国家可持续发展中的积极作用。

第一节 历史沿革

早在第四纪之初，能人便在地中海沿岸地区生活。突尼斯南部、中部和东北部的卡本半岛都曾发现大约200万年前能人活动的遗迹。此后，直立人（约60万年前）和智人（约8—10万年前）也在这片土地上留下印迹。

---

[1]《联合国教科文组织世界文化多样性宣言》第一条，宣言全文见联合国教科文组织官网。

考古学家在突尼斯西南部加夫萨发现了4万年前的锥状堆砌物，里面包括石头、动物牙齿和骨骼。据推断，这是人类最早的宗教古迹之一。[1]

旧石器时代中期，受气候影响，突尼斯境内的古人类依水而居，阿梯尔文化遗迹、卡普萨文化遗迹都展示了当时人们的生活状态。艾梅特辰出土的地中海现代人遗骸是迄今为止突尼斯境内发现的最早的人类骨骸，专家推断该骨骸可上溯至公元前5000年左右。[2] 此外，突尼斯境内还发现了史前人类的墓穴遗址，展示了当时的三种主要墓地形式，即锥形坟、石桌坟和洞穴。公元前5000年至公元前1200年，突尼斯进入新石器时代，当时的人们以打猎和畜牧为生，并初步掌握了农作物种植的知识。[3] 本节将以此时间原点按顺序介绍突尼斯文化的历史沿革。

一、迦太基文化

约公元前1100年，腓尼基人在北非建造乌提卡城，作为腓尼基帝国首都泰尔和加迪斯[4]之间贸易往来的驿站。公元前814年，迦太基城建立。[5] 该城的建立起源于一个有趣的传说：遭受兄长迫害的泰尔公主狄多率领自己的追随者扬帆出海，逃离泰尔。当他们到达突尼斯湾的比尔萨高地时，被这里易守难攻的地势和临海的地理位置所吸引，狄多公主从当地人手中购买了一块"一张牛皮可以覆盖的土地"。聪颖的公主令人将一整张牛皮裁

---

[1] BOULARÈS H. Histoire de la Tunisie : les grandes dates de la préhistoire à la révolution[M]. Tunis : Cérès Editions, 2012 : 22.

[2] BOULARÈS H. Histoire de la Tunisie : les grandes dates de la préhistoire à la révolution[M]. Tunis : Cérès Editions, 2012 : 26.

[3] 杨鲁萍，林庆春. 突尼斯 [M]. 北京：社会科学文献出版社，2010：398.

[4] 泰尔位于今黎巴嫩境内，加迪斯位于今西班牙西南部。

[5] 乌提卡城和迦太基城都位于今天突尼斯东北部，两城相距30多千米。在腓尼基语中，乌提卡意为"旧城"而迦太基意为"新城"。

成细条，彼此连接后圈出一方领地，在此建立了迦太基城。

迦太基城不断发展壮大，成为盛极一时的帝国，其版图不仅涵盖今天的突尼斯，还包括阿尔及利亚、伊比利亚半岛南部、西西里岛大部、科西嘉岛、撒丁岛、巴利阿里群岛、的黎波里等地区。由于掌握着当时地中海地区重要的商业枢纽，迦太基帝国由此得以控制西地中海的全部商业活动。[1] 在经历了鼎盛时期后，迦太基帝国先后受到古希腊和古罗马的挑战，并最终在第三次布匿战争中被罗马帝国彻底击败，腓尼基人从此不再以独立民族的身份出现在历史舞台上。

腓尼基人的文化在西方历史上有着显著地位。根据罗马诗人维吉尔在史诗《埃涅阿斯记》中的记叙，狄多公主在北非遇到了特洛伊将军埃涅阿斯，他在特洛伊城毁灭之后也辗转来到了迦太基。两人命运多舛，同病相怜，腓尼基公主爱上了特洛伊英雄。然而，埃涅阿斯受诸神召唤，要去罗马建立一座伟大的城市，因此不得不离开迦太基。被抛弃的狄多伤心欲绝，投身烈焰自毁身亡。虽然文学创作不能代替历史，但是维吉尔的史诗却充分体现出腓尼基、古希腊和古罗马这三大文明之间千丝万缕的联系。腓尼基人在西方文化中留下的印记也一直流传到今天：欧洲大陆的全称"欧罗巴"就来自希腊神话中一位腓尼基公主的名字，希腊字母和拉丁字母也源于腓尼基语书写系统。

今天突尼斯的很多遗址都能见证当年高度发达的迦太基文明。联合国教科文组织分别于1979和1985年将位于突尼斯的迦太基古城遗址和科克瓦尼布匿城及陵园遗址列入世界文化遗产名录。迦太基古城坐落在突尼斯湾，是罗马人在征服迦太基后在战争废墟上新建的城市。古城至今留有大量的迦太基古建筑，以及后世罗马、汪达尔、拜占庭及阿拉伯时期的遗迹。联合国教科文组织认为迦太基古城"传承自泰尔，为尤利乌斯·恺撒所重建，

---

[1] 杨鲁萍，林庆春. 突尼斯[M]. 北京：社会科学文献出版社，2010：398.

是汪达尔王国和拜占庭帝国非洲行省的首府",同时"迦太基古城对地中海地区的艺术、建筑以及城市化有深远影响,并在文化上启发了如古罗马诗人维吉尔的创作"。[1] 科克瓦尼布匿城及陵园遗址位于突尼斯湾东北角,其入选原因是"科克瓦尼城在公元前3世纪(第一次布匿战争)被遗弃后就没有被重建,是唯一一座完整保留了腓尼基-布匿时代面貌的城市"。[2]

二、古罗马文化

公元前146年,罗马人攻占迦太基城并建立阿非利加行省,自此包括今天突尼斯在内的北非地区开始了将近6个世纪的罗马化过程。阿非利加行省的丰饶为罗马人所赞叹,因此被称为"帝国的粮仓"。在今天突尼斯西北部的马克达,考古学家发现了一座罗马时代的墓碑。碑文从一个平民的角度,为后人记录下了这段历史。碑文道:"自我出生的那天起,我就没有停止过耕作。我和我的田地从来不曾休息。通过劳动,我拥有了自己的家和地产。今天,我可以安逸地生活,甚至获得了荣誉,我被市议会召见,从一个普通农民变成了官员。"[3] 这段自述可以看作罗马统治在此地的缩影。

作为帝国行省,突尼斯地区的命运同罗马帝国的国运息息相关。在经历了"三世纪危机"后,帝国在其西部地区的统治摇摇欲坠。439年,欧洲民族大迁徙中一路来到北非的汪达尔人和阿兰人攻占迦太基城并建立了汪达尔-阿兰王国。533年,东罗马帝国皇帝查士丁尼一世的军队收复了这一地区,然而没有能够在此建立长久的统治。698年,阿拉伯帝国倭马亚王朝占领北非,突尼斯从此进入全新的时代。

---

[1] 资料来源于联合国教科文组织官网。

[2] 资料来源于联合国教科文组织官网。

[3] HILALI A. Rome and agriculture in Africa Proconsularis: land and hydraulic development[J]. Revue belge de Philologie et d'Histoire, 2013, 91(1) : 113-125.

从公元前 146 年至公元 698 年，罗马帝国在突尼斯地区也留下众多文化遗产。除上文提及的迦太基古城外，还有位于突尼斯中部的埃尔·杰姆古罗马斗兽场。该建筑建于 3 世纪，规模宏大，可容纳 3.5 万名观众。联合国教科文组织认为"埃尔·杰姆斗兽场是最成功的罗马圆形剧场之一，几乎可以和罗马斗兽场媲美"。1979 年，该遗址被列入世界文化遗产名录。突尼斯另一处著名的罗马遗迹是位于西北部的杜迦古城，这座城市在罗马和拜占庭帝国时期繁荣一时。1997 年，联合国教科文组织将其列入世界文化遗产名录，理由是"杜迦古城完整地保留了一座古代城市的风貌，是（突尼斯地区）原住民依照罗马风格建造城市的典范"。[1]

三、阿拉伯-伊斯兰文化

阿拉伯军队于 642 年第一次进入马格里布地区。此时的东罗马帝国早已无法有效统治非洲行省，面对新兴的阿拉伯倭马亚王朝接连败退。698 年，双方在迦太基城进行了最后的较量，东罗马帝国兵败退出非洲。自此，北非地区不再处于西方文化圈，开始了漫长的阿拉伯-伊斯兰化进程。在后世的阿拉伯史观中，"穆斯林进入非洲标志着非洲进入历史"。[2] 如此论断可以说明阿拉伯-伊斯兰文化对北非地区影响之深远。

阿拉伯人或阿拉伯-伊斯兰化的本地柏柏尔人建立的政权持续统治突尼斯 800 余年，历经阿格拉比德王朝、法蒂玛王朝、哈夫斯等多个王朝[3]，各

---

[1] 资料来源于联合国教科文组织官网。
[2] BOULARÈS H. Histoire de la Tunisie: les grandes dates de la préhistoire à la révolution[M]. Tunis : Cérès Editions, 2012 : 192.
[3] 期间穿插着安达卢西亚人 70 余年的统治（1159—1230 年）。

朝代的首都由中东部的凯鲁万[1]、东部临海的马赫迪耶再次回到突尼斯城[2]。这三座城中，马赫迪耶和突尼斯城的历史可以追溯到腓尼基时代，而凯鲁万城于670年由阿拉伯帝国倭马亚王朝军事统帅奥克巴·本·纳菲建立，代表了当时新兴的阿拉伯-伊斯兰文化在北非地区的成就。该城建有马格里布地区第一座清真寺——凯鲁万大清真寺。为纪念奥克巴，人们也称这座清真寺为奥克巴清真寺。凯鲁万城经过多次修建完善，到阿格拉比德王朝时期已成为马格里布地区的伊斯兰政治文化中心。

阿拉伯人在对突尼斯的统治过程中完全改变了当地的语言文化面貌。虽然当地居民在日常生活中仍然保留着民族语言，但在阿拉伯人推广伊斯兰教的过程中，阿拉伯语逐渐成为突尼斯人的日常语言。同时，在统治者的大力推动下，当地居民纷纷皈依伊斯兰教。随着语言和信仰的改变，突尼斯人的日常生活、文化思想等诸多方面都发生了变化，突尼斯逐渐阿拉伯-伊斯兰化。

阿拉伯-伊斯兰文明为这片古老的土地注入了新的活力。今天突尼斯的首都突尼斯市便是阿拉伯人在攻占迦太基城后在原有基础上建造的。联合国教科文组织于1979年将突尼斯老城列入世界文化遗产名录，认为"突尼斯老城在马格里布地区、南欧以及东方之间起到了中转站的作用，在几百年间见证了艺术形式和建筑风格的交流。"[3] 突尼斯的另外两座重要城市凯鲁万城和苏塞老城区，亦于1988年被列入世界文化遗产名录，因为"凯鲁万建于9世纪的大清真寺不仅是伊斯兰建筑的典范，而且是人类建筑的杰作，（而）苏塞代表了伊斯兰早期时代的城市面貌，苏塞老城区体现了阿拉伯-伊斯兰与地中海两种建筑风格的完美结合"[4]。

---

[1] 凯鲁万是波斯语，意为"沙漠商队"的意思，在阿拉伯语里有"马群、马队"之意。凯鲁万城是北非贸易和沙漠商队的必经之路，既是商贸重镇，也是军事要塞。

[2] 现在的突尼斯市就是在当年突尼斯城的原址上所建。

[3] 资料来源于联合国教科文组织官网。

[4] 资料来源于联合国教科文组织官网。

四、奥斯曼土耳其文化

16 世纪，日趋鼎盛的奥斯曼帝国不断扩张自己的势力。1534 年，奥斯曼土耳其人入侵突尼斯，突尼斯哈夫斯王朝向西班牙求助。最终，奥斯曼土耳其军队虽然被击溃，但突尼斯却因此沦为西班牙的保护国。1574 年，奥斯曼土耳其军队重新占领突尼斯城，突尼斯成为奥斯曼帝国的一个行省，但很快当地的驻军便选出自己的领袖接管了领导权，从此，突尼斯虽然名义上属于奥斯曼帝国，但实际上进入贝伊管辖的摄政时期。[1] 奥斯曼土耳其人的统治持续了 300 余年，在这期间，突尼斯文化吸收了众多奥斯曼土耳其元素，呈现出前所未有的发展：除了在建筑、手工艺、城市规划以及农业领域的成就，在教育、现代思想和治国理念上也有所突破，为传统文化增添了新的内容。

17 世纪初，大量被驱逐出西班牙的莫里斯科人[2]到达突尼斯，将城市建造技术、灌溉技术、果园种植技术、羊毛缩绒技术、二轮手推车制造技术等手工技艺，以及富有西班牙南部安达卢西亚风情的音乐带到突尼斯。[3] 穆拉吉德家族统治时期，突尼斯城的城市化发展迅速，今日突尼斯市的面貌已初具雏形。这一时期的统治者，如奥斯曼台伊和尤塞夫台伊，在突尼斯市留下了宅邸、陵寝等人文景观。其中奥斯曼台伊的宅邸因为融合了哈夫斯王朝、奥斯曼土耳其、安达卢西亚等不同风格元素而闻名。

突尼斯统治者不断兴建、扩建、完善清真寺等各种伊斯兰建筑和设施，

---

[1] 在奥斯曼帝国的北非行省中，行省总督下设负责军事事务的台伊和负责税务的贝伊等职位。台伊在奥斯曼土耳其统治的初期势力强大，但 17 世纪 30 年代末期以后，贝伊势力增强，成为突尼斯实际上的统治者。1702 年之后，贝伊和台伊职责合并。直至 20 世纪，部分侯赛因王朝的统治者仍然采用"总督贝伊台伊"的称谓，以显示职责兼顾。参见 BOULARÈS H. Histoire de la Tunisie : les grandes dates de la préhistoire à la révolution[M]. Tunis : Cérès Editions, 2012 : 356-359.

[2] 莫里斯科人指改宗基督教的西班牙穆斯林。

[3] BOULARÈS H. Histoire de la Tunisie : les grandes dates de la préhistoire à la révolution[M]. Tunis : Cérès Editions, 2012 : 364-365.

还修建如饮水池、水库、高架饮水桥等各种水利工程,造桥修路,发展农业,并推动以橄榄树为代表的果树种植行业。上述举措不仅改善了人民生活,也增添了突尼斯文化的丰富多样性。目前突尼斯境内存有大量奥斯曼土耳其时期的遗址。

19世纪初,奥斯曼帝国开始衰落,法国势力侵入北非。艾哈迈德贝伊执政后,一方面努力摆脱奥斯曼帝国的约束,争取突尼斯的独立;另一方面积极引领突尼斯向现代化迈进。他在位期间,突尼斯改革思想兴起,标志着突尼斯现代化的开端。今天,学者们通常把突尼斯19世纪的改革思潮比作法国大革命前夕的启蒙运动,称之为"突尼斯复兴运动"。[1]

这一时期,突尼斯思想改革最具标志性的事件是1857年《基本公约》的颁布。该公约包含11项条款,明确了突尼斯人在法律和税收面前人人平等、信仰自由、商贸自由等原则,允许外国人在突尼斯置业、工作。同年,突尼斯贝伊还颁布了一份关于公约的解释性文件。1860年2月,一项关于组建大内阁的法令问世,突尼斯诞生了由多个部长组成的欧洲式内阁政府。1861年4月,突尼斯颁布了阿拉伯国家的第一部宪法,明确君主和臣民的权利。虽然1861年宪法最终没有实施,但它促进了改革思想的发展,丰富了突尼斯在国家治理方面的理念。随着教育的发展、一系列法律法令的颁布以及改革思潮的出现,印刷出版业成为突尼斯的新兴行业,新闻报刊业获得生机。1860年,突尼斯第一份报纸《突尼斯先锋报》问世,该报主要刊登各种法律文件,还设有文化专栏,刊登诗歌、小说译文等。

这一时期突尼斯的改革思想也带动了现代教育的发展。尽管早期的突尼斯贝伊建造了许多伊斯兰学校,但这些教育机构随着时代的发展愈发显得不合时宜。18世纪初,侯赛因王朝的侯赛因·本·阿里贝伊在伊斯兰学

---

[1] BOULARÈS H. Histoire de la Tunisie : les grandes dates de la préhistoire à la révolution[M]. Tunis : Cérès Editions, 2012 : 394-395.

校里聘请名人传授伊斯兰教法学。[1] 1840 年，艾哈迈德贝伊在巴尔杜按照欧洲模式创建了巴尔杜综合理工学校，聘请欧洲教官，开展现代化教学，为突尼斯培养了大量军事人才和开明的知识分子。[2]

除现代化改革之外，奥斯曼帝国的统治还留下了另一份特殊的财富：土耳其裔突尼斯人。近 300 年来，来自奥斯曼帝国本土的军队和官员构成了突尼斯社会的上层。他们不断与本地人融合，逐渐形成了土耳其裔突尼斯人这一新群体，并在突尼斯的近代史中发挥了重要的作用。

五、法兰西文化

19 世纪 30—40 年代，法国不断进行殖民扩张，突尼斯成为法国殖民者猎取的对象。1881 年，法国入侵突尼斯并与之签订了《巴尔杜条约》，突尼斯沦为法国的保护国。70 余年的法国殖民统治不仅给突尼斯的政治、社会打上了深深的法兰西烙印，也使突尼斯深受法兰西文化的影响，直至今日。

法语的普及以及报刊出版物的发展是这一时期突尼斯文化的显著特征，在推广法国文化、巩固殖民统治方面发挥了重要作用。19 世纪的突尼斯并没有严格意义上的国语，官方同时使用阿拉伯语、土耳其语，以及当时比较流行的意大利语，而民间则使用阿拉伯语方言及柏柏尔语。由于法国和突尼斯的特殊关系，法语逐渐获得了与众不同的地位并于 19 世纪 40 年代开始成为学校的教学语言。1840 年成立的巴尔杜综合理工学校的大部分教材便以法语写成，法国教员的数量也非常可观。随着法语被列为突尼斯的行政语言，至 20 世纪初，阿拉伯语-法语的双语制体系已经在突尼斯的国家管

---

[1] BOULARÈS H. Histoire de la Tunisie : les grandes dates de la préhistoire à la révolution[M]. Tunis : Cérès Editions, 2012 : 394-395.

[2] 资料来源于联合国教科文组织官网。

理中确立了其主体地位。

与此同时，法国政府在突尼斯大力发展法文出版物。1883年，突尼斯政府《公报》法文版问世。1884年10月，殖民政府颁布法律，允许在突尼斯创办报纸。由此，突尼斯报刊业迅速发展，《突尼斯快报》（1885年）、《突尼斯报》（1887年）、《小突尼斯报》（1888年）等法语报纸如雨后春笋般涌现。1929年，北非作家协会推出文学杂志《凯雅》[1]。该杂志主要刊登体现新创作趋势的文章。此后出现的《突尼斯法语文学》《四风》等杂志也都颇具影响力。据统计，法国殖民统治时期约有20多种法文报纸杂志。[2] 阿拉伯语刊物和法语刊物相互借鉴，逐渐成为现代突尼斯社会文化的一部分。

法国文化在突尼斯人的日常生活习惯中也留下众多印迹。体育运动、观赏电影和舞台剧、参观博物馆、阅读等法国殖民者的生活方式吸引了众多突尼斯都市青年。这些活动使法兰西文化渗透进突尼斯的社会生活，逐步引领突尼斯人的生活习惯乃至消费观念发生变化，成为突尼斯新的生活时尚，也间接推动了突尼斯电影、戏剧、绘画、体育等方面的发展。这一时期，突尼斯出现了体育协会和运动队；1896年，刚刚诞生不久的电影走入突尼斯；1930年，专门的美术学校成立；1938年，国家广播电台创办；1939年，突尼斯拍摄了第一部阿拉伯语电影《凯鲁万城的疯子》；1946年，电影俱乐部成立。建筑方面，突尼斯市至今还保留有大量的法式街区和建筑物，其中最引人注目的当属1902年建成的、素有"糖果盒"之称的突尼斯市市立剧院。此外，距突尼斯市不远的梅吉林、拉古莱特、拉尔马萨等地也有大量新艺术运动和新装饰艺术风格的建筑，突尼斯北部城市比塞大更有"非洲土伦"之称。[3]

虽然法国殖民者的生活方式受到突尼斯人的追捧，但其对本地人民的

---

[1] 凯雅是8世纪时的一位柏柏尔女性部族领袖，抵抗阿拉伯人入侵时战死。她的名字在北非象征着柏柏尔精神。

[2] 杨鲁萍，林庆春. 突尼斯[M]. 北京：社会科学文献出版社，2010：398.

[3] 土伦为法国地中海沿岸城市。

压榨却激发了日益蓬勃的突尼斯民族主义。在反殖民斗争中，以法国文化为代表的现代意识和突尼斯的传统文化不断碰撞、交融，形成突尼斯文化的重要特色。有学者认为突尼斯的民族文化便诞生于各种文化交叠与相互渗透的 19 世纪，其重要标志就是突尼斯民族主义的崛起，正是这一时期形成的突尼斯民族文化最终引导突尼斯取得独立。[1] 1907 年，旨在维护突尼斯人利益的《突尼斯人报》问世。1932 年，突尼斯独立之父哈比卜·布尔吉巴创办了宣传民族主义的刊物《突尼斯行动报》。这些刊物的出现标志着接受过法式教育的突尼斯社会精英本土意识的觉醒。法国教育制度下培养出来的本土精英与法国有着千丝万缕的联系，他们对突尼斯独立与现代化的追求与想象也以自己所熟知的法国为模板，因此独立后的突尼斯处处带有法国的影子也就不足为奇。法国对突尼斯在政治、经济、文化各方面的影响深入骨髓，以至于布尔吉巴本人形象地将 1956 年突尼斯的独立比作"还需要落实的独立"。[2]

　　法国殖民统治给突尼斯带来的影响是深刻而复杂的。突尼斯著名记者，20 世纪 80—90 年代在突尼斯政府中担任要职的哈比卜·布拉莱斯在评论法国长达 75 年的殖民统治时说道："对于法国人来说，殖民统治为突尼斯带来了现代化，在铁路、电报、航空以及矿业和农业等领域进行了大量基础设施建设。然而对于突尼斯人来说，殖民统治意味着自己的土地被没收以及贫困化。"更重要的是，"法国通过成立政治、商业、银行……体系，在突尼斯建立了一个依附于法国市场的经济体，其服务对象是殖民地宗主国的私人企业。"布拉莱斯的精辟论述一语道破殖民统治的本质，即"剥夺突尼斯的主权为法国利益服务"。[3]

---

[1] BENDANA K. Un terrain d'histoire culturelle : la Tunisie[J]. Correspondances, 2002, 71 : 3-9.

[2] BOULARÈS H. Histoire de la Tunisie : les grandes dates de la préhistoire à la révolution[M]. Tunis : Cérès Editions, 2012 : 682.

[3] BOULARÈS H. Histoire de la Tunisie : les grandes dates de la préhistoire à la révolution[M]. Tunis : Cérès Editions, 2012 : 562.

尽管如此，突尼斯独立之后在阿拉伯化的同时，也寻求保留自己法语国家的地位。换言之，"阿拉伯化"与"去法国化"并不是完全对等的同义词。具体说来，"涉及主权"的政府部门如内政、司法、外交等部门首先改用阿拉伯语，而在教育体系中则始终保留法语。这一看似矛盾的做法背后有深刻的考量：一方面，刚刚独立的突尼斯不希望完全与法国割断联系，因为法语是突尼斯通向世界，特别是西方世界的桥梁；另一方面，在突尼斯独立革命中取得胜利并在新政府中占据主导的"法国派"希望借助双语的优势在突尼斯国内政治斗争中保持优势。[1] 在此大背景下，独立50年之后，30%的突尼斯人仍然是"实际法语使用者"，还有40%的突尼斯人"偶尔使用法语"。[2] 尽管近年来英语的地位在突尼斯有所上升，但法语始终是第一外语，在政治、经济、教育、国际关系、文化与社会等诸多领域使用。

今天，法国、突尼斯双边关系的特别之处还在于法国拥有大量突尼斯裔人口。根据突尼斯社会事务部统计，2014年居住在法国的突尼斯裔达到70多万人[3]，这对于总人口为1 100多万的突尼斯而言是相当庞大的数量。尽管目前针对海外人口对突尼斯影响的研究较少，但是不难想象，法国突尼斯裔在两国经济文化交流中必然会发挥重要作用。

六、布尔吉巴至本·阿里时期的文化建设

1956年3月20日，突尼斯宣布独立。新诞生的突尼斯共和国着手制定独立自主的治国政策，构建属于自己的民族国家。普及文化意识，注重文

---

[1] BENDANA K. L'influence de la culture française en Tunisie, entre héritage et appropriation[M]//LOTFI A. Être Tunisien. Opinions croisées. Tunis : Editions Nirvana, 2014 : 41-48.

[2] VELTCHEFF C. Le français en Tunisie : une langue vivante ou une langue morte?[J]. Le français aujourd'hui, 2006 (3) : 83-92.

[3] 资料来源于突尼斯政府官网。

化复兴，强调突尼斯的阿拉伯-伊斯兰属性是共和国政府早期的文化政策。具体说来，此时的突尼斯需要一个全新的、现代的"突尼斯身份"。"全新"即逐渐摆脱法国在语言、文化、教育方面对突尼斯全方位的影响，"现代"则是在植根于阿拉伯-伊斯兰历史文化这一前提下，对突尼斯的文化进行改造，去除传统生活方式中与现代社会不兼容的部分，培养现代的、具有世界精神的突尼斯人。在建立新文化的迫切需求推动之下，突尼斯社会精英在不同文化领域进行新的探索与尝试，其中以突尼斯开国总统哈比卜·布尔吉巴在国家层面推广话剧的政策最为典型。

传统上，阿拉伯-伊斯兰社会没有戏剧这种艺术形式。随着法国在突尼斯建立殖民统治，在受过西方高等教育，同时又抱有突尼斯民族主义理想的青年人之中逐渐产生了一批戏剧爱好者，哈比卜·布尔吉巴就是其中之一。他在青年时代就参加过学校的戏剧演出，1932年《突尼斯行动报》创立时，他甚至担任了该报戏剧专栏的主编。突尼斯独立之后，布尔吉巴更是将戏剧视为一种建立和传播新文化的方式："戏剧是最重要的文化活动之一，同时也是最有效的大众教育手段。剧场首先是人民的学校。"[1]

这一选择并非出于偶然，因为戏剧与电影、文学等其他艺术形式相比有其独特优势。突尼斯政府通过法令在中学建立话剧团并每年组织全国范围的话剧比赛，逐渐形成了一项成本低廉、参与度高、大众喜闻乐见的文化活动形式。在排练演出过程中，青年人的阿拉伯语阅读和表达能力得到了提升，并在无形中改变了传统观念中演员不登大雅之堂、女性不能出现在公众场合的偏见。话剧推广极大地改变了女性在突尼斯社会中的地位，是突尼斯在文化领域向现代国家迈进过程中的重要环节。

在大众层面开展文化活动的同时，独立后的突尼斯政府也不遗余力地加强文化组织机构建设。1961年，突尼斯成立文化和信息事务秘书处；1963

---

[1] 资料来源于突尼斯《时代》报官网。

年，全国文化委员会成立，负责组织、协调全国文化活动，接待外国文艺团体；1969年，文化和信息事务秘书处升级为文化部并统管全国文化委员会。

1987年扎因·阿比丁·本·阿里执政后，突尼斯继续全面发展文化事业，努力"强化民族认同感，深化全球文明对话，崇尚开放、宽容、团结的价值观"。[1] 同前任总统布尔吉巴一样，本·阿里也认为文化发展决定着民族的生存和未来，但同时认为在新时代背景下文化也是经济和社会发展的支柱。[2] 因此，突尼斯政府将文化发展纳入国家可持续总体发展的进程，在独立后取得的建设成果的基础上继续推动文化产业发展，突显国家文化遗产的价值。

在此时期，突尼斯文化机构建设随着经济的发展继续深化。1991年，文化部完全独立，其职能不断加强。同时，一套完整的文化行政管理体系业已成型，各级文化委员会（国家级、省级和地区级），各地的文化之家、文化交流中心在落实文化政策、推动文化发展中发挥了重要的作用。此外，文化配套设施也较之前更为丰富，国家图书馆、国家文化交流中心、国家文化遗产研究院、各级博物馆、国家音乐及民间艺术中心等纷纷成立，涵盖文学、宗教、教育、戏剧、音乐舞蹈、考古、文献资料、文物保护等多个领域。

此外，突尼斯还出台了一系列与文化活动相关的法律法规，从法律角度为文化发展提供保障并加以规范。2009年，联合国教科文组织发布《突尼斯文化多元性及跨文化对话》，其中列出1961—2008年突尼斯颁布的文化立法文件共116项。[3] 根据这份研究，突尼斯20世纪60—70年代颁布的文件主要涉及文化机构及设施的建设以及文化机构的职能规范，反映出当时突尼斯在文化领域主要致力于基本的宏观管理，并结合社会实际为各阶层

---

[1] 资料来源于联合国教科文组织官网。
[2] 杨学伦，郑希臻. 突尼斯文化 [M]. 北京：文化艺术出版社，2001：299.
[3] 虽然这项研究没有穷尽这一时期突尼斯的所有相关立法，但仍然可以折射出突尼斯文化立法领域的生态。

的文化发展提供支持。如果说布尔吉巴执政时期突尼斯开始了文化遗产保护的机构建设，文化遗产保护的相关法律建设则成型于20世纪80年代末期之后。[1] 本·阿里执政期间颁布的法律文件占所列文件总数的60%以上，其中大部分内容为鼓励文化创作、保护知识产权、为文化创作提供保障，以及发展文化产业。

　　文化产业方面，突尼斯出版业在政府的推动下自20世纪90年代末开始迅猛发展。1988—2006年，文化书籍的出版增长了近三倍，由1988年出版的389种图书发展到2006年的1 500种，出版单位由40家增加到126家。[2] 私有资本和政府补贴是出版业发展的重要推力。儿童、青年和文化遗产宣传方面的书籍明显增多。电影业的发展是本·阿里执政期间文化产业发展的另一特点，这主要得力于政府在电影制作、发行、影院建设等方面的支持，国家对电影产业的投入由1987年的22万第纳尔增加到2005年的500万第纳尔，私人资本也为电影业发展带来新的动力。[3] 除此之外，具有3 000多年历史的、代表突尼斯文化精神的、丰富多彩的传统手工艺业在突尼斯文化产业中也占据一席之地。政府在鼓励文化传承和青年手工艺者创业、创新、培训等方面做了大量工作，充分发挥其在国家经济发展中的助推作用。

　　为增强人民的文化意识，推动文化事业的发展，促进文化经济的繁荣，突尼斯还创办了大量文化艺术节。据统计，到20世纪末，突尼斯各种文化艺术节有50多个[4]，其中不乏迦太基国际艺术节、迦太基国际戏剧节等国际性文化活动。这些艺术节不仅让文化活动成为突尼斯人民生活的一部分，更在促进文化繁荣、经济发展，尤其是扩大突尼斯国际影响力方面发挥了积极的作用。

　　在文化国际交流方面，突尼斯于20世纪中后期加入了联合国教科文组

---

[1] 资料来源于联合国教科文组织官网。
[2] 资料来源于联合国教科文组织官网。
[3] 资料来源于联合国教科文组织官网。
[4] 杨学伦，郑希臻. 突尼斯文化[M]. 北京：文化艺术出版社，2001：299.

织以及阿拉伯联盟教育、文化与科学组织等国际文化组织机构,并与其他国家维持常规文化交流。本·阿里执政时期执行文化开放政策,在强调民族认同、发展民族文化的同时,将在世界舞台上弘扬突尼斯民族文化、使突尼斯文化进入国际市场也列为其施政策略的一部分。突尼斯利用自身的地理位置优势以及同法国、意大利等欧洲国家的历史渊源,在保护历史古迹和弘扬传统文化等领域,加强同欧洲国家的文化交流合作,以延续布尔吉巴总统以文化促进突尼斯现代化的政策,提升其国际地位。

七、2011 年以来的文化发展

2011 年 1 月,突尼斯巨变,国家发展呈现明显的不确定性。尽管如此,近年来的突尼斯文化政策仍然表现出一定的延续性。文化部根据政府制定的两个"五年计划",继续将文化作为国家文明发展的基础和社会和谐的助力因素,努力发挥其在促进国家发展、改善就业水平和提高国民收入方面的作用。政府努力扩大文化产业的资金来源,鼓励文化创新,推动文化产业发展,扩大基层单位权限,加大文化基础设施建设力度,使民众能够更好地参与到突尼斯文化发展建设当中。2016 年,时任文化部部长穆罕默德·齐内·阿比丁表示要努力发挥文化遗产及历史古迹的价值,确立突尼斯在地区和世界文化领域的领军作用。[1]

在基础设施建设方面,2003 年启动但一度中断建造的突尼斯文化宫于 2018 年落成,该项目成为突尼斯文化产业发展新的重要支柱之一。文化宫内不仅落户了众多文化机构,还为年轻艺术家提供了自由开放的交流空间,设有艺术专区、文明发展专区、文学专区,为音乐、舞蹈、戏剧等活动提

---

[1] 资料来源于突尼斯旅游文化网。

供了宽敞的表演场地。同时，文化宫内还建立了阿拉伯世界第一个"诗歌之家"和"小说之家"，此外还定期举办文化论坛以促进学者间的交流与对话，其中最有名的当属"世界文明论坛"与"突尼斯现代主义思想论坛"。[1]文化宫落成后，国家电影与影像中心迁入，并建立了突尼斯电影资料馆。文化宫还举办突尼斯电影节，助力突尼斯电影事业的发展。除突尼斯文化宫外，巴尔杜文学艺术博物馆投入运行、马尔萨文化综合体开工也是这一时期突尼斯文化设施建设的大事。

2016年，文化部发起了"突尼斯，艺术之国"计划，为整合各方资源、展示多元文化与多种艺术表达方式提供了重要平台。目前，该计划共支持了30多个项目，其中17个位于文化设施相对落后的内陆地区。[2] 图书出版方面，突尼斯积极保障民众的文化权利，组织了"书香突尼斯"等全民阅读活动，在全国建立了400多座固定或流动图书馆，开拓了数字阅读渠道。至2013年，图书发放平台已使超过500万突尼斯居民受益，其中以青少年居多。[3]。舞台戏剧方面，突尼斯兴建了8个地方舞台艺术中心，建立了促进戏剧从业者、戏剧爱好者与戏剧专业在校大学生共同交流的孵化与创作平台，举办了"卡夫全天候剧院""梅德宁实验戏剧节"等戏剧庆典活动。[4]此外，政府还颁布法令引导年轻人热爱突尼斯文化，15—35岁的突尼斯公民在加入各种文化组织时会费减半，参观各大博物馆与历史遗址时门票全免。[5] 同时，在突尼斯政府的努力下，文化节日数量由2016年的207个增加到2019年的773个，仅夏季文化节就由17个增加到35个。[6]

突尼斯科技创新和文化创业发展是突尼斯政府发展文化的又一重点项

---

[1] 资料来源于突尼斯文化部部长为突尼斯文化宫所做的介绍，具体可参见突尼斯文化宫官网。
[2] 资料来源于联合国教科文组织官网。
[3] 资料来源于联合国教科文组织官网。
[4] 资料来源于联合国教科文组织官网。
[5] 资料来源于联合国教科文组织官网。
[6] 资料来源于突尼斯文化部官网。

目，在推动文化产业发展、支持独立创业、促进私人资本和公共部门合作方面发挥了积极作用。仅2018年，该项目便在全国范围内组织开展了10万场活动。[1]

开展国际合作、增强突尼斯文化的国际影响力也是突尼斯发展文化的重要途径。在这方面，突尼斯的国际伙伴主要包括法国等欧洲国家，欧盟，联合国教科文组织，阿拉伯联盟教育、文化与科学组织等机构和组织。诸如2014—2018年地中海文化发展计划，以及突尼斯同法国文化中心、德国歌德学院的合作等国际项目极大地推动了突尼斯文化多样性及可持续发展，为培养文化艺术人才、发挥文化的社会和经济影响力增添了动力。此外，参与主持国际性文化合作会议也是突尼斯扩大其国际影响力的重要手段。2016年，突尼斯同阿拉伯联盟教育、文化与科学组织合作主办了第20届阿拉伯国家文化部部长联席会议，讨论数字信息时代文化的发展。2017年，突尼斯承办第一届地中海西部"5+5"对话机制成员国文化部部长会议、阿拉伯国家知识产权局局长会议以及第四届阿拉伯国家出版商联合会议。2018年，第十届阿拉伯戏剧节、阿拉伯文化权益公约启动仪式在突尼斯举行。2019年，突尼斯主持第十一届伊斯兰文化部部长大会并入选执行委员会，同年参加了在巴黎举行的联合国教科文组织第40届大会。

作为拥有3 000多年悠久历史和大量珍贵历史遗迹的国家，突尼斯近年来还加强了古迹安全保护措施，引入市场管理机制，加强国际合作，努力保护并实现文化遗产的人文价值和经济价值。专家们也呼吁，一方面加大资金投入，另一方面开展全国性讨论，明确符合突尼斯国情的相关策略、理念、技术和方法手段，制定战略性发展规划，加强立法，提高全民的历史遗产保护意识。[2]

最后值得一提的是，中国同突尼斯的文化往来源远流长，突尼斯苏塞

---

[1] 资料来源于阿纳多卢通讯社官网。
[2] 资料来源于年轻的非洲新闻网。

考古博物馆里珍藏的1974年出土的太极图镶嵌画便是见证。根据推测，这件3世纪的文物是通过丝绸之路传入突尼斯的。1964年中突建交后，两国在文化领域的交流不断加深。1979年，中突两国政府签订文化协定，之后每两到三年签订一个双边文化交流执行计划，涉及文艺、体育、文学、教育、文物、传媒等多个领域。[1] 2017年，中国出资升级改造了1990年援建的芒扎青年文化体育中心，同年，中突签署了《援突尼斯本·阿鲁斯青年体育文化中心建设项目实施合作协议》。2018年，突尼斯第一所孔子学院落户迦太基大学。同年，享受中国政府奖学金的突尼斯学生人数增加一倍。如今，越来越多的突尼斯学生到中国深造，促进了中突青年的交流。

第二节 风土人情

联合国教科文组织在2009年发布的《突尼斯文化多元性及跨文化对话》中，对突尼斯文化做出如下描述：突尼斯是文明交汇的十字路口。它位于地中海盆地，与欧洲跨海相望，两者中间是宽度仅为140千米的突尼斯海峡；突尼斯作为非洲国家，同时又属于马格里布地区，是阿拉伯-伊斯兰世界的一员。突尼斯位于地中海周边几大文明历次扩张的中心地带，其文化3 000年来受到各种影响。[2] 可以说，突尼斯文化就像知名的突尼斯马赛克艺术一样色彩斑斓，每一个局部都有独特的颜色和形状，而这些不同的花纹样式整体又构成了一幅和谐绚烂的图画。本节将从人口、语言与宗教，民间传统，大众文化三个方面，展现突尼斯的文化传承与社会风情。

---

[1] 杨学伦，郑希臻. 突尼斯文化 [M]. 北京：文化艺术出版社，2001：299.
[2] 资料来源于联合国教科文组织官网。

一、人口、语言和宗教

（一）人口

2021 年，突尼斯人口 1 190 万。[1] 虽然突尼斯的人口自然增长率由 2014 年的 1.48% 降至 2018 年的 1.16%，每千人的出生率由 20.5 降至 17.5，但人口总量始终保持增长。[2] 2017 年，突尼斯人口预期寿命 75.4 岁[3]，2020 年增长到 76.89 岁[4]。

历史上，突尼斯最早的居民是柏柏尔人，后来腓尼基人、罗马人、汪达尔人、拜占庭人和阿拉伯人陆续来到此地。原住的柏柏尔人和大量外来移民长期融合，从而形成了突尼斯人。此后，多民族、多种族的人口进一步融合，逐步形成了突尼斯今天的人口结构。目前，突尼斯 90% 以上的人口为阿拉伯人，其余为柏柏尔人，以及少量的犹太人和欧罗巴人。[5]

（二）语言

语言是文化传统的载体，不同国家、地域、民族、宗教在不同历史时期构建集体认同的过程中，语言有不可替代的作用，突尼斯宪法第一条在确立阿拉伯语为国家语言的同时，还明确注明"该条款不得修改"。

突尼斯的官方语言是阿拉伯语，通用语为法语，但是在实际生活中，突尼斯的语言面貌远没有如此简单。突尼斯人日常生活中使用的阿拉伯语

---

[1] 中华人民共和国外交部. 突尼斯国家概况 [EB/OL].（2022-06）[2022-09-02]. https://www.fmprc.gov.cn/web/gjhdq_676201/gj_676203/fz_677316/1206_678598/1206x0_678600/.

[2] 资料来源于突尼斯国家统计局官网。

[3] 资料来源于突尼斯国家统计局官网。

[4] 资料来源于 Knoema 数据库官网。

[5] 杨鲁萍，林庆春. 突尼斯 [M]. 北京：社会科学文献出版社，2010：398.

是一种本地化的阿拉伯语方言或变体，与书面标准阿拉伯语相去甚远。相对于书面标准阿拉伯语，突尼斯的阿拉伯语变体已简化，含有大量本地词汇，或来自法语和意大利语的借词。突尼斯阿拉伯语大致分为六种方言，其中首都突尼斯市的方言最为流行。如同其他很多阿拉伯国家一样，突尼斯本地方言一般仅限于民间日常交流使用，而文化、教育、宗教等领域的正式语言为书面标准阿拉伯语。例如，在文学创作中，"极少有用突尼斯方言写成的作品"，因为"本地方言被认为比书面阿拉伯语低等"。[1]

与此同时，由于法国在近代的影响，法语在突尼斯官方和民间使用都非常频繁。例如，在教育领域，学生自小学三年级开始学习法语；高年级之后，文科课程用阿拉伯语教授，而理科课程用法语教授。[2] 在民间存在大量的法语报刊和网站，同时，用法语创作的文学作品也是突尼斯文学的重要组成部分。此外，突尼斯今天仍然还有少量柏柏尔语使用者。柏柏尔人是北非的原住民，是马格里布三国人口构成的基础，在皈依伊斯兰教和阿拉伯化的过程中身份边界逐渐变得模糊。尽管如此，柏柏尔人及柏柏尔语依然是突尼斯文化构成的重要部分。在马格里布三国所用的阿拉伯语中，很多日常生活词语直接来自柏柏尔语，如 tabrouri（小块的冰雪）、ghichir（小孩）、seksek（下落）、degdeg（敲碎）等词。[3]

突尼斯语言的多元性在其文学传统中也得到了充分体现。阿拉伯语文学自古就一直是突尼斯文学的主体。伊本·拉希克是突尼斯古代最负盛名的阿拉伯语作家之一，他年轻时曾到凯鲁万城求学，之后成为宫廷诗人，其作品一直流传至今。为了纪念其文学成就，突尼斯 2009 年发行的 50 第纳尔货币上印有拉希克的头像。自 19 世纪末，用法语写作的作家开始在突尼斯文学中占据一席之地。进入现代以来，突尼斯的阿拉伯语文学继续发展，

---

[1] 资料来源于联合国教科文组织官网。
[2] 佳荷. 突尼斯的语言生活状况 [J]. 北华大学学报（社会科学版），2018，19（3）：9-15.
[3] 佳荷. 柏柏尔语在马格里布的使用现状及对策 [J]. 语言政策与语言教育，2016（1）：11-20.

并且涌现出一批女性作家。此外，出生于突尼斯后移民法国的桃斯·阿姆鲁什曾发表过大量有关柏柏尔语口头文学的作品，是为数不多的传承柏柏尔文化的突尼斯（裔）作家之一。

（三）宗教

历史上，突尼斯所在的北非地区在古罗马时代属于基督教文化圈，曾经创造出非常繁荣的基督教文化。然而，自7世纪以来，持续了千年的阿拉伯-伊斯兰化使基督教和犹太教对今天的突尼斯社会文化影响甚微。

北非是伊斯兰教扩张时期阿拉伯人最早抵达的地区之一，而突尼斯又在其中占有特殊地位。伊斯兰教在其历史初期就在北非扎下了根，原住民柏柏尔人皈依伊斯兰教并和阿拉伯人部分融合，因此突尼斯作为伊斯兰国家的身份认同一直延续到现代。

1956年独立之后，突尼斯进行了一系列现代化改革，重新定义传统宗教的地位，其中比较引人注目的是1956年颁布的《个人地位法》。《个人地位法》在伊斯兰历史上首次废除教法法庭，建立宗教事务部，并由宗教事务部负责培养教士、组织斋月庆祝活动。尽管宗教世俗化政策自推出以来在政治社会生活中一直存在争议，但始终是突尼斯独立以来遵循的基本原则之一。

宗教传统与现代生活方式之间的平衡在突尼斯国家和社会生活层面无处不在。例如：在法定节假日当中，一方面，宗教节日以伊斯兰历为基础，纪念或庆祝重要的宗教事件；另一方面，世俗节日以公历为准，纪念或体现现代突尼斯的重大事件和价值观。前者包括伊历新年、穆罕默德诞辰日、开斋节和古尔邦节，后者则包括公历新年（1月1日）、青年革命节（2月14日）、突尼斯独立日（3月20日）、革命烈士纪念日（4月9日）、国际劳动节（5月1日）、共和国诞辰日（7月25日）等。在社会生活方面，突尼斯人与很多国家的穆斯林一样，千年来饮食遵照伊斯兰教规，不鼓励饮酒，注重个人卫生，女性衣着重得体偏保守。

综上所述，今天的突尼斯作为伊斯兰国家是阿拉伯世界的一部分，但"阿拉伯-伊斯兰"这一标签不能概括其全部文化内涵和文化遗产。2014年的突尼斯宪法首次出现了提倡文化多元性的条款，这"说明突尼斯新政府已经不再否认突尼斯多元文化的事实"。[1] 近年来，突尼斯柏柏尔文化在国际上逐渐得到越来越多的关注。2018年，联合国教科文组织将突尼斯塞吉纳尼地区的柏柏尔传统陶艺列入非物质文化遗产。

二、民间传统

（一）饮食

突尼斯的饮食文化有非常鲜明的地中海风格，同时受到周边国家饮食文化的影响，丰富多样的食材原料和烹饪方式创造出了形式多样的菜肴。突尼斯人的主食以小麦做成的面包、通心粉和古斯米为主，常见肉类包括牛肉和鸡肉，沿海地区喜食鱼类，烹调中大量使用橄榄油和各种香料。常见的突尼斯食物包括意大利式面包、形状和制作工艺类似馕的塔布纳面包、法式长棍面包、古斯米、烤蔬菜沙拉、突尼斯烩菜等。很多突尼斯菜式不仅受本地人青睐，在马格里布地区也颇为流行，并被北非移民带到西方国家，受到当地人的喜爱。

在常见的突尼斯菜肴中，最出名的当属古斯米。古斯米是一种传统的柏柏尔食物，做法是将小麦粉与水和橄榄油混合之后揉搓，形成小米大小形状的颗粒之后脱水，如此制成的古斯米可以存放很久。古斯米蒸熟后可作为主食，佐以炖菜和肉类，菜香和肉汁浸入古斯米粒，可谓色香味俱全。另一种

---

[1] 佳荷. 柏柏尔语在马格里布的使用现状及对策[J]. 语言政策与语言教育，2016（1）：11-20.

知名的突尼斯食品是以红辣椒、番茄、香草为原料的哈里萨辣椒酱。同古斯米一样，这种佐餐调料随着北非移民来到欧洲，成为北非饮食的象征之一。突尼斯人还有饮咖啡、薄荷茶、柠檬水和食用甜点的习惯。突尼斯甜点与北非其他地区的糕点相似，由于富含糖分和坚果、可以在短时间内为人体补充能量而受到人们喜爱。此外，突尼斯葡萄酒也很有名，其历史可以追溯到古罗马时代，产品大量出口欧洲。

（二）音乐

音乐是突尼斯人生活中经常出现的元素。突尼斯最著名的音乐形式是"马洛夫"。"马洛夫"是伊比利亚半岛的阿拉伯-伊斯兰音乐，其历史可以追溯到9世纪的中东地区。当时的阿拉伯音乐家把中东音乐带到了今天的西班牙，并逐渐形成了一种新的音乐风格。中世纪后期，从西班牙逃亡到北非的穆斯林又把这种音乐带到了突尼斯。演奏"马洛夫"的乐器十分多样，包括手敲鼓、定音鼓、长笛、鲁特琴等，多种乐器混合形成一种独特的类似管弦乐的风格，并且演奏时经常伴有民乐演唱。"马洛夫"不仅仅是一种民间音乐，特殊的历史更使其拥有一种类似国乐的地位。1934年，当时还是法国保护国的突尼斯成立了拉奇德音乐协会，旨在复兴突尼斯传统音乐。该协会直到今天仍然致力于"马洛夫"的教育和传承工作。

（三）服饰

在今天的突尼斯，虽然民族服装受到西方流行服饰的挑战，但是很多突尼斯人仍然毫不掩饰对其的喜爱。不少时髦的年轻人会穿西装或牛仔裤，同时搭配一件传统服装。也有的突尼斯人更喜爱传统穿着打扮，尤其是在节庆场合。突尼斯男性的传统服装称为"杰巴"，这是一种外观类似长袍的服装，能够遮盖大部分身体，仅露出小臂和小腿的一部分，以达到透气的效果。"杰巴"有不同颜色，一般为白色、米色、蓝色、红色和绿色，材质包括丝绸、呢绒、羊毛、亚麻等。很多"杰巴"装饰有花纹刺绣，其精美程度是衣着档次的象征，穿着时可以和阿拉伯传统的宽腿裤和马甲搭配，很多男性还会戴上一顶突尼斯传统的无边软帽。虽然"杰巴"在历史上是男性服装，但是近年来也逐渐出现了女性版的"杰巴"。很多女性会在节日、婚庆、斋月等重要场合穿上颜色艳丽、花纹巧夺天工的"杰巴"展示自己的风采。传统服装虽然以其精美深得人们喜爱，但制作一件精良的服饰费用高昂，一件高质量的"杰巴"从选材、裁剪到刺绣需要花费大量时间，其高昂的价格在一定程度上让平民望而却步。为了普及传统文化，突尼斯旅游发展及手工艺部下设国家手工艺中心。该机构定期举办和组织服装设计大赛和展览，以发扬民族服饰文化并鼓励创新。

（四）建筑民居

突尼斯的历史建筑同样也体现出多元文化风格。柏柏尔人的传统穴居、古迦太基城市遗迹与古罗马斗兽场、拜占庭时代的城堡、阿拉伯或奥斯曼土耳其风格的清真寺、伊比利亚半岛风格的民居，以及20世纪的欧式建筑，这些样式迥异、建造于不同历史时期的建筑在突尼斯这片土地上构成了一幅和谐美丽的图画。由于篇幅所限，在此只简要介绍一些有代表性的建筑及其特点。

在古代建筑中，最宏伟的当属迦太基和罗马时代留下的神殿和斗兽场，这些遗址大多位于突尼斯北部地区，其中迦太基古城遗址、科克瓦尼布匿城及陵园遗址和埃尔·杰姆古罗马斗兽场被列入世界文化遗产名录。同样见证突尼斯古老历史的还有柏柏尔人的传统穴居。这些依山建造的居所兼有居住和防御的功能，主要集中在突尼斯东南部，是当年柏柏尔人躲避阿拉伯人入侵时所造。现在这些建筑大多已经无人居住，成为旅游景点。宗教建筑方面，位于凯鲁万城、占地 9 000 多平方米的大清真寺堪称伊斯兰建筑的典范，其最具代表性的特点之一是采用马蹄形拱门和希腊式立柱，寺内还藏有大量宗教艺术品。此外，在突尼斯的众多清真寺当中，建于 17 世纪、位于突尼斯市的马赫孜清真寺同样独具一格，它采用穹顶结构，颇具希腊-土耳其风格。在近现代建筑中，位于突尼斯东北部的西迪·布·赛义德的地中海式民居也十分有特色，其典型特征是白色的外墙和蓝色的门窗，建筑主体的风格是阿拉伯或安达卢西亚式。近代欧式建筑在突尼斯也十分常见，无论是学院派、新古典主义，还是现代主义，各种建筑风格在突尼斯都可以找到。其中比较知名的有位于突尼斯市的邮政总局大楼和突尼斯市市立剧院，这两座恢宏典雅的建筑都建于 19 世纪末 20 世纪初，前者是学院派风格，后者是新艺术风格。

（五）手工艺

突尼斯手工艺传统源远流长。突尼斯拥有全世界最丰富的马赛克艺术品收藏，其中大部分陈列在突尼斯巴尔杜国家博物馆。马赛克艺术的历史可以追溯到古罗马时代，当时很多建筑都以马赛克作为墙壁和地面装饰，今天很多清真寺内仍保留着马赛克装饰。突尼斯的另一个传统手工艺品是地毯。地毯在北非拥有悠久的历史，早在迦太基时代就有相关的记载。突尼斯地毯曾被阿拉伯人当作贡品献给哈里发。之后奥斯曼土耳其人的到来为突尼斯地毯增添了新的风格元素。直至今天，突尼斯人仍然喜欢在不同场所以地毯作为装饰物，精美的突尼斯地毯在欧洲也受到欢迎。除此之外，陶器也是延续了上千年的突尼斯手工艺品。早在古罗马时代，突尼斯的红土陶器就是阿非利加行省的主要出口商品之一，其制作及贸易历史长达几个世纪。红土陶器造型各异，有的是壶型，有的是盘型，上面通常带有精美的花纹或浮雕，大多属于日常生活用具。今天位于突尼斯北部的塞吉纳尼地区还保留了传统的红土陶器制作工艺。当地女性在干涸的河床上采集红土，将土块敲碎加水除去杂质后获得干净的红土，作为烧制陶器的原材料。自2018年被联合国教科文组织列为非物质文化遗产后，塞吉纳尼陶艺由于其独特性愈加受到大众关注。

三、大众文化

（一）电影

电影在突尼斯的历史非常悠久。现代电影的创始人，法国的卢米埃尔兄弟曾于1896年到突尼斯市拍摄纪录片。尽管电影拍摄和放映等新鲜事物已经出现，但突尼斯本土电影直到20世纪末才在国际上崭露头角，其中1990年和1996年拍摄的《平台上的孩子》和《古莱特的夏天》是突尼斯电影的代表作。尽管这些电影有很高的知名度，但是突尼斯电影市场始终面临人口偏少导致的市场规模较小的问题。为了突破发展瓶颈，突尼斯政府从国家层面支持电影业的发展，在推广本土电影业的同时，借助国际电影节的影响力促进文化和经济，尤其是电影旅游业的发展。由于突尼斯得天独厚的地理条件和人文景观，很多国际知名导演来这里拍摄和制作电影，并在电影完成之后为当地留下了丰富的文化旅游资源，促进了当地的经济发展和就业。

（二）博物馆与艺术节

突尼斯拥有众多博物馆并每年举办各种艺术节。由于突尼斯历史上在很长时间内属于地中海–欧洲文化圈，很多文化遗迹和人物在西方家喻户晓，因此发掘本国历史的多样性以获得国际影响力成为突尼斯的文化政策之一，这些政策的直接体现便是突尼斯的博物馆和艺术节。突尼斯最著名的博物馆当属巴尔杜国家博物馆。该馆位于突尼斯市市郊的巴尔杜宫，其藏品丰富程度名列非洲第二，仅次于埃及博物馆。馆中的文物展现了突尼斯丰富的历史资源，呈现了古腓尼基、古迦太基、古希腊、古罗马、拜占庭、伊斯兰文化，几千年的人类历史画卷在此徐徐展开。在展出的众多历史价值极高的精美文物中，最知名的是古罗马诗人维吉尔的马赛克画像和凯鲁万城的蓝色《古兰经》。突尼斯的另一所知名博物馆是迦太基国家博物馆。该馆位于迦太基城遗址，展品主要反映迦太基–罗马和拜占庭时期的历史。除博物馆之外，突尼斯的艺术节也是国际闻名。例如，始创于1964年，于每年七月和八月在迦太基城举办的迦太基国际艺术节以迦太基的古罗马剧场为表演舞台，是阿拉伯世界和非洲最知名的文化活动之一，早已蜚声国际。除此之外，在突尼斯市举办的迦太基国际电影节和迦太基国际戏剧节也是突尼斯开展国际文化交流的重要平台。中国曾多次参加上述两个艺术节，将传统京剧和当代电影带到了突尼斯，向突尼斯观众展现了当代中国的风貌，促进了两国的文化交流。

第三节　文化名人

本节将介绍突尼斯历史上部分代表性文化人物。这些文化名人是突尼斯国家历史的重要部分，其中个别人物的影响力更是跨越国界，成为突尼斯文化的闪亮名片。

一、伊本·赫勒敦

在突尼斯阿拉伯–伊斯兰化后出现的学者当中，国人最为敬仰的当属伊本·赫勒敦。被称为"现代社会学之父"的伊本·赫勒敦于1332年出生在突尼斯城,其家族是从西班牙迁回北非的穆斯林贵族。当时的伊比利亚半岛正处在收复失地运动的高峰期,在此背景下,伊本·赫勒敦完成学业之后便在北非及格拉纳达游历,受到各地当权者的接待。他根据自己的观察和经历著书分析当时北非和西班牙的政治社会变化,与前人不同的是,他并不割裂地看待政治,而是将历史事件放到社会经济背景下研究。其作品《历史绪论》因此被视为突尼斯第一部科学意义上的社会学著作。为了纪念这位伟大的学者,今天突尼斯的众多学校都以伊本·赫勒敦命名,法语国家与地区国际组织也将阿拉伯语-法语翻译的最高奖命名为伊本·赫勒敦-列奥波尔德·塞达·桑戈尔奖。[1]

二、马木德·卡巴度

自16世纪起,突尼斯成为奥斯曼帝国领地。欧洲殖民列强的兴起让此时的统治者和社会精英深感改革的迫切性,其中的代表人物包括马木德·卡巴度。

卡巴度出身于贵族家庭,早年接受伊斯兰传统教育,在伊斯兰教教义和文学方面造诣颇深,年轻时曾到奥斯曼帝国首都伊斯坦布尔求学。当时的奥斯曼帝国已经积患多年并正在酝酿改革,卡巴度因而接触到了当时的革新思想。1842年,艾哈迈德贝伊邀请卡巴度回国在巴尔杜综合理工学校任教,他欣然接受并在该校讲授阿拉伯语和伊斯兰教教义课程。由于当时的教员大多是欧洲人,教材和资料也来自欧洲,因此他还负责监督教材的翻译与编辑工作。在此期间,他清醒地意识到伊斯兰世界落后于西方的根源在于科学的落后。卡巴度作为宗教传统人士却同时具有如此开明的思想,

---

[1] 列奥波尔德·塞达·桑戈尔,塞内加尔首任总统、政治家、法语作家。

在当时的突尼斯上层社会产生了不小的震动。

三、哈伊尔丁

突尼斯近代改革的另一位代表人物是哈伊尔丁。哈伊尔丁出生于高加索，幼年时被奴贩卖到伊斯坦布尔，后来辗转到突尼斯在艾哈迈德贝伊的宫廷里做侍从。他抓住这个机会，同时在巴尔杜综合理工学校学习，从同龄人中脱颖而出，得到卡巴度和贝伊的赏识和提拔，承担教材编辑的工作。从此，哈伊尔丁开始了其政治生涯，多次陪同贝伊出访，并在1846年前往法国进行国事访问。这次经历给哈伊尔丁留下了深刻印象，此后他又多次访问法国，观察法国社会的方方面面，为改革突尼斯寻求方案。1873年，当时的萨迪克贝伊任命哈伊尔丁为宰相。哈伊尔丁在再次访问法国后于1875年建立了突尼斯第一所现代化教育机构——萨迪克学校，这所学校培养的人才在日后突尼斯民族运动当中扮演了十分重要的角色。直至今日，哈伊尔丁着戎装骑骏马的形象在人们心目中仍然是突尼斯近代改革的缩影。

四、阿里·本·阿义德

经过法国殖民统治之后，当代突尼斯的文化精英大多带有法国文化的烙印。借鉴西方文化背景进行创作不但没有妨碍突尼斯民族性的表达，反而产生了大批优秀的作品。突尼斯话剧的标志性人物阿里·本·阿义德便是其中代表。

本·阿义德年轻时在萨迪克学校求学，出于对戏剧的热爱前往法国国立高等音乐舞蹈学院留学。突尼斯独立后，他担任突尼斯市市立话剧团团长，自导自演了很多脍炙人口的作品。这些作品当中有很多改编自西方经典话剧，如加缪的《卡里古拉》和莫里哀的《太太学堂》等，体现了本·阿义德对西方文化特别是法国文化的深刻理解。与此同时，他还与哈比卜·布拉莱斯合作，创作本土话剧。其中比较知名的两部是《穆拉德三世》和《布拉克》，前者讲述了突尼斯摄政时期穆拉德三世的残暴统治，后者则以伊斯兰教先知穆罕默德的坐骑布拉克为喻题，探讨突尼斯独立后应当如何回首历史和展望未来。本·阿义德与布拉莱斯这两位突尼斯现代文化巨人的合作，极大地提高了这两部话剧的艺术性与思想性，将突尼斯话剧带到前所未有的高度。在这些文化精英的推动下，话剧这一西方的文化舶来品经过改造，成为建设新突尼斯文化独特的大众传播平台。

五、马哈茂德·梅萨迪

马哈茂德·梅萨迪是当代突尼斯人心目中的重要作家。他于1911年出生在现今的纳布勒省，曾就读于巴黎索邦大学。梅萨迪在法学习期间深受法国以及欧洲文学和哲学思想的影响，是少数能将阿拉伯文化与当代欧洲文化完美融合的文学巨匠，其代表作《阻碍》语言功底深厚，在折射出存在主义理念的同时也蕴含伊斯兰文化元素。

梅萨迪不仅是文学家，也是突尼斯重要的政治人物。法国殖民时期，他投身于突尼斯独立运动，国家独立后又先后出任突尼斯教育部部长和文化部部长，致力于突尼斯教育体制的现代化、双语化和全民化，创建新型的突尼斯高等教育，并创办《文化生活》杂志，推动突尼斯文化事业的发展。梅萨迪在文学和文化方面的成绩和贡献为他带来了诸多荣誉。1968年，梅萨迪获突尼斯共和国荣誉绶带，1994年获马格里布文化奖，此外还是联合国教科文组织执行局成员。

第三章 教育历史

突尼斯教育起源于伊斯兰时代，历经千年延续至今。从近代开始，伊斯兰教育开始借鉴并模仿西方模式，然而两者之间始终存在张力甚至对抗，这种关系直到今天仍然可见。但无论在教育模式中固守传统还是采用拿来主义，以教育实现国家富强始终是突尼斯对教育基本功能的定位，因此，突尼斯教育本身具有极强的实用主义精神。

第一节 历史沿革

突尼斯历史早期教育模式与伊斯兰世界其他国家的教育模式有诸多相似之处。进入近代之后，突尼斯成为欧洲列强争夺的对象。在此过程中，感受到外部冲击的突尼斯有识之士开始效仿西方制度进行教育改革，无奈突尼斯于1881年沦为法国殖民地，教育改革抱憾而终。殖民时期，法国出于自身利益的考量，以最小的投入经营突尼斯本地教育，以培训必要的人力资源。这些按照法国模式培养或是直接到法国接受教育的突尼斯知识分子，最终民族意识觉醒，和本土传统文化精英一起对抗殖民统治。独立之后，百废待兴的突尼斯大力兴办教育，在制定教育政策时大量加入世俗化成分，这既是对突尼斯近代西化改革精神的继承，也是因势利导对法国统治所留下的精神遗产加以利用。

一、7—18世纪的教育

突尼斯自7世纪开始受伊斯兰文化影响，因此在18世纪受西方影响之前，伊斯兰教育始终是突尼斯教育的主导模式。

在伊斯兰时代早期，清真寺承担了最基本的教育功能，教士在此给学生讲授《古兰经》、谚语、道德故事和英雄事迹，教授阅读与书写技能。第二代哈里发奥马尔·本·哈塔卜统治时期，基础教育中增加了诗歌、骑马、游泳等非宗教课程内容。在这一时期，在教育方面影响力最大的机构是凯鲁万大清真寺。凯鲁万大清真寺是当时北非地区的科学文化中心之一，教授的学科涉及神学、历史、法学、文学、数学、天文学、医学等诸多领域。

独立或半独立于清真寺的学校在倭马亚王朝时期已经出现，并在阿巴斯王朝时期遍布整个伊斯兰世界。这类学校被称为"小学"，其教授内容相当于初等教育水平，一般设置在清真寺、教师私宅、图书馆等场所。根据所教内容的不同侧重，"小学"可大致分为两类：第一类教授宗教课程；第二类侧重世俗课程，如书写技能、语法、诗歌、数学。前者倾向于用教师口述、学生背诵的方式教学，后者则通过讲授诗歌的形式让学生反复进行书写练习。

在"小学"完成初等教育后，年轻人可以进入经学院接受更高一级的教育。经学院一般有二三十个学生，有专门的教室并且为学生提供住宿，通常紧邻清真寺，以便于学生学习教义与教法。清真寺和经学院共同承担着培养社会精英的职能。建于732年、位于突尼斯城的宰图纳清真寺就有这样一所经学院。该经学院是世界上最早的高等教育机构之一，其教育传统千年来几乎从未间断，直到今天仍然是伊斯兰世界的知名学府。突尼斯历史学家哈桑·霍斯尼·阿卜杜勒瓦哈卜认为"（宰图纳大学）拥有悠久且不间断的历史，是阿拉伯世界教育当之无愧的鼻祖。"[1]

伊斯兰文明在 8—13 世纪经历了一次艺术、文化、科技的发展高峰，史称"伊斯兰黄金时代"，而经学院作为传承宗教与知识的机构在此期间起到了无可替代的作用。伊本·赫勒敦在其著作《历史绪论》中对当时伊斯兰世界的高等教育进行了介绍。所有的学科被分为两类：一类为自然科学，亦被称为"理性科学"或"智慧和哲学的科学"，另一类为宗教科学，亦被称为"传授的科学"。其中，自然科学又被分为逻辑、物理、形而上学、测量科学四类，涵盖地理、算术、音乐、天文；而宗教科学的具体内容为阿拉伯语、伊斯兰教先知圣训、经文注释学、经文朗诵、伊斯兰教法与伊斯兰神学。尽管划分细致，但经学院却采用跨学科模式教学，当时的伊斯兰学者们并没有因为自己对宗教的虔诚而忽视自然科学，反而认为自然科学在科学方法论上具有优先地位。除了自然科学和宗教科学之外，经学院还提供动手实践类课程作为对前两者的重要补充，以满足社会生活中的实际需要。

经学院的资金运作方式也有其独特之处。包括突尼斯在内的伊斯兰世界普遍存在"瓦合甫"制度，即鼓励有经济能力的信众捐赠钱财、屋宅或土地，这些财产由专门的人员或机构管理，用来建设公共事业及设施，其中也包括学校。因此，这样的教育模式可谓取之于民、用之于民。

综上所述，突尼斯自 7 世纪伊斯兰化以来，基于宗教建立了一套相对完善的，以"小学"、经学院以及经学院中的最高学府宰图纳清真寺为主要教育机构的教育体系。这样的教育制度是中世纪阿拉伯-伊斯兰世界文化昌明的基石，也是西方文艺复兴之前科学文化的重要发展方式，为后人留下了宝贵的知识财富。

---

[1] 引述自突尼斯宰图纳大学官网介绍。世界上第一所大学在何时何地成立是一个有争议的话题。尽管宰图纳"大学"，或更准确地说宰图纳"经学院"建于 8 世纪，但是联合国教科文组织将卡鲁因大学视为世界上最古老的大学（引述自联合国教科文组织）。该争论的核心问题是如何定义"大学"：首先，经学院和清真寺在伊斯兰教早期没有明确的区分界限；其次，经学院是否可以等同于当代、源于欧洲的大学尚无定论。除特别情况，下文中"宰图纳大学""宰图纳清真寺"和"宰图纳"三个称呼混用。

二、19 世纪的教育

19 世纪的突尼斯内外交困。在此背景下，受到西方文明冲击的突尼斯知识分子分成了两派：改革派认为应当采用欧洲教育制度作为权宜之计，直到伊斯兰文明找到新的制度为止；保守派则排斥欧洲的教育制度，认为解决危机的方式是回归早期伊斯兰文化传统。因此，突尼斯人一方面延续"小学"和经学院传统，仿照欧洲模式建立新式学校，另一方面在这些新式学校中强化传统宗教教育。

1838 年，当时执政的艾哈迈德贝伊在自己的王宫巴尔杜宫成立了巴尔杜军事学校，其目标是为突尼斯国家和军队培养现代化人才。后世历史学家认为这所以欧洲模式建立的新式学校标志着突尼斯现代化改革的开端。据史料记载："根据贝伊的指令，所有贵族子弟，无论是出身于土耳其人家庭、摩尔人[1]家庭或是阿拉伯人家庭，都在这里接受欧洲教官的封闭式训练。这里采用军事化教育，并且由贝伊直接监督。"[2] 建校伊始，贝伊便聘请了一位曾在奥斯曼帝国军队服役的意大利军人来管理教学，非宗教课程的教材以意大利语和法语编写，因为这两种语言在当时的改革派看来是通向现代化的桥梁。

巴尔杜军事学校的运作模式介于传统与现代之间。贝伊将学校设置于王宫内以便监督其运作，但也意味着军校学员是王宫内的侍从，服务于宫廷权贵。学员在接受现代化教育的同时，也必须接受传统伊斯兰宫廷教育。在改革风起云涌的时代背景下，传统教育却在王宫内被强化，这在某种程度上可以视为上文提及的两种思潮角力的结果。

巴尔杜军事学校培养出的人才在突尼斯近代的现代化建设中发挥了重

---

[1] 摩尔人通常指（祖先）来自伊比利亚半岛的穆斯林。

[2] DAUX A. Achmed-Pacha, Bey du Tunis et des réformes qu'il a faites dans l'administration de ses états[J]. Revue de l'orient et de l'Algérie et des colonies, 1848 (4) : 342-361.

要作用。例如，科学方面，军校学员在教官的指导下对突尼斯部分地区进行了历史上第一次现代化测绘；军事方面，军校培养的指挥官带领突尼斯军队以奥斯曼帝国领属的名义参加了1853年的克里米亚战争。

1868年，巴尔杜军事学校因经费短缺而关闭，但突尼斯教育改革的浪潮并没有因此停止。1875年，时任宰相哈伊尔丁召集了一个由改革派宰图纳学者和高级官员组成的委员会，起草了一部组织法案，准备成立突尼斯历史上第一所国立现代学校——萨迪克学校，其目的是为国家培养现代化精英。该法案于1875年1月通过，其引言写道："这所机构命名为萨迪克学校。其教学包含三部分。第一部分包括《古兰经》、书写、先知圣训。第二部分包括伊斯兰法学和伊斯兰法学方法。第三部分包括理性科学，它应当是伊斯兰国家治国所需的，且不与伊斯兰法冲突。这些教学内容的具体实施方法、学制、课程设置、教师配置，在本组织法的相应条款中有详细论述。"[1] 如同之前的巴尔杜军事学校一样，萨迪克学校的课程设置也是传统与现代的结合。法案规定的前两类教学内容为宗教教育，第三类则是欧式现代教育，包括数学、物理、化学、自然科学以及外语、历史和地理。萨迪克学校的学制为7年，学生毕业之后可以选择一个专业继续学习7年。

萨迪克学校只招收突尼斯穆斯林，采用寄宿制并由国家承担学费。录取的学生年龄为6—10岁。学校会组织考试，根据学生能力水平安排其学业，学生由低年级升到高年级必须参加考试。政府委任一名校长和一名助理校长，学校配有门房、伊玛目[2]和医生。与倾向于招收贵族子弟的巴尔杜军事学校相比，完全按照欧洲模式，特别是法国模式成立的萨迪克学校招生相对平民化，这有利于各地区和各阶层的突尼斯青年人形成统一的国家认同。[3]

---

[1] SRAIEB N. Enseignement, élites et systèmes de valeur : le Collège Sadiki de Tunis[J]. Annuaire de l'Afrique du Nord, 1971 (7)：109.

[2] 伊玛目一般指在清真寺内主持宗教仪式的神职人员。

[3] SRAIEB N. Le collège Sadiki de Tunis et les nouvelles élites[J]. Revue des mondes musulmans et de la Méditerranée, 1994 (1) : 37-52.

巴尔杜军事学校和萨迪克学校是突尼斯19世纪教育改革的直接产物，两者都强调在宗教教育的基础上教授现代课程。在这两所学校接受教育的突尼斯精英熟悉西方语言和文化，对西方抱有一定的亲近感。与此同时，具有千年悠久历史的宰图纳并没有沉寂。与巴尔杜-萨迪克派相反，宰图纳在教育革新的大部分进程中扮演了保守派角色。[1] 然而这种保守主义在复杂的历史政治背景下也呈现出多元性：部分开明的宰图纳伊斯兰学者也赞同革新，并且在教育改革中同样发挥了重要作用；同时，尽管宰图纳的教育模式在突尼斯革新派看来是过时的，但是在直面西方文明的冲击时，传统教育却成为文化抵抗的堡垒和民族主义的摇篮。因此，革新派和保守派虽然观念不同，但是本质上都体现了突尼斯民族主义思想。这两种思潮的代表人物在日后突尼斯的历史中既有合作也有竞争，其影响一直延续至今。

三、法国殖民统治时期的教育

在萨迪克学校成立六年之后，1881年突尼斯沦为法国的保护国，革新道路戛然而止。在占领突尼斯初期，法国对业已存在的本地教育机构采用因势利导的方式，使其为殖民当局服务：一方面加强法语教育，培养熟悉法国语言文化的本地人；另一方面遏制本地教育，尽可能阻止突尼斯人接受高等教育，让本地人无法胜任殖民当局的"敏感职位"。随着殖民统治的巩固与发展，殖民政府也对教育体制进行了一些改革，以满足建设殖民地的人才需要并安抚日益觉醒的突尼斯民族主义者。但是，殖民政府教育体制的核心是巩固殖民统治、为殖民者服务，这一事实并没有因为局部调整而改变。在法国统治期间，突尼斯初等教育未能普及，高等教育的入学人

---

[1] 在巴尔杜军事学校成立之前，宰图纳清真寺是突尼斯唯一提供高等教育的机构。1876年，哈伊尔丁颁布法令对宰图纳进行教育改制，然而在保守派的激烈反对声中，法令中涉及现代化教育的部分成了一纸空文。

数和专业数也极其有限。

萨迪克学校在突尼斯的殖民教育系统中有着极其特殊的地位，其培养的突尼斯本地精英与殖民政府之间形成了共生关系，双方都需要对方来合理化自身的存在。起初，这些精英还相信法国当局可以维护他们从前的特权，并且能够为突尼斯带来"优越"的西方文明，但他们的幻想在殖民当局采取强硬措施后破灭了。

殖民政府于1883年5月颁布法令，成立公共教育指导局，负责突尼斯教育事务。通过一系列法令，法国当局要求突出法语在当时教学语言（阿拉伯语、法语、意大利语、土耳其语）中的地位。在初等教育阶段，每天只包含一小时阿拉伯语教学的内容，课程包括语法、书写、文学选读、伊斯兰教法、伊斯兰历史与修辞；到了中等教育阶段，加入用阿拉伯语教授的突尼斯民法典和公文写作课程。与此形成对比的是，用法语教学的除了法语课之外，还涉及历史、地理、数学、物理、化学、法国法律、突尼斯法律、自然科学、会计。其中，法语、法国法律、突尼斯法律三门课共8课时，占总课时的三分之一。这样的课程设置旨在为殖民地培养双语人才。[1] 除了调整不同教学语言的比例之外，公共教育指导局以财务困难为由暂停学生公费出国深造计划，以阻止突尼斯培养挑战殖民统治秩序的民族知识分子。公共教育指导局还将萨迪克学校改造成一所高等小学，只培养服务于殖民当局的本地低级官员。至此，突尼斯革新时期建立的高等人才留学机制完全被废除。

法国当局建立的基础教育系统包括初等教育和中等教育两个层次。初等教育阶段有以下四类学校（萨迪克学校不属于以下任何一类，但被殖民当局保留）。第一类是招收欧洲儿童，尤其是法国儿童，同时招收个别突尼斯权贵子弟的法国学校。这类学校的课程与法国本土学校一致。第二类是

---

[1] 1922年当局规定政府雇佣的高级翻译中半数必须留给萨迪克学校和阿拉伯语言文学高等学校的毕业生。关于阿拉伯语言文学高等学校请见下文。

普通法语-阿拉伯语双语学校[1]，这类学校只教授基础语言、算术、地理和历史，培养本地需要的初级工业与农业劳动力。第三类是现代化宗教学校，其课程由突尼斯本地人设计并强调阿拉伯语教学。普通法语-阿拉伯语双语学校和现代化宗教学校在突尼斯除首都以外的其他大城市有非常特殊的意义，因为他们与以萨迪克学校为核心的首都教育体系形成了互补。第四类学校是传统的"小学"，但是在法国殖民当局的默许之下，"小学"的教学内容和基础设施完全不符合现代教学要求。中等教育阶段包含以下三种学校：学制与法国本土一致的中学；课程设置与法国中学基本一致，但更偏重阿拉伯语教学的突尼斯本地中学或"萨迪克式"中学[2]；宰图纳清真寺的传统宗教教育学校。

尽管各类学校名目繁多，但实际上突尼斯本地儿童的入学率非常低。以1946年为例，突尼斯居民总数为3 230 952人，其中穆斯林人口为2 919 860人（突尼斯籍2 852 978人），欧裔居民311 092人，在突尼斯籍穆斯林人口占总人口88%的情况下，突尼斯学龄儿童的入学比例不到10%，而欧裔儿童的入学比例达到84%。[3]

随着历史发展，本地精英与殖民当局在教育上的争夺日益显现。1896年，突尼斯青年派在突尼斯市成立了赫勒敦学校。该校以突尼斯著名伊斯兰学者伊本·赫勒敦的名字命名，是突尼斯第一所世俗化公立学校，在日后突尼斯民族主义的觉醒中也起到了重要作用。

1906年，由萨迪克学校毕业生占多数的本地精英和少数殖民当局官员组成的教育委员会决定对萨迪克学校进行改制，允许萨迪克学校颁发第二

---

[1] 公共教育指导局的第一任负责人路易·马旭艾尔自上任起便致力于建立法语-阿拉伯语世俗化学校，并且成立了阿拉维师范学校，为双语学校培养师资。阿拉维师范学校的前身是杰姆·本·穆克拉清真寺及清真寺附属经学院。

[2] 萨迪克学校同时是法国在突尼斯殖民地双语学校的样板。1944—1945年，当局决定将萨迪克学校的双语教育模式推广到其他普通法语-阿拉伯语双语学校。

[3] TARIFA C. L'enseignement du premier et du second degré en Tunisie[J]. Population (French edition), 1971 (1)：149-180.

阶段学习文凭（即中等教育毕业文凭），并且允许该校毕业生去卡诺中学[1]学习预备课程以参加法国中学毕业会考[2]。这是突尼斯民族主义斗争在教育领域的一次胜利，但殖民当局仍然心有不甘。史料记载："鉴于萨迪克学校的财产之前已经被剥夺，其法籍校长皮埃尔·博隆上任后就开始进行教学改革，将全校学生数量减到100人以下，并降低了数学和物理的教学标准。这样，获得萨迪克学校文凭的学生就无法升入卡诺中学准备并参加会考。如此一来，他们虽精通法语和阿拉伯语却不能参加中学会考，无法继续高等教育……他们只能到（殖民）当局谋求一官半职。"[3] 在当局层层阻挠下，能够获得法国中学会考文凭的学生可以说是凤毛麟角：1927年，全国只有27人获得，1938年，全国仅58人获得。[4]

在法国统治期间，突尼斯高等教育同样也是殖民者意志和利益的体现。首先，殖民当局以不干涉宗教事务的名义让宰图纳清真寺继续宗教传统教育，试图在现代教育的大背景下将其边缘化，使突尼斯人尽可能少地接受现代高等教育。面对殖民政府的打击，宰图纳清真寺在坚持传统伊斯兰教育模式的前提下进行了部分改制：1912年，宰图纳清真寺宣布将其教育课程分成初级、中级、高级三个阶段并设立相应学位；1933年，设立科学学位。[5] 与此同时，很多宰图纳进步派学生到赫勒敦学校接受现代教育。

由于殖民当局的压制，到法国接受高等教育的突尼斯人少之又少。与此同时，随着殖民程度的不断加深，法国在突尼斯成立了一系列高等学校和研究机构，其专业大多为农业、卫生、语言和司法，换言之，是殖民当局建设殖民地急需的专业领域。这一时期成立的机构包括1893年成立的巴

---

[1] 卡诺中学成立于1894年，原名圣查理教会学校，是二战前突尼斯最重要的中学。

[2] 法国中学毕业会考是法国中学毕业考试，由拿破仑一世于1808年创立。获得中学毕业会考文凭是进入大学学习的前提条件。

[3] SRAIEB N. Enseignement, élites et systèmes de valeur : le Collège Sadiki de Tunis[J]. Annuaire de l'Afrique du Nord, 1971 (7): 118.

[4] 资料来源于当代突尼斯历史与文化研究官网。

[5] 资料来源于突尼斯宰图纳大学官网。

斯德学院、1898年成立的农业殖民学校（于1955年改制成为突尼斯市国家高等农业学校，讽刺的是，这所"国家"高等农业学校1957年才第一次招收了1名突尼斯本地学生）、1912年成立的阿尔勒学院、1913年成立的突尼斯植物学中心、1924年成立的海洋学中心。在文科方向，1911年，阿拉伯语言文学高等学校成立，1922年，突尼斯司法研究中心成立。

第二次世界大战后，尽管没有摆脱法国的殖民统治，突尼斯高等教育还是进入了历史新时期。1945年，突尼斯高等研究学院成立，赫勒敦学校也在此时成立了伊斯兰研究学院。1946年，赫勒敦学校成立了阿拉伯普通法学院和阿拉伯哲学学院。这些学院使赫勒敦学校成为一所真正意义上的大学，当时被称为突尼斯人民大学。到了法国殖民统治结束前夕，高等教育的专业设置也更为全面，各种理科专业开始出现。

综上所述，自1881年沦为法国保护国至1956年独立，突尼斯教育的实质是维护法国的利益。时任法国总理茹费理[1]曾写道："我们要致力于从我们自身的利益和他们（突尼斯人）的利益出发来开导他们，同时不要提供与他们（殖民地）地位不相符的、过于高等的教育。我们希望他们能够充分理解我们完全无意去干涉他们宗教感情，不过他们同时也必须清楚我们永远不允许他们的教育损害我们的事业。我们给这些年轻穆斯林的教育，应该局限于实用和专业角度。"[2] 然而，殖民教育无法阻止民族主义的诞生与发展，法语教育甚至反过来推动了突尼斯民族主义的觉醒。在此背景下，1906年，本地精英以法语和在法国教育体制下学到的知识和理念作为工具，开始了突尼斯独立运动。

---

[1] 茹费理于19世纪80年代两次出任法国总理，支持法国的教育改革和殖民扩张。
[2] SRAIEB N. L'idéologie de l'école en Tunisie coloniale (1881-1945)[J]. Revue des mondes musulmans et de la Méditerranée, 1993, 68 (1) : 239-254.

四、独立之后的教育

1956 年，突尼斯与法国签署协议，从此摆脱了保护国地位。独立后的突尼斯需要摆脱殖民时期的影响，找到本国独立的教育发展之路。独立前夕，即 1955—1956 年，突尼斯全国有 729 所小学，104 所中学，3 所高等教育机构；注册学生共计 244 422 人，其中中学生 41 674 人（突尼斯本地学生 26 228 人，其中女生 5 152 人），大学生 600—2 200 人。[1] 可以说，无论是从数量还是质量上看，殖民教育体系都无法满足突尼斯独立后的需要。在如此薄弱的基础上，突尼斯开始了本国的教育建设。

1958 年 11 月，突尼斯政府颁布第 58-118 号教育法，这是突尼斯独立以来第一部教育法。该法令的核心目标是以十年为期实现教育民族化，强化阿拉伯语在教育中的地位，提高儿童入学率。主要措施为：一二年级全部采用阿拉伯语授课，三年级之前不出现法语课程；在高等教育方面，所有大学生都必须通过阿拉伯语言文化考试。刚刚独立的突尼斯面临基础教育师资匮乏的问题，为了提高儿童入学率不得不采用减少课时的方法。

随着教育民族化和普及化，政府还统一了中学学制，并将其分为两类。第一类 3 年。学生从一年级就分为全科、商科、工科三个方向，三年后可以获得中等教育证书。第二类学制 6 年，分为两个阶段。第一阶段 3 年，第一年全部是基础公共课，第二年课程开始分为全科、经济、技术三个方向。第二阶段也是 3 年，学生在第一阶段的三个方向上进一步选择细分专业：全科方向包括现代文学、古典文学、科学、数学、师范专业；经济方向包括经济和商贸；技术方向包括应用数学、工业技术、电力、机械、电子、无线电等专业。专业的确定综合考虑学生喜好、个人能力及国家建设的需求。

1958 年的改革取得了显著成效。据统计，1958—1959 年，小学生有

---

[1] TARIFA C. L'enseignement du premier et du second degré en Tunisie[J]. Population (French edition), 1971 (1): 149-180. 突尼斯 1956 年独立时大学生数量在已参考的文献中有出入，此处给出最小值和最大值。

320 632 名，男女生比例约为 2∶1。十年之后，小学生有 844 944 名，增幅约为 164%，其中女生人数增幅更是达到 210%。1958—1959 年，中学生人数为 32 933 人，到 1966—1967 年，中学生人数已达到 99 420 人。[1] 1991 年 7 月，1958 年颁布的教育法被第 91-65 号法令代替。第 91-65 号法令规定，突尼斯采用小学 6 年、初中 3 年、高中 4 年的新学制，6—16 岁儿童和青少年必须接受基础教育。这部法律标志着突尼斯义务教育制的开始，是突尼斯现行教育法的蓝本。2002 年 7 月，第 2002-80 号法令（《学校教学与教育导向法》，简称《教育导向法》）以法律形式确立了教育在国家建设中的优先地位，明确接受基础教育属于公民基本权利。根据该法律，学校必须接收儿童入学直至其年满 16 岁，而家长必须到学校为子女注册报到。2008 年 2 月，第 2008-9 号法令对先前的学制进行了调整，学生完成高中学业后可以选择继续进入大学学习或参加职业培训后进入就业市场。

同基础教育一样，突尼斯的高等教育在独立时也十分薄弱。提供高等教育的机构只有突尼斯高等研究学院、突尼斯高等农业学校[2]、高等师范学校[3]。这三所机构中最接近现代意义上的大学的是突尼斯高等研究学院，法国殖民当局在 1945 年建立该学院时将其定义为："（成立该学院是建设）一所隶属巴黎学区（管辖）[4]、（位于）法属非洲东部现代大学的第一步，它的任务是在当地培养人才并逐渐达到法国本土大学的水平。"独立后的突尼斯政府于 1960 年 3 月和 1961 年 3 月分别颁布法令，将突尼斯高等研究学院改制为突尼斯大学，以这所大学为基础，建设突尼斯现代高等教育，[5] 并明确目标是"培养符合国家需求的高级干部"。

突尼斯大学成立时基本沿用了法国殖民时期的学制，课程涵盖下列领

---

[1] TARIFA C. L'enseignement du primier et du second degré en Tunisie[J]. Population (French edition), 1971 (1) : 149-180.
[2] 该校的前身是上文中提到的农业殖民学校。
[3] 该校成立于 1956 年，用于快速培养中学及大学师资。
[4] 学区是法国教育体系对法国各个地区大学的划分方式，例如巴黎学区包括位于法兰西岛的全部大学。
[5] 同时，政府将宰图纳大学改制为神学院，并入突尼斯大学。

域：数学、物理、自然科学、人文科学、法律、政治学、经济学、医学及药学、神学。截至 1965 年，突尼斯大学的四年制本科学历已覆盖 20 余个专业，新增加的专业有社会学、心理学等。1973 年，突尼斯大学法律及政治经济学系第一次设立博士学位，同年又设立了人文科学国家博士学位[1]。自此，突尼斯高等教育形成了完整的学历学位体系。

随着专业和学历学位制度的不断完善，加之接受高等教育的人数逐年递增，突尼斯高等教育机构的数量也随之增加。1960—1981 年，突尼斯高等学府从 6 所增加到 37 所。高等教育推广过程中最先惠及的是首都突尼斯市，然后是东部和北部经济较发达的沿海地区，南部及西部内陆地区则相对落后，可以说，这也是突尼斯经济文化发展的地区差异在教育领域的体现。1960 年 6 月，政府决定大学教育免费，而且，相当数量的大学生可以获得政府助学金。1970—1971 学年，全国 10 129 名大学生中有 50.7% 的人享有助学金。[2] 免费大学教育和助学金制度促进了高等教育的普及和国家经济建设，提升了社会阶层的流动性。

在高等教育普及化的同时，大学教师本土化也是突尼斯高等教育的重要任务之一。突尼斯政府采取的策略是派遣留学生前往法国，在当时突尼斯高等教育本土师资无法完全胜任的专业领域深造。鉴于法突两国的特殊历史渊源，法国政府也为突尼斯学生提供相当数量的助学金。获得助学金的留学生大多分布在工程、医药、高等师范等领域，他们中的很多人完成学业后回国任教。可以说，高校教师的逐渐本土化标志着突尼斯高等教育开始真正独立，但这种独立并不意味着切断与法国教育体系的联系。

自 20 世纪 70 年代末，突尼斯加强了高等教育的行政管理和立法工作。1977 年，高等教育与科研部成立；1989 年 7 月和 2000 年 7 月分别出台的第 89-70 号法令和第 2000-67 号法令确立了大学独立管理的原则。2006—2007

---

[1] 国家博士学位源自法国教育体系，获得该学位是在大学获得正式教职的必要条件。

[2] SIINO F. Science et pouvoir dans la Tunisie contemporaine[M]. Paris : Karthala Editions, 2004 : 91-111.

年，突尼斯开始采用学士-硕士-博士学制。2008年，第2008-19号《高等教育法》正式确立了该学制的法律地位，同时制定了相应的学分制度。至此，突尼斯现行高等教育体系基本成型。

自独立以来，突尼斯的教育经历了翻天覆地的变化。2007—2008学年，小学、初中、高中学生人数分别为1 036 445人、569 649人、574 109人[1]，与独立初期相比，均明显提高。1956—1957学年，突尼斯全国只有大学生600余人[2]，而到了2012—2013学年，全国有大学生33万余人[3]。这些数据展现了突尼斯教育建设取得的成就。受教育人数增加固然与突尼斯独立后人口大量增长直接相关，但突尼斯政府对教育的投入以及对教育的重视也功不可没。从20世纪90年代开始，随着经济环境的变化，突尼斯对教育制度进行了一系列改革，以使教育和劳动力市场跟上时代变化。值得一提的是，突尼斯在女性教育方面取得了突出成就，女大学生占学生总数的比例从1958年的16.4%[4]上升到2013年的62%[5]。

第二节 教育流派

进入近代以来，传统伊斯兰文明与西方文明的碰撞与结合造就了突尼斯现代教育体制，其基本特点可以归纳为世俗化、双语化，对内体现国内政治宗教势力分布，对外融入西方主导的经济体系。如果说突尼斯存在教

---

[1] KOCOGLU Y. Formation et emploi des jeunes dans les pays méditerranéens[R]. [S.l.: s.n.], Université de Toulon Rapport commandité par l'OCEMO dans le cadre du programme MedNC Décembre, 2014 : 6.

[2] SIINO F. Science et pouvoir dans la Tunisie contemporaine[M]. Paris : Karthala Editions, 2004 : 91 111.

[3] KOCOGLU Y. Formation et emploi des jeunes dans les pays méditerranéens[R]. [S.l.: s.n.], Université de Toulon Rapport commandité par l'OCEMO dans le cadre du programme MedNC Décembre, 2014 : 9.

[4] SIINO F. Science et pouvoir dans la Tunisie contemporaine[M]. Paris : Karthala Editions, 2004 : 91-111.

[5] KOCOGLU Y. Formation et emploi des jeunes dans les pays méditerranéens[R]. [S.l.: s.n.], Université de Toulon Rapport commandité par l'OCEMO dans le cadre du programme MedNC Décembre, 2014 : 9.

育流派，那么最突出的应该是近代改革时期兴起的革新派，以及固守伊斯兰文化传统的保守派。本节将在第一节的基础上，以更宏观、多元的视角重新审视突尼斯的教育发展，简要记叙重要历史事件。

一、革新派与保守派诞生的历史背景

穆斯林传统上重视知识和教育，因此宗教属性在突尼斯教育历史沿革中体现得十分明显。突尼斯的伊斯兰学者在历史早期便开始了对教育的探讨。

15世纪之后，西方面对伊斯兰世界逐渐显示出居高临下的态度。对辉煌历史的凭吊和对现状的无力令突尼斯的精英们痛心疾首。突尼斯近代教育流派便以此为分水岭：保守派认为实现民族复兴应当回归伊斯兰传统，而革新派则认为应当采用西方制度。从突尼斯近代开始革新直至今天，双方在意识形态上的区别以及对教育话语权的争夺是突尼斯现代教育制度演变的主要动力之一。

尽管革新派和保守派在摄政时期[1]末期还没有明显分野，但法国人的到来则完全打破了这一局面。萨迪克精英倚仗对西方文化的熟悉和双语优势，在殖民体系里很快找到了位置：殖民当局从萨迪克学校1875—1881届的毕业生中招募了9位秘书、20位翻译、5位高级官员、11位教员（包括校长）。[2]在殖民统治期间，萨迪克学校的招生范围从原来的本地上层阶级扩大到中产阶级，出身平民家庭的精英也获得了一定的上升空间，这其中就包括日后成为突尼斯独立之父的哈比卜·布尔吉巴。反观以宰图纳大学为代表的

---

[1] 关于突尼斯摄政时期的介绍，请参考第二章第一节第四小节"奥斯曼土耳其文化"。

[2] SRAIEB N. Enseignement, élites et systèmes de valeur : le Collège Sadiki de Tunis[J]. Annuaire de l'Afrique du Nord, 1971 (7) : 121.

传统教育模式和保守派成员则在殖民时代日渐没落，负责教育的公共教育指导局出于政治考虑甚至没有将宰图纳大学纳入自己的管理体系。尽管在坚守传统的同时，宰图纳大学也为自身的生存和突尼斯的民族独立事业做出了种种努力[1]，但实力始终无法与萨迪克派分庭抗礼，后者在独立斗争期间占据了突尼斯国内政治斗争的上风。

二、独立前后革新派与保守派的角力

20世纪50年代的几起重大事件标志着革新派与保守派之争的高潮：1958年6月，布尔吉巴在萨迪克学校的学年结业式上宣布了突尼斯共和国教育政策的大方向；新政府于1956年3月和1958年10月两次颁布法令，关闭了已延续千年的宰图纳大学。由此，新政府发出了明确信号：新突尼斯的现代化应当延续独立斗争期间革新派所遵循的路线，以宰图纳为代表的传统教育在新国家的建设中没有位置。1956—1987年，突尼斯政府137名部长中有124名毕业于萨迪克中学或卡诺中学。1955—1969年，萨迪克中学贡献了65%的突尼斯政治精英，包括各类政府官员和执政党新宪政党的中高层。[2] 在这样的背景下，突尼斯独立后教育政策意识形态的落实很快得以完成。

如果说革新派的立国理念是建立世俗化伊斯兰国家，那么教育世俗化就是该理念在教育领域的体现。1957年1月1日，《个人地位法》开始实施，该法在伊斯兰世界中首次保障了女性的权利，由此为教育改革扫清了一个重大障碍。1958年颁布的教育法明确写道："教育的目的是让所有儿童，无

---

[1] 宰图纳清真寺分别于1912年和1933年对自己的学位和学制进行了改革。

[2] SRAIEB N. Le collège Sadiki de Tunis et les nouvelles élites[J]. Revue des mondes musulmans et de la Méditerranée, 1994(1) : 37-52.

论性别、种族、宗教信仰、社会地位如何，都能够发展人格并培养潜力。"《个人地位法》与 1958 年教育法的结合充分保证了突尼斯女童享有受教育的权利，是日后突尼斯社会经济发展的重要基础。

此外，新政府还废除了"瓦合甫"制度，试图从根本上切断宗教教育机构的财源。1958 年教育法规定："所有教育机构，无论其性质和水平，可以为公立，即由国家或地方政府设立并维护，也可以为私立，即由个人或法人设立并维护。"国家通过这一条款控制教育，虽然允许成立私立学校，但前提是必须符合国家规定。该教育法还明确规定在私立学校任教的教师必须具备国家承认的学历。在此背景下，失去了资金来源且教育资质不被国家认可的传统宗教教育的生存空间愈发狭小。

1958 年教育法推行的教育制度，在相当程度上可以看作是法国第三共和国时期教育体制的翻版。[1] 尽管突尼斯独立后教育世俗化的理念已经逐渐普及，然而当保守派和革新派政治势力发生变化时，教育方针也自然随之出现摇摆。2012 年 5 月，突尼斯政府宣布恢复已中断 50 多年的宰图纳教育。可以说，这是保守派与革新派数百年恩怨在教育领域中上演的最新一幕。

---

[1] MOKHEFI M. Tunisie : sécularisation, islam et islamisme[J]. Histoire, monde et cultures religieuses, 2015 (2) : 31-48. 法国于 1881—1882 年在茹费理担任总理期间进行了一系列教育改革，规定了法国的免费义务基础教育制度和教育的去宗教化。

第四章 学前教育

学前教育是现代教育的重要组成部分。殖民时期，突尼斯没有真正意义上的学前教育，独立之后从无到有逐步建立起学前教育制度。尽管突尼斯在教育理念上并不落后，但由于经济和教育基础薄弱，学前教育的普及程度与质量仍有待提高。

突尼斯独立后的第一部教育法，即1958年颁布的第58-118号教育法，已对学前教育有初步设想和规划。该法第二章第九条规定："初等教育在小学完成，儿童教育（即学前教育）在幼儿园或儿童班完成。国民教育、青年与体育事务部秘书处将颁布法令决定学制及相关教育机构的行政地位和运营条例。"由于刚独立的突尼斯各种条件有限，其教育资源主要用于普及小学教育，所以尽管出台了一些法律政策，但学前教育在相当长的时间内并没有真正被顾及。随着经济发展，突尼斯妇女儿童的地位不断提高。1989年11月，突尼斯签署联合国《儿童权利公约》，并于1991年7月颁布新教育法（即第91-65号法令），其中第二章第五条规定"学前教育由专门的机构承担，其目的是帮助（儿童）进入（下一阶段的）基础教育，相关教育机构的开设条件由专门的法令确定"。至此，突尼斯的学前教育进入新阶段。

第一节 学前教育的发展和现状

在突尼斯，广义上的"学前教育"或"小学前教育"主要通过四类机构实施。第一类是托儿所，由妇女儿童家庭事务部管理，接收 3 岁以下的儿童。第二类是幼儿园，亦由妇女儿童家庭事务部负责管理。第三类是传统的古兰经学校，由宗教事务部管理。幼儿园和古兰经学校原则上接收 3—6 岁的儿童。第四类是小学预科班。为了提高学前教育和基础教育水平，突尼斯于 2002 年颁布《教育导向法》（第 2002-80 号法令），设立小学预科班，接收 5—6 岁的儿童。预科班由教育部负责，旨在帮助儿童提前适应一年之后的小学学习。在相关文献中，幼儿园、古兰经学校和小学预科班所实施的教育经常统称为狭义上的学前教育。

由于历史原因和经济条件的制约，以及学前教育与妇女儿童社会福利保障及家庭生活息息相关的特殊性，突尼斯的学前教育发展进程相对较缓。此外，多个政府部门参与、相对复杂的管理机制在一定程度上也限制了学前教育发展的效率和质量。

根据突尼斯 2017 年发布的《2017—2025 年低龄儿童多领域发展国家战略》，2015 年，全国有 313 所托儿所、4 118 所幼儿园、1 497 所古兰经学校，以及 2 000 多个小学预科班。从比例上来看，全国 3 岁以下儿童入托率低于 2%，3—6 岁儿童的入学率为 37%，其中 3—4 岁的儿童接受狭义学前教育的比例则更低。图 4.1 和图 4.2 是联合国教科文组织的相关统计数据。[1]

---

[1] 资料来源于联合国教科文组织官网。

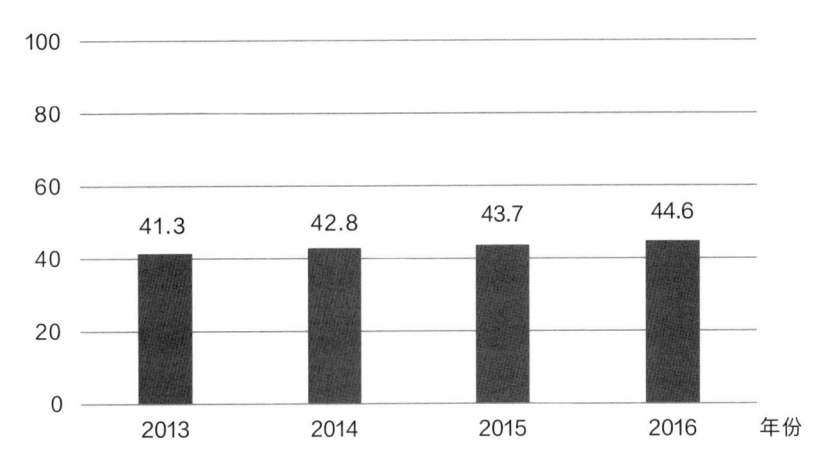

图 4.1 2013—2016 年突尼斯学前教育毛入学率[1]（单位：%）

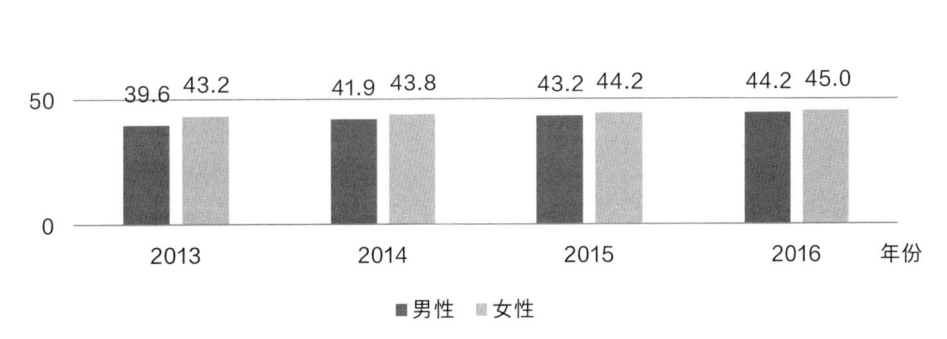

图 4.2 2013—2016 年突尼斯学前教育入学率（单位：%）

根据以上数据，2013—2016 年，突尼斯学前教育普及率保持在 40%—45%，并呈缓慢上升趋势。在学前教育普及过程中，男女童入学率相近，女童入学率甚至高于男童，这与突尼斯在独立后大力保障妇女儿童权益不无关系。下面将详细介绍突尼斯的四类学前教育机构。

---

[1] 毛入学率的定义为给定特别教育阶段实际入学人数与相应学龄人口之比。

一、托儿所

社会事务部 1982 年 12 月颁布的第 82-1598 号法令规定了托儿所的功能是"在白天看护年龄 3 岁以下的儿童，满足儿童的生理、心智和情感发育需求"。[1]

1983 年 5 月，突尼斯政府颁布法令，规定了托儿所的运营方式，明确了托儿所应具备的基础设施和卫生条件，并将其职责定义为"通过探索、游戏、交流沟通的方式促进儿童心理、语言和智力的发展。"[2] 2001 年，突尼斯再次颁布法令规定托儿所的创办条件和标准，并且明确托儿所可以私营。[3] 虽然该法令再次强调了托儿所基础设施所应达到的标准，但没有进一步细化托儿所的教育目标。

多年来，尽管政府多次出台相关法律法规，突尼斯托儿所的数量始终无法形成规模，远远不能满足社会需求。据统计，2009 年，全国托儿所数量为 200 所，入托儿童 3 751 人。[4] 2015 年，托儿所数量增至 313 所。根据 2017 年突尼斯政府公布的数据，突尼斯全国 3 岁以下儿童入托率低于 2%，24 个省份中，14 个省份的托儿所不到 10 所，绝大部分幼儿还是由家庭或不符合法律规范的社区儿童托管机构照顾。[5]

---

[1] 资料来源于突尼斯立法信息网。
[2] 资料来源于突尼斯立法信息网。
[3] 资料来源于突尼斯政府官网。
[4] 资料来源于联合国教科文组织官网。
[5] République Tunisienne. Stratégie Nationale Multisectorielle de Développement de la Petite Enfance 2017-2025[R]. [S.l.: s.n.], 2017: 13.

二、幼儿园

1969 年 1 月，突尼斯国民教育、青年与体育事务部颁布第 69-6 号法令，在独立后第一次定义了学前教育。该法令第一条规定："儿童俱乐部[1]（幼儿园）的任务是接受 3—14 岁的儿童，提供教学活动以对儿童在家庭或学校所接受的教育进行补充，促进儿童身心全面发展。"[2] 从以上叙述可以看出，当时突尼斯对学前教育的定义还比较宽泛，无论是学前教育的受众年龄还是学前教育的内容本身都缺乏清晰度和具体操作的指导性。

1974 年 1 月，国民教育、青年与体育事务部颁布法令，对幼儿园的运营模式进行了细化，详细规定了园长的任命方式和工作职责、幼儿园教师的必要学历条件、幼儿园的教学活动，并规范了儿童入园手续。法令第 14 条写道："儿童俱乐部（幼儿园）向儿童提供的活动包括室内活动和室外活动，前者包括手工、表演与肢体表达、阅读、视听；后者包括一般性室外活动、户外营地活动、体育活动。"此外，法令第 15 条规定："儿童俱乐部（幼儿园）接收儿童的年龄范围是 6—14 岁。"[3]

1978 年 4 月，国民教育、青年与体育事务部颁布第 78-981 号法令，进一步明确了幼儿园教师的资质。除体育教师外，幼儿园各学科教师须满足以下条件：具有儿童及青年教育国家师范学校中等程度教育学历或同等学力（无论是否获得该校师范文凭）。而幼儿园体育教师则须具有体育教育国家师范学校学历或同等学力。[4]

1980 年，突尼斯政府发布了学前《教育指南》，并于 1987 年对其进行了修订。修订后的《教育指南》对包括幼儿园教育在内的学前教育的功能和目标进行了详细的定义，具体内容如下：幼儿园是社会教育场所，接收

---

[1] 原文直译儿童俱乐部，即幼儿园。本书除原文引用的地方，其余地方均使用幼儿园。
[2] 资料来源于突尼斯立法信息网。
[3] 资料来源于突尼斯立法信息网。
[4] 资料来源于突尼斯立法信息网。

3—6岁儿童。幼儿园为儿童提供教育、体育、社交文化活动。幼儿园的职能是与儿童家庭一起，共同促进儿童的发展。幼儿园通过教学和互动在心理发育、心智发育、情感发育、表达能力、想象力、创造力领域促进儿童的发展。此外，幼儿园还应当培养儿童的社交能力尤其是和老师同学的交往能力，爱国的、符合宗教教义的、具有正确社会价值观的社会融入能力，适应学校（生活）的能力，以及将来接受基础教育的能力等。幼儿园的任务是在遵循儿童发展整体性的基础上，唤醒儿童对科学、艺术、生活的初步意识。儿童作为个体有独立的人格，所有的教育活动都应当以尊重儿童个体为前提。[1]

突尼斯独立后，随着法律的建立与完善，幼儿园的数量不断增加。1959年，第一批幼儿园成立。1981年，全国共有327所幼儿园，登记儿童23 989人。1991年，全国幼儿园数量达到699所，登记儿童45 100人。[2] 随着幼儿园需求量的不断增加，学前教育的经营模式逐渐由之前的政府主导转变为民间资本主导，数量由2000年的1 323所（155所公立、1 168所私立）[3]增至2008年的3 262所，入学儿童增至138 304人，3—4岁儿童入学率达到28.5%。[4] 从地域分布来看，东北部和中部经济发达地区幼儿园数量较多，而经济欠发达的中西部和西北部则数量较少。

---

[1] LADJILI-MOUCHETTE J. Le kuttāb et le jardin d'enfants en Tunisie[M]//BLEUCHOT H. Les institutions traditionnelles dans le monde arabe. Institut de recherches et d'études sur les mondes arabes et musulmans. Aix-en-Provence : Karthala Editions, 1996 : 125-149.

[2] LADJILI-MOUCHETTE J. Le kuttāb et le jardin d'enfants en Tunisie[M]//BLEUCHOT H. Les institutions traditionnelles dans le monde arabe. Institut de recherches et d'études sur les mondes arabes et musulmans. Aix-en-Provence : Karthala Editions, 1996 : 125-149.

[3] 资料来源于联合国教科文组织官网。

[4] République Tunisienne. Résumé du rapport national sur la situation de l'enfance en Tunisie 2008[R]. [S.l.: s.n.], 2009 : 4.

三、古兰经学校

古兰经学校是伊斯兰世界的传统教育机构。突尼斯独立后，这一古老的教育机构并没有随着现代化改革而消失，而是通过法律进行规范，以新的形式融入教育体系。

1980年以前，古兰经学校的运营一直根据1942年颁布的殖民时代遗留下来的一部行政法令进行管理。1980年9月，突尼斯总理颁布法令，改革古兰经学校。根据该法令，成立古兰经学校必须由省政府或市政府发起，由隶属总理事务部的宗教指导局批准。该法令还对古兰经学校进行了各种严格的限制，以彰显新时代古兰经学校的现代性。首先，古兰经学校教师必须为突尼斯籍，其任命必须经过政府核准，工资由政府统一发放。如果教师违反学校规定，其任命可被撤销。其次，教师不得随意脱岗，禁止将学生委托他人看管，且不得体罚学生或差遣学生承担教师私人事务，惩戒学生的方式可以是口头批评或通知家长，在严重的情况下可以临时或永久性中止学籍。最后，该法令规定了古兰经学校应当配备的基础设施，规定只有教师、学生、学生监护人及政府工作人员可以进入学校；每天的课时为上午、下午各三个小时，教学内容是《古兰经》、伊斯兰教教义及基础阿拉伯语，具体课程内容须在校内公示。[1]

原则上，古兰经学校由宗教事务部管理，任教老师往往是学校附近清真寺的伊玛目。但在实际中，并非所有的古兰经学校都受到政府的监管，因此其实际数量一直难以准确统计。20世纪60年代，由于幼儿园的兴起，古兰经学校数量有所下降，但自20世纪80年代末以来，古兰经学校随着清真寺数量的增长而增加。2009年，突尼斯登记备案的古兰经学校有1 186所，入学儿童31 246名，其中16 296名为女童。[2]

---

[1] 资料来源于突尼斯立法信息网。

[2] 资料来源于联合国教科文组织官网。

四、小学预科班

突尼斯第 2002-80 号《教育导向法》定义了一类新的、面向 5—6 岁儿童的教育机构，即小学预科班。根据该法，小学预科班的目标是让儿童入学并使其适应学校教育，发展儿童的口头交际能力、感官能力、心智感知能力，让儿童对自己的身体有科学的认知，让儿童参与集体活动。

2008 年 2 月颁布的第 2008-486 号法令对小学预科班进行了更详细的规定。预科班教师的资质必须符合以下条件之一：儿童教育专业学校毕业；具有心理学、教育心理学、社会学高等教育学历文凭；具有幼教学位或由妇女儿童家庭事务部认可的资质；公立或私立小学、中学、大学教师；高中毕业后接受过相关培训的人员（培训的时间和内容应得到行政部门的认可）。为了保证预科班的教育质量，该法令对预科班的组织形式进行了规定：每个班最多接收 25 名学生，每名教师每次只能给一个班上课（由此规避因师资不足而导致的同一名教师同时教授多个班级的情况）；教师必须按照规定的教学目标和方法教学，非教师不得参与教学；严格禁止在预科班教授小学课程；预科班每周的课时不得低于 20 小时，除周日以外还可以休息一天；每节课之间要保证儿童的休息时间。[1] 在实际操作中，各个机构开设的预科班会根据自身的人员、设施条件为儿童开设各种课程，内容大多围绕语言交际、智力游戏、艺术手工、体育等，很多预科班还采用近年来国际流行的蒙台梭利教学法开发教育内容。

2009 年，突尼斯全国有 1 937 所学校开设预科班，占全部学前教育机构数量的 42.9%，注册学生 37 130 名。[2] 开办预科班的有公立教育机构、公私合办教育机构和私立学校。尽管教育部希望普及预科班教育，但由于学前教育在突尼斯不属于义务教育范畴，且各地经济水平差异大，因此这一

---

[1] 资料来源于突尼斯立法信息网。

[2] 资料来源于联合国教科文组织官网。

目标一直难以实现。如同托儿所和幼儿园一样，私立小学预科班往往集中在经济发达地区，公立学校的预科班在农村和城市贫困地区相对集中。根据联合国儿童基金会的报告，在预科班学习过的小学一年级学生比例在农村地区为62.6%，在城镇地区为90.1%。与此同时，突尼斯全国各个地区的预科班入学率严重不平均（详见图4.3）。[1]

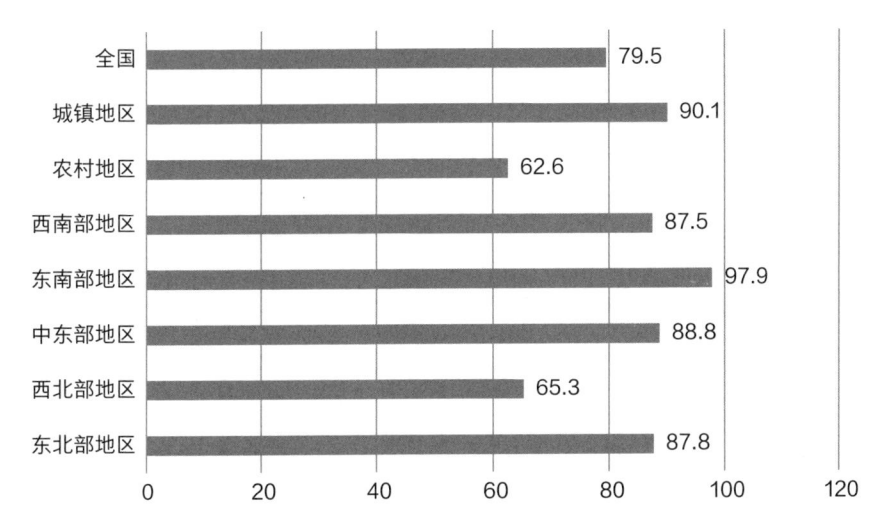

地区	比例
全国	79.5
城镇地区	90.1
农村地区	62.6
西南部地区	87.5
东南部地区	97.9
中东部地区	88.8
西北部地区	65.3
东北部地区	87.8

图4.3 突尼斯各地小学一年级学生预科班入学占比（单位：%）

第二节 学前教育的特点

突尼斯的学前教育建设立足本国国情，大致体现出以下特点：学前教育的发展以社会、家庭结构的变化及妇女儿童地位的提高为大背景；世俗学校和古兰经学校并存；民间资本参与学前教育建设。本小节将结合突尼斯社会生活情况，对学前教育的特点进行描述。

---

[1] 资料来源于联合国儿童基金会官网。

一、以提高妇女儿童地位促进学前教育的发展

学前教育与女性的家庭地位和权益息息相关，因为儿童教育本质上是儿童权益的一部分，而很多情况下儿童权益在女性权益无法得到保障的情况下根本无从谈起。受伊斯兰文化传统影响，突尼斯社会对女性在家庭中的地位定义比较保守。前文提到，突尼斯建国的基本理念之一是宗教世俗化，而宗教世俗化的核心之一即是解放女性和保护女性权益。1956年，突尼斯通过《个人地位法》，禁止一夫多妻制。1966年6月出台的第66-49号法令规定，婚姻存续期间父母双方共同享有儿童监护权，当一方过世，由被授权的另一方继续行使监护权。1981年2月出台的第81-7号法令则更进一步规定，当男方去世后，由女方继续执行监护权。1993年7月出台的第93-74号法令弱化了男方家长制的概念，再次强调了女方在子女抚养方面的权利。同时，该法令还在突尼斯历史上第一次明文规定，在有需要的情况下，外祖父母可以向政府申请儿童救济，而此前只有祖父母才享有该权利。至此，不但家庭男权制在夫妻之间被打破，"隔代父权"及"父系大家庭"观念也被动摇，家庭结构开始向夫妻加子女的核心家庭转化。

以上法律极大地提高了突尼斯女性在家庭和社会中的地位，保障了女性权益，促进了女性就业。而且，女性参与工作更直接增加了家庭收入，对子女成长的投入也因此大大增加。随着社会观念的改变与女性地位的不断提高，离婚率开始升高，单亲家庭也开始出现。在这样的大背景下，儿童看护和教育成为很多家庭的新需求，这也是学前教育快速普及的动力之一。可以说，突尼斯学前教育的发展是以保障女性权益为前提的。

二、世俗学校与宗教学校并存

突尼斯学前教育的第二个特点是世俗学校和古兰经学校并存。古兰经学校历史悠久，体现了突尼斯的民族文化。尽管突尼斯的现代化以世俗化为基础，但是阿拉伯-伊斯兰国家的身份始终是突尼斯立国的根本。很多突尼斯家长始终认为，与"现代"或"西式"幼儿园这种舶来品相比，古兰经学校更能为儿童提供可靠的学前教育。

与幼儿园比较而言，传统的古兰经学校在一定程度上更像是提供社区服务的儿童中心，费用低廉。很多古兰经学校接收两岁半以上儿童，学校在公共假期期间也正常开放。由于能够提供看管低龄儿童的服务，很多家长对古兰经学校青睐有加。与此同时，古兰经学校也传承了基本的教育功能。鉴于突尼斯独立后大力推行阿拉伯语国语化政策，阿拉伯语在国民教育体系中的地位空前提高，古兰经学校提供的传统宗教和语言教育恰恰符合这一趋势。对于很多家长来说，孩子在古兰经学校可以打好学前基础，感受学校氛围，学习遵守纪律，按照传统背诵方式学习以增强记忆力，而在幼儿园每天只是"唱歌跳舞"。面对幼儿园的竞争，古兰经学校自身也进行了调整，以更"现代"的面貌示人。除了法律禁止的一些传统做法之外（如体罚、教师差遣学生做私人事务），古兰经学校也不再像从前那样要求学生围着教师席地而坐，而是配备了教室和桌椅，甚至有女性担任教师。有的古兰经学校干脆自称为"穆斯林儿童幼儿园"。与此同时，一些古兰经学校系统地开设小学预科课程，从古兰经学校毕业的很多儿童进入小学后，往往学习成绩名列前茅。

古兰经学校的再次兴起是突尼斯社会历史演变的缩影，自从突尼斯选择了以"西化"的道路实现民族解放和现代化，传统宗教文化与西方文化的碰撞和角力就从未停止过。古兰经学校与幼儿园之间的竞争关系也是如此。

三、民间资本大量进入学前教育领域

1991 年 7 月颁布的第 91-65 号法令第二章第 5 条明确规定,"学前教育由专门的机构承担,其目的是帮助(儿童)进入(下一阶段的)基础教育,相关教育机构的开设条件由专门的法令确定。"该条文中"专门的机构"的说法,实际是将学前教育定义在免费的国民义务教育体系之外。在突尼斯,尽管也有政府投入建设的公立学前教育机构,然而其数量远不及私立机构。据统计,2015 年,全国 4 118 所幼儿园中,90% 以上为私立,足见民间资本在学前教育领域所占比例之高。[1] 然而,受利益驱动的民间资本大多在大城市投资建校,经济不发达地区的学前教育机构无论是数量还是质量都令人担忧。

第三节 学前教育的挑战和对策

尽管突尼斯政府非常重视学前教育并且也取得了巨大的成就,然而该领域存在的问题和挑战始终不容忽视。总的来说,突尼斯学前教育面临的挑战和其他教育领域类似,主要体现为资金投入不足、政府各部门间缺乏协调、地区经济发展差异较大等问题。此外,由于学前教育的对象是低龄儿童,因此突尼斯妇女儿童事业的整体发展状况也制约了这一领域的发展。面对挑战,突尼斯政府推出了一系列政策,力图将学前教育纳入儿童发展的整体框架中予以推进。

---

[1] République Tunisienne. Stratégie Nationale Multisectorielle de Développement de la Petite Enfance 2017-2025[R]. [S. l.: s. n.] 2017: 16.

一、学前教育面临的挑战

2015年，世界银行公布的《突尼斯低龄儿童发展报告》指出：2013年，突尼斯学前教育毛入学率是40.2%，家庭贫富差异在学前教育领域体现得十分明显。[1] 2014年，突尼斯全国有8 615所学前教育机构，其中3 554所为公立学校，4 168所为以盈利为目的的私立学校，893所由非营利性非政府组织管理。在突尼斯的低收入家庭中，44.2%的家庭表示支持学前教育，但只有其中13.1%的家庭的儿童接受了学前教育，2.6%的家庭有学前教育相关的玩具或图书，而上述比例在高收入家庭中分别是89.8%、80.9%和39.7%。

报告分析突尼斯的学前教育主要存在以下三方面的问题。一是政府在学前教育领域投入的资金严重不足。尽管2012年15.5%的公共预算用于教育，但其中用于学前教育的部分只占0.0004%，相比之下，同年牙买加的比例为0.7%，瑞典为1.13%，智利为2.7%，而经合组织的建议是至少将国民生产总值的1%用于学前教育。二是突尼斯的学前教育不属于义务教育，高昂的学费直接导致学前教育在贫困地区无法普及。三是突尼斯没有为儿童发展制定跨部门的政策，也没有专门负责协调儿童发展的政府机构。由于学前教育关系到社会的每个家庭，背后涉及经济、社会保障、公共健康、儿童权利、妇女权利、宗教等各种因素，因此促进学前教育需要社会各领域和政府各职能部门之间协调运作。然而，妇女儿童家庭事务部、宗教事务部、教育部都有独立颁布法令的权力，最后导致各法令的执行缺乏效力。

联合国2013年公布的《关于突尼斯教育的特别报告》、联合国儿童基金会和突尼斯政府联合发布的《2015—2019年国家计划行动指南》也提到了以上问题，并特别指出政府投入不足导致学前教育的私立化程度非常高、

---

[1] World Bank Group. Tunisie : Développement de la petite enfance—Rapport Pays SABER[R]. 2015. 本段及下段的数据均来源于此。

地区间的收入水平差距导致儿童教育的不均衡等问题。此外，上述报告还提及了一些更具体的问题并提出了以下建议：将学前教育纳入教育改革计划；加强各地区学前教育内容的一致性，并且保证教学内容符合通行的国际标准，对虐待儿童采取零容忍政策；学前教育也应当面向身体有残疾或有特殊需求的儿童；学前教育机构应当加强与家长的沟通，向家长强调学前教育和家庭环境对儿童健康成长的重要性；突尼斯政府应该加大学前教育监管力度。[1]

突尼斯政府站在宏观角度，在《2017—2025年低龄儿童多领域发展国家战略》中对当前国家社会经济状况的总体环境进行了详细分析，列出掣肘学前教育发展的因素。2014年，符合"低龄儿童"定义的人口为1 332 614人，占总人口的12.1%。而人口低龄化的突尼斯近年来遇到恐怖主义滋生、腐败、政治不确定性等各种问题，这些都直接或间接地影响着社会个体的心理和生理健康发展状况。从经济角度而言，2011年的政治动荡对社会和个体家庭的冲击较大，以2015年为例，突尼斯的贫困率达到15.5%，失业率达到15.4%。绝大多数突尼斯人对社会的心理期望值较低。此外，尽管突尼斯独立后便制定了女性解放和保护女性权利的政策，但直至2012年农村女性文盲率仍高达26.4%，全国有12%的母亲或女性监护人不识字。可以说，这些渗透至社会肌理的问题与每一个突尼斯家庭都息息相关。《2017—2025年低龄儿童多领域发展国家战略》中涉及儿童状况的数据如下：突尼斯全国平均有15.5%的5岁以下儿童生活在贫困家庭之中，而在中西部和西北部地区该比例达到25%；93.2%的2—14岁儿童至少遭遇过一次来自家庭成员的心理或身体惩罚或虐待，父母不尽职照顾儿童的现象屡见不鲜；3个月到3岁的儿童在家中受到意外伤害的比例达14.7%，0—6岁儿童中的残疾比例为1.4%。所有这些问题都严重制约了突尼斯学前教育的

---

[1] Nations Unies. Rapport du Rapporteur spécial sur le droit à l'éducation sur sa mission en Tunisie[R]. [S. l.: s. n.], 2013.

发展。[1]

二、学前教育的发展对策

作为对近年来儿童学前教育发展情况的总结及对相关问题的回应,《2017—2025年低龄儿童多领域发展国家战略》重新为儿童发展制定了整体框架,其最大特点是将学前教育纳入"低龄儿童发展"这一更综合的概念中,力图从整体上为低龄儿童发展打造良好的政策基础和社会保障条件。该报告的引言部分写道:

> 低龄儿童8岁以前的发展最为迅速,转变最为明显,同时也最脆弱。低龄儿童发展旨在为低龄儿童提供一系列(社会)服务,以促进他们的整体发展……这一系列服务包括健康、营养、医疗、卫生、教育、智力开发及儿童保护……鉴于此,(政府和社会的)早期介入,对所有儿童,特别是弱势或是家庭条件较差的儿童本人和社会而言,是最有效且回报率最高的投资。反之,在这一时期营养、健康、教育、家庭保护方面没有得到充分保障的儿童,或是受到虐待、被父母忽视、生活在贫困之中、智力没有得到足够开发的儿童,都会在短期、中期、长期为社会(运转)带来较高的成本。低龄儿童发展涉及多个领域。

不难看出,突尼斯政府的思路是将儿童权益与家庭和社会服务联系起来,站在维护妇女儿童权益、推动社会整体发展的角度制定政策。这也是突尼斯独立以来一直贯彻的思路。突尼斯宪法强调了儿童权利,认为父母

---

[1] République Tunisienne. Stratégie Nationale Multisectorielle de Développement de la Petite Enfance 2017-2025[R]. [S. l.: s. n.], 2017 : 9-40.

与国家共同负责儿童的人格发展、健康、卫生、教育。国家应当向所有儿童无差别地提供一切形式的保护，以维护儿童的最根本利益。在《2017—2025年低龄儿童多领域发展国家战略》中，突尼斯政府对世界银行2015年发表的《突尼斯低龄儿童发展报告》进行了回应，认为尽管妇女儿童家庭事务部是负责儿童发展的核心政府部门，但是由于儿童发展所涉及的领域众多，所以该部的资源和协调能力无法保证儿童发展计划的整体实施效果。此外，政府在学前教育领域的资金投入不够，也没有在政府预算中预留用于该领域的专项资金最低预算。

为了应对以上种种问题，突尼斯政府将低龄儿童发展列为社会经济的优先项目，力图通过长期的人力资源建设来实现社会经济发展和社会正义。首先，政府授权妇女儿童家庭事务部与其他相关部门协调，制定计划以实现突尼斯2015—2030年可持续发展目标。[1] 其次，在国家建设过程中逐渐去中心化，让地方政府能够根据本地的人口和社会文化状况因地制宜地制定低龄儿童发展措施。最后，政府将低龄儿童发展与青年人就业联系起来。据统计，学前教育覆盖率每上升10%便可为教育专业的毕业生提供2 000个工作岗位。[2]

在学前教育领域的具体措施方面，突尼斯政府在《2017—2025年低龄儿童多领域发展国家战略》中也提出了改进方法。普及家庭幼儿园，严格规定此类幼儿园的开办条件，并且对其运营状况进行不定期检查；严格审查幼儿看护人员和教师的资质和无犯罪记录证明；控制幼儿园师生比；每三年重新审核一次幼儿园的资质。加强对学前教育机构的监管，要求教育机构必须遵守一切相关规定，接受政府部门的不定期检查并改正不符合规范的操作。为每个儿童及家庭建立档案，制定年度预算和财务报表。加强

---

[1] 资料来源于突尼斯外交部官网。
[2] République Tunisienne. Stratégie Nationale Multisectorielle de Développement de la Petite Enfance 2017-2025[R]. [S. l.: s. n.], 2017 : 23.

学前教育从业者的培训，强化无论个体发育状况如何每个儿童都应当接受学前教育的观念；掌握儿童身心发展状况的评测方法；与家长合作，为儿童制定个人发展方案；了解有发展障碍或残疾儿童的特殊需求；根据具体情况与学前教育专业领域的专家合作；帮助儿童和家长顺利完成从学前教育到小学教育的过渡。

上述种种措施非常具体明确，并且秉承了突尼斯建国以来的发展思路，但是措施能否克服现实困难得到有效落实还有待时间检验。尽管面临各种困难和挑战，但突尼斯在学前教育领域依然有着巨大的发展潜力。

第五章 基础教育

突尼斯自独立以来，教育始终被列为国家的重点发展领域。布尔吉巴总统积极推行全民普及的教育模式，希望打破殖民时期教育是少数阶层特权的局面，通过教育提高国民素质，促进国家发展。作为全民教育的重要内容，基础教育是政府工作的一个重点。

经过三次重大改革，突尼斯基础教育在总体上取得了明显的发展，但完善教育体制、提高教育质量的呼声始终不断。进入 21 世纪以来，根据国家发展的需要，基础教育新一轮改革已如箭在弦上，势在必行。

第一节 基础教育的发展与现状

突尼斯的基础教育由突尼斯教育部管辖，包含小学、初中和高中教育三个组成部分。1989 年，本·阿里总统责成穆罕默德·查菲着手进行教育体制改革。1991 年 7 月，突尼斯颁布第 91-65 号法令，取代 1958 年颁布的第 58-118 号教育法，重塑了突尼斯教育体制架构。2002 年 7 月，突尼斯颁布第 2002-80 号《教育导向法》，进一步完善了第 91-65 号法令。2008 年 2 月，突尼斯颁布第 2008-9 号法令，对第 2002-80 号《教育导向法》进行修订。时至今日，突尼斯的基础教育总体上遵循着这三部法律确立的架构。

一、基础教育体制

根据突尼斯独立之初通过的第58-118号教育法，突尼斯教育按照级别分为三部分：第一部分为初等教育，学制6年；第二部分为中等教育，分为学制3年和学制6年两类；第三部分为高等教育。20世纪90年代教育改革后，突尼斯实行9年义务教育制度，其中包括6年的小学教育和3年的初中教育，小学和初中合称为基础教育义务阶段。[1] 高中教育不属于义务教育范畴，学制为4年。表5.1为突尼斯基础教育体系基本情况示意。

表 5.1 突尼斯基础教育体系一览

阶段	学校	学制	文凭
基础教育义务阶段	小学	6年	—
	初中	3年	基础教育义务阶段普通结业证书[2] 或基础教育义务阶段技术结业证书[3]
高中教育阶段	高中	2年（通选教育期和初步选科期）	高中会考文凭
		2年（分科教育期）	

突尼斯第2002-80号《教育导向法》第一条规定，教育是突尼斯国家发展的"绝对优先领域"，接受教育是每个公民的基本权利。第91-65号法令第7条规定，6—16岁人群有接受小学教育和初中教育的义务。

---

[1] 在法文版法律条文中，小学和初中合称为基础阶段（enseignement de base），为便于区分基础阶段与基础教育，作者将小学和初中统称为"基础教育义务阶段"。

[2] 法语 Diplôme de fin d'études de l'enseignement de base，简称 DFEB。

[3] 法语 Diplôme de fin d'études de l'enseignement de base technique，简称 DFEBT。基础教育义务阶段技术结业证书是针对选读技术中学的学生颁发的结业证书，技术中学将在后续职业教育章节进行详细说明，此处不再赘述。

2008年，突尼斯第2008-9号法令对基础教育义务阶段的教育目的做了修订。根据此项法令，小学教育的目的是让学生掌握获取知识的手段，拥有基本的口头和书面表达能力以及阅读和计算能力，具备用阿拉伯语和至少2门外语沟通交流的能力，促进学生思维和智力发展以及艺术感知，挖掘学生的动手能力和肢体潜力，培养集体生活能力，开展公民教育。初中教育的目的在于培养学生具有用阿拉伯语和至少2门外语进行沟通交流的能力，让学生掌握科学、技术、艺术和社会领域的知识和技能，使其能够进入高中学习，或接受职业教育，或踏入社会。基础教育义务阶段结束后，学生可以参加全国统一考试，根据相关规定获得基础教育义务阶段普通结业证书或技术结业证书。

所有获得基础教育义务阶段结业证书的学生可进入高中学习。第2008-9号法令第26条规定，高中教育不仅要让学生对各个领域有一般性的总体了解，还要让学生就某一专门领域有较为深入的了解，使其日后可以升入高等学府深造，或接受相应的职业培训，或直接进入职场。高中学习分为两个阶段，每个阶段2年。第一阶段对应高中一年级和高中二年级，一年级是通选教育期，所有学生学习相同的课程；二年级学生开始初步选科，可以从文学、科学、经济及服务、信息技术四个类别中选取其中一个作为自己的选科，进行为期一年的学习。第二阶段对应高中三年级和高中四年级，为分科教育期，具体科目的划分和安排由教育部通过相关法规做进一步明确。第一阶段旨在帮助学生构建平衡的知识体系，培养学生对语言、人文、科学技术（理论和实践两方面）的兴趣，促进学生认知、实践和情感方面的发展，巩固学生之前所学并帮助学生选择适合自己的科目领域，为下一阶段学习做准备。第二阶段旨在引导学生做专业和技能方面的选择，培养学生的灵活性和敏锐性，引导学生深化已有知识技能，帮助学生获取知识、自主学习和不断创新。目前，高中三年级学生可从以下六个类别中选择一个领域，开展为期两年的学习：文学类、数学类、实验科学类、技术科学类、经济管理类和信息科学类。[1]

传统上，突尼斯基础教育每个学年包含三个学期。2016年1月，突尼斯教育部决定将每学年改为两学期，以期通过增加在校学习时间提高教育质量。但是，两学期制只实行了2年，从2018—2019学年开始又回归到每学年三个学期的传统，第一学期从9月中旬到12月中旬，第二学期从次年1月初到3月中旬，第三学期从4月初至6月末，每个学期包含一周左右的期中假期，寒假和春假通常为两周，暑假为两个半月。

突尼斯基础教育教学内容由教育部统一规定。以2008年为例，小学课程包括阿拉伯语、法语、英语、伊斯兰教育、公民教育、历史、地理、数学、科学启蒙、音乐和艺术、技术教育和体育，教学时长根据年级由低到高从每周22学时到30.5学时不等。初中课程包括阿拉伯语、法语、英语、伊斯兰教育、公民教育、历史、地理、数学、物理、地球与生命科学、技术教育、信息、音乐、艺术和体育，教学时长为每周32学时左右。高中课程包括阿拉伯语、法语、英语、伊斯兰教育、公民教育、历史、地理、数学、哲学、物理、地球与生命科学、科技、经济（仅对选科为经济管理类的学生）、管理（仅对选科为经济管理类的学生）、信息、算法和信息与通信技术编程（仅对选科为信息科学类的学生）、系统和网络（仅对选科为信息科学类的学生）、数据库（仅对选科为信息科学类的学生）。此外，高中还设有选修科目，包括语言（德语、西班牙语、意大利语、俄语、汉语）、音乐和艺术、统筹和体育。高中选科的科目和课时各年级有所不同。[2]

---

[1] 资料来源于国际劳工组织官网。
[2] 资料来源于联合国教科文组织官网。

二、基础教育规模

在全民普及教育的目标下，几十年来，突尼斯从基础教育入手，分级发展，学校数量和学生人数不断增加，学校覆盖全国各个地区，教学规模日益扩大。

（一）学校数量

截至 2022 年，突尼斯拥有基础教育机构 6 100 余个，比 20 世纪末增长了近 1 700 个。2011 年之后，新增学校约 200 所。[1] 基础教育机构中，突尼斯小学数量占比最大，占机构总数的三分之二以上，初中和高中的数量相对有限，详见表 5.2。

表 5.2 1975—2020 年突尼斯基础教育学校数量 [2]（单位：所）

年份	小学	初中和高中	总计
1975 年 [3]	2 319	171	2 490
1984—1985 学年	3 214	357	3 571
1989—1990 学年	3 774	546	4 320
1994—1995 学年	4 286	1 175	5 461

---

[1] 资料来源于突尼斯教育部官网。

[2] 本列表不含私立学校和中专技术学校情况。在关于突尼斯教育的各类资料中，有些用词和表述与现行突尼斯教育法中的规范表述存在差异。例如，部分资料将初中和高中合在一起称为基础教育第二阶段，而突尼斯 1989 年教育改革后，第 91-65 号法令明确了小学和初中合并构成基础教育的第一个阶段。上文采取了基础教育义务阶段的表述方式，基础教育的第二阶段对应的是高中。尽管如此，在某些统计当中，小学基本都会有单独对应的数据，但初中和高中仍然会合并在一起。表格中的数据主要源于突尼斯教育部的多份报告，其中，1985 年后的数据为学年，1975 年的数据为自然年，部分年份的相关资料缺失。以下表格数据基本同此情况。

[3] 资料来源于赛夫尔国际教育期刊官网。

续表

年份	小学	初中和高中	总计
1999—2000 学年	4 456	985	5 441
2004—2005 学年	4 494	1 191	5 685
2009—2010 学年	4 517	1 350	5 867
2011—2012 学年	4 523	1 377	5 900
2016—2017 学年	4 568	1 508	6 076
2019—2020 学年	4 587	1 517	6 104

如表5.2所示，1975—1999年，突尼斯小学数量由2 319所增加到4 456所，几乎翻了一倍。进入21世纪后，小学新增数量放缓，平均每年新增6所左右，至2019—2020学年，突尼斯共有小学4 587所。中学阶段的教育机构中，部分机构属于混合型，既有初中也有高中，还有部分机构只有初中或只有高中，但总的看来，初中、高中学校总体数量远远少于小学数量。20世纪70—90年代，初中、高中学校数量增长迅速，由1975年的171所增加到1999年的985所，增加了近5倍，但由于基数小，初中、高中学校总体数量仍然有限。21世纪以来，初中、高中学校数量每年都在增加，且初中学校数量多于高中学校数量。1994—1995学年，突尼斯有初、高中混合型学校712所，此外还有单独的初中389所，单独的高中74所。[1] 此后，部分混合型学校的初中部和高中部开始分离，单独成校。1999—2000学年，初、高中混合型学校共有116所，初中616所，高中253所；2011—2012学年，突尼斯1 377所初、高中学校中包含混合型学校82所，初中774所，高中521所。混合型学校数量不断减少，初中、高中单独成校的现象日益普遍。

---

[1] 本段中突尼斯初、高中混合型学校以及纯初中校和纯高中校数据出自突尼斯教育部的教育统计报告。

（二）学生数量

随着教育的普及，突尼斯学生数量大幅增长，其中，初中、高中学生数量增长幅度明显高于小学。进入 21 世纪以来，虽然小学学校数量是初、高中学校数量的 3—5 倍，但是小学和初高中学生数量并没有如此大的差距，小学生人数约 100 万—110 万，初高中学生人数约 90 万—100 万，其中初中学生数量略多于高中学生数量。详见表 5.3。

表 5.3 1984—2020 年突尼斯基础教育学生人数 [1]

学年	小学生	初中生	高中生	总计
1984—1985	1 238 968	331 243		1 570 211
1989—1990	1 369 476	457 814		1 827 290
1994—1995	1 472 884	662 222		2 135 106
1999—2000	1 403 729	908 248		2 311 977
2004—2005	1 171 019	576 088	508 790	2 255 897
		1 084 878		
2009—2010	1 008 600	485 860	481 848	1 976 308
		967 708		
2011—2012	1 014 836	469 368	453 090	1 937 294
		922 458		
2016—2017	1 100 790	480 826	413 479	1 995 095
		894 305		
2017—2018	1 126 616	490 770	411 825	2 029 211
		902 595		
2019—2020	1 177 673	933 695		2 111 368

[1] 表格中的数据主要源于突尼斯教育部的多份报告。

如表5.3所示，突尼斯小学生人数自1999—2000学年开始呈下降趋势，21世纪前5年降幅最为明显，平均每年减少4.6万余人；2009—2010学年后，小学学生人数开始回升，2017—2018学年后年均增加近2.6万人，但总人数仍不及20世纪80年代中期至90年代末期。

进入21世纪后，突尼斯初高中学生人数也在减少，但其下滑时间晚于小学，2004—2005学年后才开始明显下降，降幅由初期的年均2万余人减至平均5千余人。2017—2018学年开始，初高中总人数开始回升，增幅从年均8千余人增至年均1.5万余人。此外，从表5.3还可以看出，2004—2005学年至2017—2018学年，高中学生人数始终在减少，而2016—2017学年的初中学生数量已经比2011—2012学年增加了1万多人，此后也没有再出现下降。

学生人数的增加同新增人口数量有密切关系，突尼斯教育部预测，2020—2030年，突尼斯基础教育将新增学生50万名，需要新建大约550所学校，不断增长的人口对突尼斯教育的发展提出了严峻挑战。[1]

三、全民教育

独立伊始，突尼斯文盲率很高，人口增长迅猛。为此，1958年的教育法确立了义务教育和全民教育的目标，让所有适龄人群有学可上。同时，政府开展小学、初中、高中、大学等多层次的教育，以不断提升人口的受教育程度。总体上说，经过几十年的努力，在义务教育体制的推动下，虽然不同教育等级和不同年龄段的受教育人数存在很大差异，但是突尼斯全民教育的目标正在逐步实现。

---

[1] 资料来源于突尼斯数字媒体网。

在小学阶段，适龄儿童小学入学率和在学率很高。[1]从图5.1可以看出，自1995—1996学年开始，适龄儿童小学入学率超过99%，之后进一步提升，接近100%；同时，适龄儿童小学在学率也保持着上升态势，到2015—2016学年，已经十分接近小学入学率，这说明大部分小学生都能完成小学阶段的学习。由此可见，2015年后，突尼斯6—11岁儿童基本实现了全体接受教育的目标，同人均收入类似的其他国家相比，突尼斯在小学教育普及方面成绩突出。

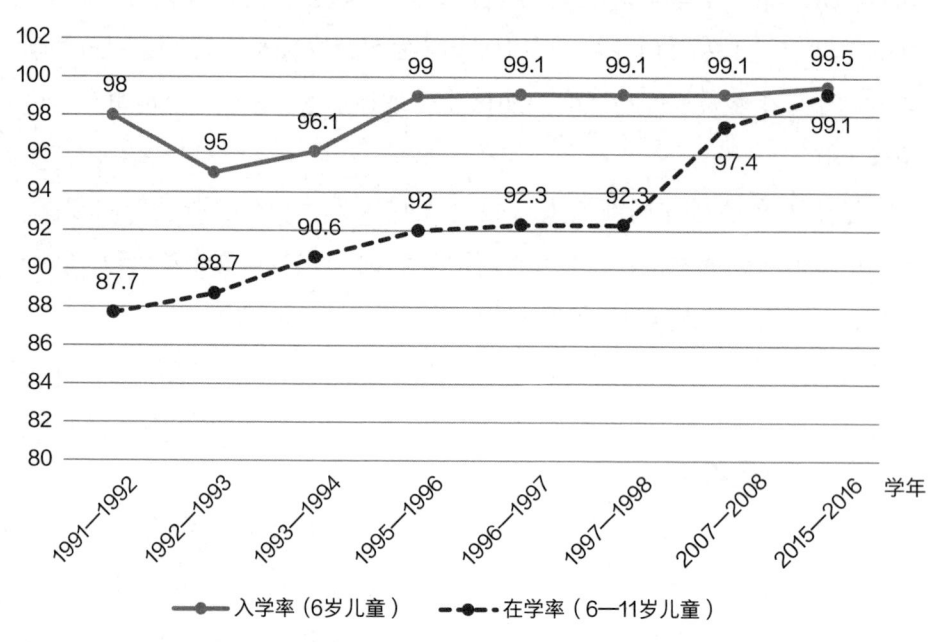

图5.1 1991—2016年突尼斯适龄儿童小学入学率和在学率[2]（单位：%）

如前文所述，突尼斯各个教育阶段的在校人数差异较大，小学入学率和初高中入学率也存在明显差异，教育阶段越高，入学率越低。相对于小

---

[1] 文中适龄儿童小学入学率和在学率指一年级新生注册人数（6岁儿童）和小学在学人数（6—11岁儿童）占相应年龄段（6岁和6—11岁）儿童总数的比例。

[2] 资料来源于突尼斯竞争力和量化研究所官网。

学的高入学率，初中和高中的入学率仍有相当的提升空间。1994—1995学年，初高中的入学率为50.2%，2015—2016学年，该数值增长到81.2%。[1]从数据来看，小学入学率已经接近100%，增长的空间有限，而初高中的入学率的增长幅度明显高于小学。2020年的初高中入学率是20世纪70年代中期的4倍左右，这表明突尼斯人口的总体教育水平较独立之初有了很大提升。[2]

从总体上看，突尼斯基础教育入学率由1975年的41.55%升至2016年的66.06%，整体呈上升趋势，其中，1975—1994年，入学率增加了20%，1994年以后增长速度放缓，除2011年外，基本维持在60%以上，详见图5.2。

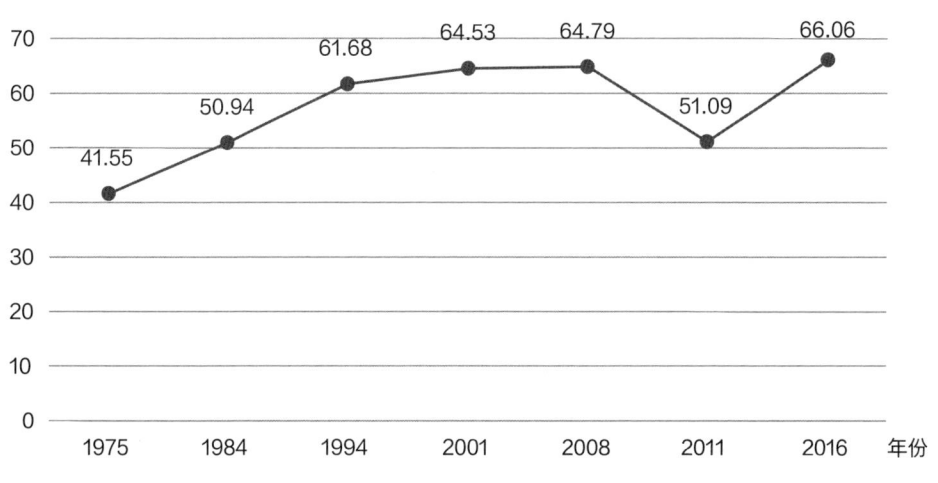

图5.2 1975—2016年突尼斯基础教育总体入学率[3]（单位：%）

---

[1] 资料来源于突尼斯竞争力和量化研究所官网。
[2] 资料来源于突尼斯竞争力和量化研究所官网。
[3] 资料来源于突尼斯竞争力和量化研究所官网。

四、基础教育质量

基础教育质量仍然亟待提高几乎是对突尼斯教育评论的一致观点，提升基础教育质量是突尼斯几十年来教育改革和教育讨论中反复出现的话题。

（一）高失学率和高复读率

20 世纪 80 年代以来，基础教育领域的失学和复读现象日益严重。2012 年，突尼斯基础教育阶段失学人数超过 10 万，占当年学生人数的 5% 以上（表 5.3 显示，2011—2012 学年学生总人数近 194 万），这说明突尼斯教育体制存在问题，主要体现在初中阶段和高中阶段。[1]

突尼斯竞争力和量化研究所 2017 年的一项报告显示，突尼斯小学生顺利升入下一年级的比例超过 90%，并呈上升趋势：2006—2007 学年，升入高年级的学生比例为 90%，2010—2011 学年为 91.7%，2014—2015 学年为 98.9%，[2] 2015 年以来这一数字继续增长。相对于升学率的提升，小学阶段的复读率总体呈下降趋势（详见表 5.4），从 1986 年的 24.4% 降到 2002 年的 7.1%，2009 年进一步降为 6.1%，但 2015 年反弹到 9%。失学率则由 1975 年的 8.5%，降至 2002 年的 1.8%，2015 年进一步降至 1%。[3] 以上数据表明，进入 21 世纪之后，尤其是 2009 年之后，尽管突尼斯小学阶段升学率（包括升入下一年级和升入下一教育阶段两种情况）较高，且复读率和失学率有明显改善，但每年仍有数万名小学生复读或失学，这对于推行义务制基础教育是一个严峻挑战。[4]

---

[1] 资料来源于突尼斯竞争力和量化研究所官网。
[2] 资料来源于突尼斯竞争力和量化研究所官网。
[3] 资料来源于 Inkyfada 新闻资讯网。
[4] 由于突尼斯各数据库更新不全面，不同研究中的数据采集标准不一致，统计时的时间单位划分标准也不尽相同（有时按照学年，有时按照自然年划分时间节点），所以可能会出现数据前后不一致的情况。尽管如此，为了尽可能充分地展现突尼斯的教育现状，作者仍将相对可靠的数据（即使可能划分时间节点不同）全部在此呈现。

表 5.4 1975—2015 年突尼斯小学失学和复读情况 [1]

年份	复读率	失学率	失学人数
1975	—	8.5%	76 097
1986	24.4%	6.3%	81 610
1991	18.8%	6.9%	95 819
1996	19.8%	4.4%	65 572
2002	7.1%	1.8%	23 711
2005	7.1%	1.7%	19 759
2009	6.1%	1.3%	12 808
2015	9%	1%	11 093

相较于小学，突尼斯初中和高中的失学和复读现象更令人担忧。突尼斯竞争力和量化研究所 2015 年的一份报告显示，只有 58% 的学生可以完成初中学业，54% 的学生可以完成高中学业。[2] 该研究所 2017 年的一份报告显示，1991—2015 年，70% 左右的学生能够顺利升入更高年级学习，20% 左右的学生复读，10% 左右的学生辍学，二十几年间情况总体变化不大。进入 21 世纪后，突尼斯初中、高中学生正常升入高年级的比例有所下降，2014—2015 学年的升学率由 2001—2002 学年的 76.2% 降至 69.4%，失学率和复读率分别由 2001—2002 学年的 9% 和 14.8% 上升到 2014—2015 学年的 12.8% 和 17.8%（详见表 5.5）。[3] 2016—2017 学年，由于部分课程的授课语言由阿拉伯语转成法语等原因，复读率和失学率上升，高中一年级的复读率和失学率分别为 13.5% 和 18.7%，高中四年级甚至达到 18.6% 和 34.6%。[4] 可

---

[1] 资料来源于突尼斯竞争力和量化研究所官网和 Inkyfada 新闻资讯网。
[2] 资料来源于突尼斯竞争力和量化研究所官网。
[3] 资料来源于突尼斯竞争力和量化研究所官网。
[4] 资料来源于突尼斯竞争力和量化研究所官网。

以看出，突尼斯初中、高中的复读和失学现象较为严重，并且自2017年以来情况有进一步恶化的趋势。

表5.5 1985—2015年突尼斯初中、高中学生正常升入下一年级比例以及失学率和复读率 [1]

学年	正常升入下一年级比例	失学率	复读率
1985—1986	—	9.7%	22.6%
1991—1992	74.1%	10.1%	15.8%
1993—1994	73.2%	9.3%	17.5%
1994—1995	74.8%	8.7%	16.5%
1997—1998	67.3%	9.1%	23.6%
2001—2002	76.2%	9%	14.8%
2006—2007	—	11.6%	17%
2007—2008	—	11.5%	16.4%
2008—2009	72.9%	10.8%	16.3%
2014—2015	69.4%	12.8%	17.8%

值得关注的是，不同教育阶段、不同年级的留级复读和失学情况有所不同。总体而言，初中一年级、高中一年级和高中四年级学生的失学率和复读率较高，这是因为学生在小升初、初升高等过渡时期往往难以较快适应新的环境和学习模式，从而导致学习成绩不理想甚至厌学。高一相较初一，学生失学和复读的情况更加严重。此外，小升初考试的取消也是造成初中一年级学生失学率和复读率高的原因之一。小升初考试原本是考查学

---

[1] 资料来源于突尼斯竞争力和量化研究所官网和Inkyfada新闻资讯网。

生学习的情况，查缺补漏，督促学生更好地学习。但是，小升初考试取消后，部分学生的问题在初一暴露出来，导致初一失学和复读现象增多。2017年11月，联合国儿童基金会主办的一场关于突尼斯失学情况的研讨会指出，突尼斯四分之一的适龄青少年没有在初中或高中接受教育。[1]

　　学习质量下降，失学、留级现象严重不仅和学生自身有关，更是家庭、学校，乃至社会大环境共同作用的结果。突尼斯城乡家庭教育情况差别很大，初中和高中多位于县城或都市，乡村学生上学路途遥远，且需要支付路费和住宿费，许多家境困难的学生因此放弃学业。与此同时，很多失学和复读学生的家长受教育程度较低，无论在经济上还是在学业上都不能给予孩子必要的支持和帮助，有的孩子甚至为了解决家庭经济困难而提前就业。就学校而言，不仅教育体制存在问题，学校课程也不能很好地激发学生的学习积极性，学生在遇到困难时得不到及时、必要的心理辅导和学业帮助，使学生感到被忽视，缺乏自信，在学习上陷入恶性循环，最终无法顺利完成学业。同时，学校课业负担过重，有些课程实用性不强，也是造成辍学的原因。除此之外，有研究结果表明突尼斯男生失学比例高于女生，原因是女生往往更重视学校教育，学业上表现得更加勤奋，而男生通常更加看重就业前景，在突尼斯受过良好教育的人群失业率不断攀升的大背景下，很多男生看不到学校教育的意义，很容易弃学就业，从而出现更多的失学情况。[2] 2016年的抽样调查显示，在失学学生中，71%的学生是由于学校方面的原因而放弃学业，12.3%的学生出于经济和物质原因，8.14%的学生出于家庭原因，5.25%的学生出于健康原因，另外还有3.31%的学生出于其他原因（如女生失学是出于结婚原因）。[3]

---

[1] 资料来源于联合国儿童基金会官网。
[2] 资料来源于突尼斯竞争力和量化研究所官网。
[3] 资料来源于突尼斯竞争力和量化研究所官网。

（二）高中会考通过率低

衡量教育质量的另外一个参数是高中会考通过率。随着高等教育的不断发展，突尼斯高等教育机构数量逐年增加，招生规模日渐扩大。然而，高中会考不合格却让很多人无缘高等教育。2012—2019 年，突尼斯高中会考通过率（各个选科平均通过率）分别为 49.75%、52.34%、49.07%、36.10%、44.90%、39.68%、29.88% 和 31.96%（见表 5.6）。可以看出，除 2012—2013 学年外，突尼斯学生的高中会考通过率均低于 50%。2015—2019 年，成绩更是每况愈下，其中 2017—2018 学年和 2018—2019 学年的高中会考通过率仅为 30% 左右，这意味着约 70% 的高中毕业生没有机会接受高等教育。而且，这些学生往往也不具备进入职场所需的知识和技能，成为突尼斯就业困难的主要群体之一。

表 5.6　2011—2019 年突尼斯高中会考通过率（各个选科平均通过率）[1]

学年	通过率
2011—2012	49.75%
2012—2013	52.34%
2013—2014	49.07%
2014—2015	36.10%
2015—2016	44.90%
2016—2017	39.68%
2017—2018	29.88%
2018—2019	31.96%

[1] 资料来源于突尼斯竞争力和量化研究所官网与 Kapitalis 新闻官网。

高中会考通过率低的主要原因是突尼斯基础教育质量存在严重问题，基础教育质量不高也直接影响了高等教育的质量。实际上，长期低质量的基础教育已经严重影响突尼斯的人才培养和国家发展潜力，因此，完善教育体制、提高基础教育质量成为突尼斯教育面临的严峻挑战之一。

（三）国际评估结果不理想

自 1999 年起，突尼斯参加了两项国际性教育评估，以对基础教育阶段学生的学业表现和能力进行考查和对比。其中一项是由经合组织举办的 15 岁学生阅读、数学、科学能力评价研究项目（Programme for International Student Assessment，以下简称 PISA）。PISA 每三年组织一次评估，考查 15 岁学生在基础教育义务阶段结束时所掌握的日常生活所需的知识和技能情况。2003—2015 年，突尼斯连续 5 次参加 PISA 测评。2003—2009 年突尼斯 PISA 成绩情况见表 5.7。

表 5.7 2003—2009 年突尼斯 PISA 成绩和排名 [1]

时间	2003 年			2006 年			2009 年		
成绩和排名	经合组织成员平均成绩	突尼斯成绩	排名	经合组织成员平均成绩	突尼斯成绩	排名	经合组织成员平均成绩	突尼斯成绩	排名
数学	499	337	38/40 [2]	—	359	39/40	496	371	60/65
阅读	494	375	40/40	—	375	40/40	493	401	56/65
科学	500	385	40/40	500	386	37/40	501	401	55/65

[1] 资料来源于国际劳工组织官网。
[2] 38/40 表示在 40 个国家中排名第 38 位，下同。

如表 5.7 所示，突尼斯 2003 年和 2006 年的测评成绩堪忧，尤其是阅读成绩。2009 年，参加测评的国家数量增加，发展中国家以及最不发达国家占比上升，但突尼斯的排位依然落后。2015 年，突尼斯在 70 个参与测评的国家中总体排名居第 65 位。在 1—6 个由低到高的等级测评中，数学、阅读和科学 3 门科目的测试成绩显示，66%、72% 和 70% 的突尼斯学生没有达到最低等级的 1 级水平。[1] 3 个考查科目中，同时处于 2 级以下水平的学生比例达到 57%，而 5—6 级高水平学生比例仅为 0.6%（经合组织国家平均水平为 15%）。[2] 需要指出的是，PISA 不仅考查学生知识的掌握情况，也考查学生运用知识解决生活中实际问题的能力。PISA 结果显示，突尼斯大部分学生在语言和数学方面能力较弱，难以很好地从文本中抓取信息，难以有效沟通，在书面表达和解决问题方面存在明显困难。[3]

突尼斯参加的另一项国际性测评是国际数学与科学研究趋势调查（Trends in International Mathematics and Science Study，以下简称 TIMSS）。该测评每四年举办一次，对小学四年级和初中二年级学生的数学和科学两个科目的学习情况进行考查。1999—2011 年，突尼斯 TIMSS 测评结果再次暴露出教育质量问题：2011 年，在 50 个参评国家中，突尼斯小学四年级学生数学和科学测评的排名分别位于第 47 位和第 48 位；在 42 个参评国家中，突尼斯初中二年级学生两科排名分别位于第 38 名和第 37 名（详见表 5.8）。[4] 有关部门在解释排名结果时指出，关于数学排名，一方面测评涉及的某些概念没有被列入突尼斯的教学大纲，另一方面突尼斯学生在解决问题和运用知识方面缺乏训练；关于科学排名，突尼斯科学课的课时明显少于国际通行的课时，这是造成该学科排名不理想的主要原因。[5]

---

[1] 资料来源于投资和融资银行官网。
[2] 资料来源于投资和融资银行官网。
[3] 资料来源于投资和融资银行官网。
[4] 资料来源于国际劳工组织官网。
[5] 资料来源于国际劳工组织官网。

表 5.8 1999—2011 年突尼斯 TIMSS 测评结果 [1]

年份		1999		2003		2007		2011	
年级		小学四年级	初中二年级	小学四年级	初中二年级	小学四年级	初中二年级	小学四年级	初中二年级
数学	成绩	—	—	—	—	327	420	359	425
	排名	29/38	—	25/45	—	33/36	32/49	47/50	38/42
科学	成绩	—	—	—	—	318	445	346	439
	排名	29/38	—	38/45	—	33/36	34/49	48/50	37/42

两项国际性测评结果基本吻合，长期落后的成绩说明突尼斯基础教育领域存在不容忽视的问题。

五、基础教育投入

独立之初，突尼斯政府大力兴资办学，将国家财政预算的三分之一用于教育，取得了显著的成绩。1991年，突尼斯以法律的形式确立了九年义务教育制度。同年第 91-65 号法令规定，国家确保所有适龄人群享有免费接受学校教育的权利，国家承担基础教育阶段公立教育机构的建造费用，教育相关费用列入国家财政预算，各地政府和社会团体可以依法提供资助；初中、高中的办学经费由国家补贴，初中、高中教育机构可以接受其他法人、自然人、机构的资助等。事实上，突尼斯教育的资金主要来自国家财政。国际劳工组织的一份报告指出，突尼斯属于教育投入占国家预算和国

---

[1] 资料来源于国际劳工组织官网。

内生产总值比例较高的国家,接近经合组织成员的平均水平,参见表5.9和图5.3。[1]

表 5.9 1980—2015 年突尼斯教育支出占国内生产总值比例(单位:%)[2]

年份	1980	1981	1985	1990	1995	1996	1997	2000	2001	2002
占比	5.2	4.9	5.5	5.8	6.4	6.3	6.7	6.2	6.2	5.8
年份	2003	2004	2005	2006	2007	2008	2009	2010	2012	2015
占比	6.8	6.7	6.5	6.4	6.5	6.3	6.5	6.3	6.3	6.6

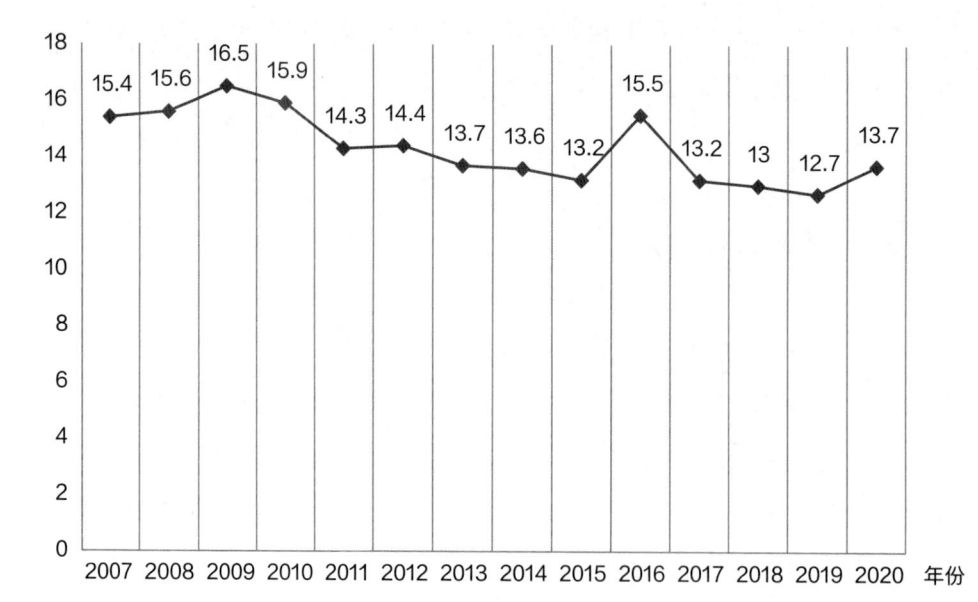

图 5.3 2007—2020 年突尼斯教育占国家预算比例 [3] (单位:%)

---

[1] 资料来源于国际劳工组织官网。
[2] 资料来源于 Knoema 数据库官网。
[3] 资料来源于突尼斯教育部官网。

从表5.9可以看出，20世纪90年代以后，随着国家义务教育制度的确立，突尼斯教育投入在国内生产总值中的比例总体上有所提升，2003年后，此项比例相对稳定，波动基本在0.5%以内，教育投入的总额得以保证。但如图5.3所示，2010—2019年，尽管中间有所变化，但教育支出占国家预算比例总体处于下降趋势，2020年有所改善。

受国家经济发展水平的限制，突尼斯教育投入的绝对金额仍然十分有限，且资金投入中绝大部分份额都用于经常性支出，包含教育管理和运营的支出费用，以教职人员工资为主，而真正用于投资发展的资本性支出比例不足10%，再加上突尼斯教育基础设施薄弱，截至目前，突尼斯教育在硬件设施、教材、教学改革、新科技引入等方面依然滞后。2013年，突尼斯基础教育开支中经常性支出占总投入的93.7%，仅有6.3%的经费用于投资与发展。[1] 2017—2020年，突尼斯教育预算分别为48.62亿第纳尔、49.25亿第纳尔、55.5亿第纳尔和65亿第纳尔，绝对数值呈上升趋势，但在国家预算中的份额却逐年下降，2017年为13.2%，2018年为13%，2019年为12.7%，2020年情况有所改善，占比为13.7%（见图5.3），而且此列数据均没有考虑通胀因素。[2] 再者，经费的使用也值得注意。以2019年和2020年为例，突尼斯政府分别投入2.76亿第纳尔和3.245亿第纳尔用于教育发展，约占当年教育支出总额的5%，其中约95%的教育投入用于行政管理等经常性开支；2020年教育支出较前一年增长17%，但仍主要用于支付教职人员的工资薪酬。[3] 需要指出的是，目前，突尼斯教育基础设施亟待完善，60%的小学校舍和16%的初中、高中校舍建于20世纪80年代之前，教学环境令人唏嘘。[4] 新的教学技术手段没有得到普及，以2010年为例，突尼斯平均每23名学生拥有一台电脑，同一时期，发达国家平均每2.5个学生拥有

---

[1] 资料来源于突尼斯竞争力和量化研究所官网。
[2] 资料来源于突尼斯财政部官网。
[3] 资料来源于突尼斯数字媒体网。
[4] 资料来源于Gnet新闻网。

一台电脑。预计到 2030 年，突尼斯需要投入 15 亿第纳尔用于新建 550 所教学机构，以吸收因人口增长而大量增加的适龄学生。目前，突尼斯不少学校都存着班级学生人数过多的情况，而要减少每班学生人数，优化师生比，为学生提供更好的学习环境也需要大量的资金支持。

另外一个很能说明问题的数据是生均教育投入。2005—2006 学年，突尼斯政府平均花费在每个基础教育阶段学生身上的教育费用为 957.7 第纳尔，2013—2014 学年增长至 1 960 第纳尔。[1] 有学者比较 2010—2013 年突尼斯初中和高中学生教育成本的数据发现，虽然三年间学生人均享受的教育投入数额增加了 12%，但考虑到通胀因素，2013 年的生均教育投入与 2010 年相比实际有所下降。[2] 对比前文图 5.3 和表 5.3 的数据可以看出，2016—2019 年学生人数在上升，而教育投入在国家预算中的占比却在下滑，由此可见，生均教育投入状况仍未改善。

综上所述，近年来，一方面，突尼斯教育投入占国家预算比例总体有所下降，另一方面，教育投入的绝对金额也很有限。未来教育发展和教育质量的改善无一不需要大量的资金支持，因此加大教育投入势在必行。此外，教育投入的使用和分配也有待进一步优化，如何更好地规划有限的资源是一个无法回避的挑战。

六、私立学校

2011 年以后，私人资本在教育领域的投入有了新的发展，私立学校数量和学生人数迅猛增长，这在一定程度上缓解了国家财政在教育投入上的压力。学校数量方面，20 世纪 80 年代中期，突尼斯仅有 16 所私立小学，

---

[1] 资料来源于突尼斯竞争力和量化研究所官网。
[2] 资料来源于突尼斯竞争力和量化研究所官网。

此后，学校数量始终保持上升趋势。如表5.10所示，2009年之后，突尼斯每年私立学校数量大增，由1984—2000年平均每年新增1—2所的速度发展到2004—2010年的平均每年新增10所左右。2011年以后，突尼斯平均每年新增私立小学50—60所，到2018—2019学年，全国已有私立小学534所。相对于私立小学的稳增态势，私立高中的发展有所波动。20世纪90年代中期，突尼斯私立高中发展迅速，10年间增长了近3倍。此后，私立高中数量出现下滑，至2004—2005学年逐步回升，到2015—2016学年才恢复到之前的最高水平。2018—2019学年，突尼斯私立高中共计402所。从表5.10可以看出，突尼斯私立小学数量于2016年开始超过私立高中数量，而且有进一步拉开差距的趋势。在地理分布上，私立学校主要集中在首都突尼斯市及其周边地区和沿海大城市，内陆和发展水平较低地区几乎没有私立学校，这与私人资本关注投资回报有关。

表5.10 1994—2019年突尼斯基础教育阶段私立学校数量[1]（单位：所）

学年	私立小学	私立高中
1984—1985	16	91
1989—1990	24	236
1994—1995	35	324
1999—2000	41	316
2004—2005	58	268
2009—2010	102	292
2010—2011	109	291
2011—2012	128	289

[1] 资料来源于突尼斯教育部官网，原始资料中没有给出私立初中的数据。

续表

学年	私立小学	私立高中
2012—2013	155	299
2013—2014	191	312
2014—2015	263	329
2015—2016	324	346
2016—2017	401	374
2017—2018	480	388
2018—2019	534	402

在学生人数方面，私立小学在校生数量持续增加，详见表5.11。1984—1999年，私立小学生人数年均增长250余人；1999—2009年，学生人数年均增长1 000余人；2010—2017年，学生数量增长迅猛，翻了3倍有余；2014—2017年，学生人数年均增长10 000余人；2017—2018学年，突尼斯私立小学学生总人数接近8万，占同期公立小学学生人数的7.3%左右，而20世纪80—90年代，私立小学人数仅占公立小学人数的0.5%。[1]

表5.11 1984—2018年突尼斯基础教育阶段私立学校学生数量[2]（单位：人）

学年	私立小学	私立高中
1984—1985	6 294	29 875
1989—1990	7 043	64 863

[1] 本段私立小学人数以及下段中私立高中的有关数字是作者根据表5.11中的数字归纳、计算得出，公立学校数量和学生数量参见本章第一节内容。

[2] 资料来源于Inkyfada新闻资讯网，原始资料中没有给出私立初中的数据。

续表

学年	私立小学	私立高中
1994—1995	8 915	71 018
1999—2000	10 066	57 359
2004—2005	13 282	51 779
2009—2010	21 509	54 285
2010—2011	24 953	54 914
2011—2012	28 875	57 486
2012—2013	33 732	63 794
2013—2014	40 043	70 272
2014—2015	48 390	69 253
2015—2016	60 313	58 706
2016—2017	69 680	68 325
2017—2018	79 043	74 565

相对于私立小学学生人数的持续攀高，私立高中的学生人数表现为在波动中上升。1984—1994年，私立高中学生人数几乎直线上升，年均增长4 000余人；随后10年学生人数减少，年均减少近2 000人；2004—2005学年后，学生人数逐步回升，由5万余人增加到2013—2014学年的7万余人；此后两年再次出现波动，2016—2017学年再次回升，学生人数比上一学年增加了约10 000人；2017—2018学年，私立高中在校学生接近7.5万人，是公立高中学生人数的7%左右。

私立学校的发展得益于诸多因素。首先，私立学校总体教学环境较公立学校更有吸引力，师生比更合理，学生可以获得教师更多的关注，教育质量也更有保障。由于小学教育属于义务教育，所有适龄儿童均有权进入小学学习，而私立小学以其各方面的优势更受高收入家庭青睐。与私立小学情况不同，学生选择私立高中的原因相对复杂。高中教育不属于义务教育，学生选择私立高中主要是为了解决公立教育体系无法满足的需求。例如，根据突尼斯阿夫卡研究所研究结果，相当一部分学生因为学习有困难面临辍学的危险，这些学生无法在公立高中完成学业，只能转向私立高中，以期获得高中文凭或取得大学入学资格。[1] 在某种意义上，私立高中是他们"最后的机会"，这也促成了私立高中学生数量的增加。其次，公立学校教职人员频繁罢工，影响学生正常学习，这也是学生转向私立学校和私立学校得以发展的原因。[2] 最后，在成绩方面，高中会考[3]评分体系对私立高中的发展产生过很大影响。根据21世纪初的高中会考评分制度，突尼斯高中会考总成绩包含部分平时成绩，而私立学校对学生平时成绩打分宽松，因此学生往往能取得更好的高中会考成绩，这大大增加了私立高中的吸引力。2002年教育改革提出平时成绩占高中会考成绩的25%以后，私立高中学生数量开始逐步回升；2016年8月教育部提出修订会考评分体系，不再将平时成绩计入高中会考成绩，私立高中的学生数量因此明显减少。[4]

在突尼斯，私立学校的发展是对公立教育体制的补充，不仅在资金上降低了中央财政的压力，而且也为突尼斯解决教育质量问题提供了可行性方案。

---

[1] 资料来源于Inkyfada新闻资讯网。
[2] 资料来源于Inkyfada新闻资讯网。
[3] 在突尼斯，高中会考即为高中结业考试，高中会考成绩合格的学生自动获得进入大学学习的资格。
[4] 资料来源于突尼斯竞争力和量化研究所官网。

第二节 基础教育的特点

突尼斯基础教育的特点主要表现为富有特点的语言教学和从初中开始的精英教育体制。这些特点一方面与突尼斯历史文化发展相关，另一方面也是教育体制应对国家发展以及国际教育潮流不断调整的结果。

一、语言教学以双语制为主、多语制为辅

在突尼斯基础教育中，阿拉伯语和法语既是教学语言，也是学生的必修语言。这种双语制教育是突尼斯基础教育的特色之一，这不仅体现了突尼斯的多样化文化传统，也是时代发展和国家政策的要求。

法语曾经是突尼斯的传统教学语言，广泛使用在理科教学当中，阿拉伯语则更多地用于文学、历史、哲学、宗教等人文学科教学。1956 年独立后，宪法明确了国家的阿拉伯-伊斯兰属性，同时为了更好地加强国家认同感，政府在全国范围内推行阿拉伯化政策，规定阿拉伯语为基础教育阶段教学的重要内容。为进一步巩固和提升阿拉伯语的地位，第 91-65 号法令规定，在小学和初中课程中，同人文、科学和技术有关的科目用阿拉伯语授课。2002 年的《教育导向法》规定，突尼斯各阶段的所有课程均应以阿拉伯语为教学语言，但随后的第 2008-9 号法令就此做了补充说明：各阶段教学中可使用一门或数门外语开展教学活动。时至今日，突尼斯的课堂上不乏使用法语教学的情况。

突尼斯十分注重学生的外语能力，根据 2002 年《教育导向法》，学校应教授学生使用国语，即阿拉伯语，同时学生应当至少掌握 2 门外语。突

尼斯从小学开始就开展外语教学，目的是引导学生掌握外语交际工具，在加深对本民族文化理解的基础上，同其他文化进行交流与互动。作为第一外语，法语一直是突尼斯小学的必修课，从小学三年级开始列入课表。作为第二外语，英语在相当长的时间内也被列为初中教学内容，随着全球化、科技发展以及英语地位的提升，2005年，英语开始进入突尼斯小学。此后，德语、意大利语、西班牙语、汉语、俄语和土耳其语作为选修课也先后被纳入基础教育阶段的教学。2004年，汉语成为突尼斯高中的选修科目。自2019年起，突尼斯从小学二年级开始开设法语课，小学四年级开始开设英语课，[1]而在此之前，部分私立小学从一年级便开始教授法语和英语。突尼斯基础教育阶段外语教学政策演变见表5.12。[2]

表5.12 突尼斯基础教育阶段的外语教学政策演变 [3]

年份	课程类型与教授起始年级	法语	英语	德语、意大利语、西班牙语	汉语、俄语	土耳其语
1956	课程类型	必修	必修	—	—	—
1956	起始年级	小学一年级	高中一年级	—	—	—
1996	课程类型	必修	必修	选修	—	—
1996	起始年级	小学三年级	初中一年级	高中二年级	—	—

---

[1] 资料来源于突尼斯媒体报官网。
[2] 资料来源于突尼斯竞争力和量化研究所官网。
[3] 佳荷. 突尼斯的语言生活状况 [J]. 北华大学学报（社会科学版），2018，19（3）：9-15.

续表

年份	课程类型与教授起始年级	法语	英语	德语、意大利语、西班牙语	汉语、俄语	土耳其语
2002	课程类型	必修	必修	选修	选修	—
2002	起始年级	小学三年级	初中一年级	高中二年级	高中二年级	—
2012	课程类型	必修	必修	选修	选修	—
2012	起始年级	小学三年级	小学六年级	高中二年级	高中二年级	—
2017	课程类型	必修	必修	选修	选修	选修
2017	起始年级	小学三年级	小学六年级	高中三年级	高中三年级	高中三年级

在教学时长方面，以 2008 年为例，法语在小学 1—4 年级通常每周 8 学时，五年级每周 9 学时，六年级每周 8 学时；初中阶段每周 4.5—5 学时；高中阶段按照不同的选科，课时量略有不同，文学选科每周 5 学时，其他选科为 3—4 学时，高中三年级或四年级开设的语言课课时每周比高一年级或者高二年级（各学校没有统一标准，根据各自情况从高三或高四开始减少学时）少 1 学时（但文学选科始终是 5 学时）。同法语相比，英语教学时长在初中阶段比法语教学时长每周少 1.5—2 学时，高中阶段基本持平，部分选科和年级的英语教学时长每周会比法语教学时长少 1 学时。[1]

阿拉伯语是突尼斯的国语，也是联合国的官方语言，99% 的突尼斯人会讲阿拉伯语。[2] 虽然突尼斯人日常生活当中使用的阿拉伯语与作为国语在学校教授的标准阿拉伯语同源，但是两者在词汇、表述和句法等方面差异显

---

[1] 资料来源于联合国教科文组织官网。
[2] 资料来源于 Meridie 教育资讯网。

著。同很多阿拉伯语国家情况类似，突尼斯人日常生活中使用的阿拉伯语是本土化的阿拉伯语；而标准阿拉伯语主要以书面语的形式存在，多见于官方文件和机构之间的交流。因此，在课堂以外，学生几乎用不到标准阿拉伯语，再加上标准阿拉伯语比较难，所以突尼斯学生的标准阿拉伯语语言水平不高，在沟通和写作方面存在明显不足。有鉴于此，突尼斯各方在努力完善外语教学的同时，也积极呼吁提升阿拉伯语教学水平，提高学生标准阿拉伯语的语言技能。

二、设立重点学校以培养精英

1983年，突尼斯建立了两所重点学校，开启基础教育阶段的精英培养模式，着力为培养国家高级人才做准备。1992年6月，突尼斯颁布第92-1184号法令，规范重点高中的组织和管理。第92-1184号法令使用了"精英学生"的表述，指出重点高中的"精英学生"应有能力达到所设学科的"最高水平"。配合"最高水平"的要求，重点高中的录取采用全国性的选拔考试，考试难度较大，对学生成绩的要求较高，只有取得15分（满分为20分）以上的学生才有资格被录取。在教师资质上，重点高中的教师要拥有硕士以上学历。国家对重点高中的资质进行考核，并对其发展给予帮助和扶持。在教学内容上，重点高中的教学大纲在普通高中教学大纲的基础上有所补充，以期更好地提高教育水平和培养学生能力。此外，重点高中不允许学生留级复读，没有达到学业要求的学生将转入普通高中学习。

精英培养模式下的重点高中无论在学校数量上还是在学生人数上都十分有限。2018年，突尼斯有重点高中26所。[1] 在学生数量方面，突尼斯竞

---

[1] 资料来源于年轻的非洲新闻网。

争力和量化研究院 2015 年的一份研究显示，2007—2013 年，重点学校的学生人数占同一阶段学生总人数的 1.5%—4%，详见图 5.4。[1]

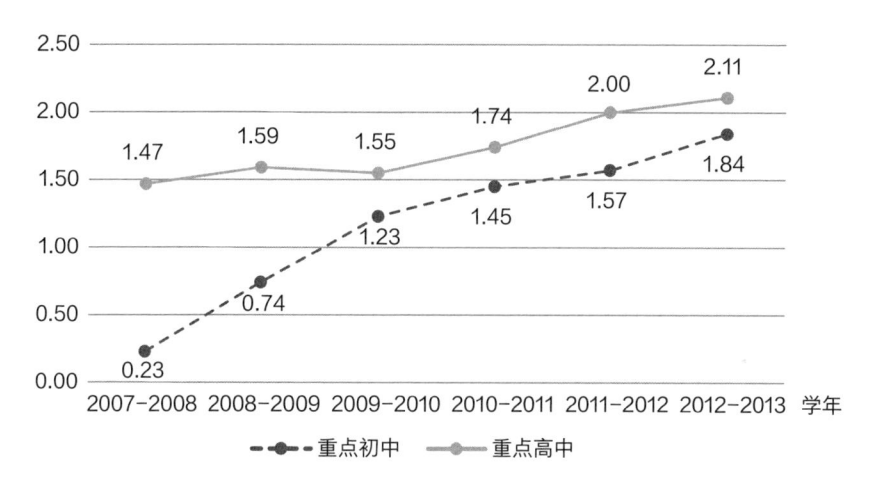

图 5.4 2007—2013 年突尼斯重点学校学生占同阶段学生总人数比例（单位：%）

近几年，由于教育质量下降，录取分数线高，很多重点学校的实际招生人数达不到学校可接收的学生数量，较多录取名额空缺。以 2018—2019 学年为例，重点初中和重点高中分别招生 1 660 人和 1 364 人，而其实际接收能力分别为 3 725 人和 3 150 人，换言之，重点初中和高中的实际招生数量仅为招收能力的 44.6% 和 43.3%。[2] 2019—2020 学年，重点初中和高中的实际招收人数分别为 3 067 人和 2 947 人，计划招生人数分别为 3 750 和 3 125 人，招生比例虽同比有明显提高，但仍有数百个名额空缺。[3] 这些数字一方面说明了重点学校招生条件过高，另一方面也反映出学生成绩不够理想、教育质量不断下滑的现实。为了填补录取空缺，让更多学生进入重点学校享受更好的教育资源，社会各界都呼吁降低录取分数线，但教育部

---

[1] 资料来源于突尼斯竞争力和量化研究所官网。
[2] 资料来源于 Nessma 电视台官网。
[3] 资料来源于《突尼斯媒体报》官网。

认为降低分数线会导致学生质量下降，不符合重点学校的精英式培养目标。2018年，教育部部长明确表示不得降低重点学校的录取分数线，否则相关责任方将受到法律制裁。[1]

经过30多年的发展，突尼斯各界对重点学校的评价莫衷一是。支持方认为这种精英培养模式为部分学生提供了良好的学习环境和条件，督促学生更加努力，对学生发展更加有利。反对方认为重点学校体制加剧了教育的不平等，有违教育公平的原则，将部分成绩优秀的学生单独分出来，并不利于国家总体教育质量的提升，学习成绩不同的学生在一起学习可以更好地激发学生的竞争意识，成绩优异的学生也可以更好地发挥榜样的作用。有专家指出，过早地将学生按照成绩进行划分，并依此开展教学活动，容易造成原本优秀的学生水平停滞，同时也导致其他学生成绩下降。[2] 近年来，重点学校学生成绩不断下滑，2018年，竟然首次出现在如此严格筛选体制下培养的重点高中毕业生没有通过高中会考的情况，这引发了越来越多关于重点学校体制合理性及其必要性的质疑。2019年，在突尼斯全国高中会考前7名的学生当中，只有3名来自重点高中。[3] 需要关注的是，从2016年起，为应对高中会考的挑战，重点高中对数学和科学选科非常重视，但几乎没有学校开设信息和经济管理的选科，而且少有学校设文学选科，学科的不均衡发展也成为重点高中面临的问题。

三、区域发展差异显著

突尼斯各地的经济发展、教育、文化、卫生、交通设施、人民生活水

---

[1] 资料来源于新闻直达网。
[2] 资料来源于年轻的非洲新闻网。
[3] 资料来源于《突尼斯媒体报》官网。

平等存在巨大差异。经济及公共事业的发展直接影响教育水平，反过来，教育事业的发展也对当地的综合发展产生影响，教育事业的良好发展能促进地区经济及社会发展进入良性循环。因此，缩小各地教育发展差距是突尼斯政府面临的又一项挑战。

总体上，沿海地区的教育发展水平明显高于经济水平相对滞后的内陆地区。具体而言，以首都突尼斯市为例，18.3%的小学六年级学生、26.3%的初中三年级学生和47.4%的通过高中会考考入大学的学生都集中在这里。沿海地区的小学六年级学生占比、初三学生占比和高中会考成功学生在全国的占比分别为59.1%、75.5%和94.74%。[1]

2014年，联合国儿童基金会公布了一份调查报告，展示了突尼斯各地教育水平不均衡的情况。报告显示，突尼斯小学教育在全国范围内基本得到普及，小学入学率很高，各地差异不大，入学率最高的中东部地区（98.9%）与入学率最低的凯鲁万省（96.6%）只相差2.3%（详见图5.5）。[2]

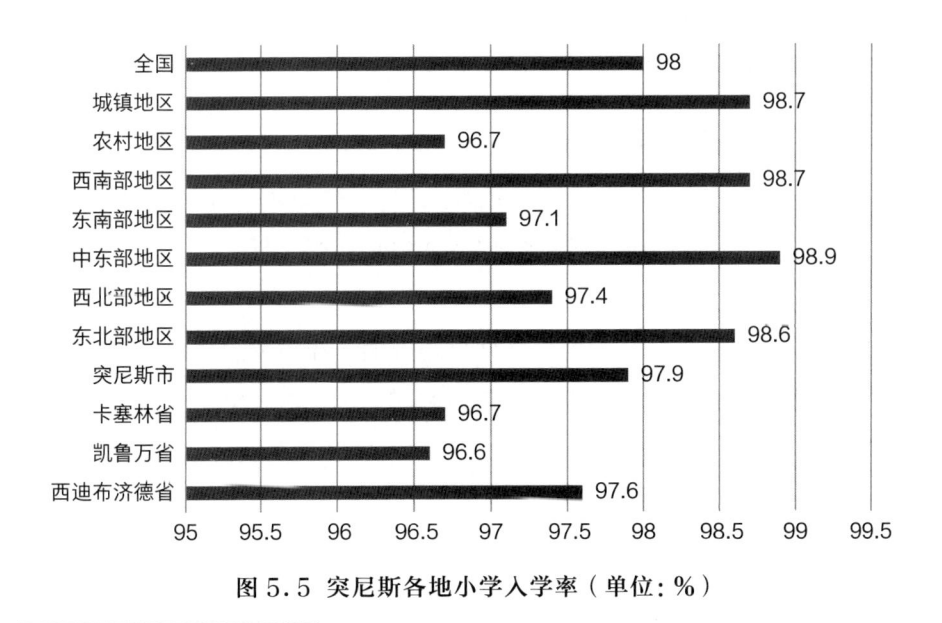

图 5.5 突尼斯各地小学入学率（单位：%）

地区	入学率
全国	98
城镇地区	98.7
农村地区	96.7
西南部地区	98.7
东南部地区	97.1
中东部地区	98.9
西北部地区	97.4
东北部地区	98.6
突尼斯市	97.9
卡塞林省	96.7
凯鲁万省	96.6
西迪布济德省	97.6

---

[1] BELHEDI A. Les disparités en Tunisie : Défis et enjeux[C]. Les conférences de Beit al-Hikma 2017-2018. 2019 : 7-62.
[2] 资料来源于联合国儿童基金会官网。本段和图5.5、图5.6的相关数据均出于此。

初中、高中的普及程度不及小学，且地区差异明显。农村的中学入学率为 59.3%，城镇地区为 80.7%，两者相差约 21%。卡塞林省的入学率最低（55.1%），突尼斯市的入学率最高（87.9%），两者相差约 33%。西南部地区、东北部地区、西北部地区和中东部地区的入学比例高于全国平均值（72.8%），西迪布济德省（59.3%）和凯鲁万省（61.4%）则明显低于全国平均值（详见图 5.6）。

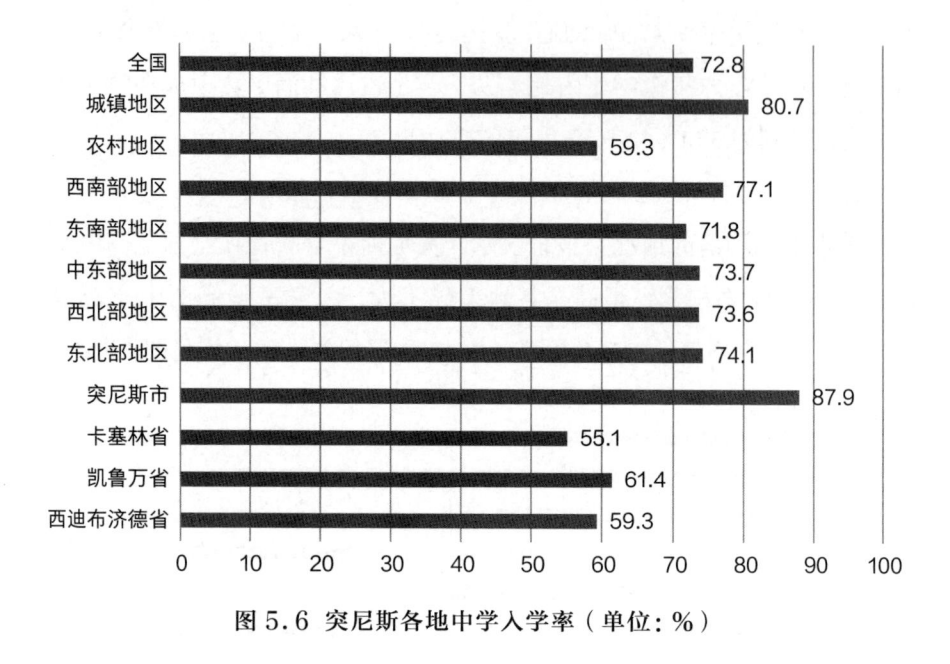

地区	入学率（%）
全国	72.8
城镇地区	80.7
农村地区	59.3
西南部地区	77.1
东南部地区	71.8
中东部地区	73.7
西北部地区	73.6
东北部地区	74.1
突尼斯市	87.9
卡塞林省	55.1
凯鲁万省	61.4
西迪布济德省	59.3

图 5.6 突尼斯各地中学入学率（单位: %）

教育发展的不平衡还表现在基础设施方面。经济发达地区的学校无论是在教育水平上还是在教学设施上都占有相当的优势。突尼斯竞争力和量化研究所 2015 年的一份报告显示，突尼斯全国网络覆盖率为 39.8%，但托泽尔省网络覆盖达到 100%，突尼斯市网络覆盖率为 78.3%，莫纳斯提尔省为 77.4%，吉比利省为 75.6%，网络覆盖率均较高。然而在发展较落后的凯鲁万、卡塞林、西迪布济德等省，网络覆盖率分别只有 9.3%、13.6% 和

14.5。[1] 当地的综合发展水平直接影响了教育水平的发展和教学基础设施的配备。

第三节 基础教育的改革对策

教育是国家的根本，是国家发展和未来的希望。突尼斯基础教育取得的成就令人瞩目，但仍存在不少问题，如教育质量不佳、失学辍学严重和教育投入捉襟见肘等。突尼斯政府高度重视教育发展中出现的问题，并积极采取应对策略，直面这些挑战。

一、通过加强教师培训与学生管理改善教学质量

在提升教育质量上，突尼斯历届政府在历次教育改革中都把提升教育质量作为核心内容，在不断改革完善教育体系的同时，注重从教师培训和学生管理两方面入手，改善教学质量。

在教师培训层面，突尼斯建立了较为完整的师资培训体系，各级师范类学校每年为基础教育提供相当数量的人才。同时，突尼斯还设有在职教师的再培训体系以及教师资格审核机制，为提升教学质量提供保障。[2] 2019年4月，突尼斯教育部部长宣布创立教育技能培训中心。该中心由教育部管辖，主要工作内容是制定并负责实施改善教学质量的国家级战略，提升教师技能。[3] 此外，突尼斯还积极利用国外资源，开展国际合

---

[1] 资料来源于突尼斯竞争力和量化研究所官网。
[2] 教师培训的具体内容请参见本书第九章教师教育。
[3] 资料来源于Mosaiquefm官网。

作，完善教师培训。2002年，为落实突尼斯第十个五年规划（2002—2006年）和《教育导向法》，突尼斯政府同比利时国家教育培训促进委员会合作，帮助教师、教学监管人员以及与教学相关的工作人员完善专业技能和提高知识水平，从教学法、信息技术技能、教师阿拉伯语和法语水平等方面入手提升教学质量。同时双方还就学生失学原因展开联合调查与分析。[1]

在学生管理层面，突尼斯完善基础教育阶段学业考核体系，以督促学生努力学习，提升教学效果。突尼斯在基础教育阶段建立了一整套学业考核评估体系，将平时测试、学期考核、教师自主测试、地区和国家统一考核等多种方式相结合，引导学生多关注平时的学习，努力进取。同时，该体系也便于教师了解学生情况，从而采取有针对性的措施，完善教学，提升教学质量。

根据2002年《教育导向法》第59条和第60条规定，学业考查贯穿于整个教学过程，是对教学活动的补充和反馈。部分学生定期接受全国性学业评估考核，以检测是否达到既定的教学目标。2001年能力导向模式在小学普及之前，小学的学业考查主要按学期进行，第一、第二学期采用教师自主测评的方式，第三学期由学校统一组织笔试（仅限三、四、五年级），笔试之外的其余考试由各班自主进行。学生年度成绩达标即可升入高一年级。自2006—2007学年起，各地组织小学四年级学生考试，以了解学生在阿拉伯语、法语、数学和科学启蒙方面的知识和技能掌握情况，但该考试在2009—2010学年被取消。六年级学生每年6月份参加地区组织的统一笔试，考查科目包括阿拉伯语、法语、数学、科学启蒙、伊斯兰教育、历史、地理和公民教育。成绩达到总分一半以上的学生即可升入初中。能力导向模式普及后，学生的成绩结合平时表现，分别在一、三、五年级进行两次考查后确定。[2]

---

[1] 资料来源于比利时国家教育培训促进委员会官网。

[2] 资料来源于联合国教科文组织官网。

初中学生的学习效果考查采取平时成绩计分制。每门课程的所有笔试、实践和口试成绩以及考查性作业成绩都会根据教育部下发的统一系数指标折算计入各个学期以及学年的总成绩，成绩计算采取 20 分制，获得 10 分即可升入下一年级。高中的评估体系与初中类似，但某些情况下，取得 9 分的学生也可以升入下一年级。高中的留级受到限制，一至三年级学生只允许留级一次，但是高中四年级学生，即毕业班学生可以根据情况多次复读。高中毕业时，学生参加全国统一考试，考试合格者才可以进入高等教育阶段继续深造。

为充分发挥学业考核制度在提升教学质量上的作用，突尼斯政府不断思考如何完善考核体系。2020 年 10 月，突尼斯教育部部长表示要将此项内容纳入改革目标，同时还表示将从多个层面下手，调动各方力量，共同推进教育质量的提升。

二、采取各种措施减少失学辍学现象

突尼斯法律规定，突尼斯 6—16 岁人群有接受义务教育的权利。国家确保所有适龄人群享受免费义务教育的权利，尽可能地为其提供最大限度的平等机会，并为经济困难的学生以及学业成绩优秀的学生提供尽可能的帮助或奖励。根据 2002 年颁布的《教育导向法》第 21 条，"没有为 16 岁以下且有能力接受相应教育的子女办理基础教育义务阶段入学手续的监护人，将被处以 20—200 第纳尔的罚款。如非初犯，罚款金额可达 400 第纳尔。"此外，国家鼓励各个学校为学业有困难的学生提供有针对性的帮助，在心理上和学业上予以辅导，以提升学生学习的信心和积极性。

突尼斯政府还积极开展国际合作减少失学、辍学现象。2016 年，在意大利发展合作署驻突尼斯办事处的资助下，突尼斯教育部与联合国儿童基金会合作，推出《2016—2020年对抗失学计划》和《2017—2020年完善教育质量计划》，帮助失学、辍学人群重返校园。计划的具体内容包括改善学校卫生设施，为学生提供安全、卫生的学习环境，完善学生休闲娱乐空间，制定失学、辍学预警和回归校园机制，加大宣传力度，吸引全社会关注失学问题等。[1] 2020年，突尼斯政府在英国政府及联合国儿童基金会的支持下，推出一项新的合作协议，在阿里亚纳、加贝斯、凯鲁万、突尼斯四省设立实验基地，帮助失学者、辍学者分析失学原因，同时邀请失学、辍学者家长积极参与，共同寻求适合每位失学者、辍学者的解决方法。协议承诺，后续将在更多地区推广成功经验，以便有效地减少困扰突尼斯教育发展的失学和辍学问题。[2]

三、鼓励发展私立学校 [3]

为了充分发挥私立学校在提升教学质量、分担国家财政压力上的积极作用，突尼斯出台一系列相关法律法规，进一步规范和鼓励私立学校的发展。2002年《教育导向法》中对基础教育阶段私立学校的建立和管理做出了明确规定。2008年2月，突尼斯颁布第2008-486号法令，再次规范了基础教育阶段私立学校的创建、组织和管理。根据该法令，私立学校应遵循现行的全国公立学校的统一教学大纲和测评考核体系等；未经教育部书面批准，私立学校不得使用官方规定以外的教材、教辅材料，不得讲授超纲内容。与此同时，在教育国际化的背景下，为了适应国际性考试的需要，经教育部批准可开设特别私立学校，采用专门的教学大纲和教学体制。[4] 此

---

[1] 资料来源于意大利发展合作署驻突尼斯办事处官网。
[2] 资料来源于《突尼斯媒体报》官网。
[3] 本节涉及的私立学校对应的是基础教育阶段的私立小学、私立初中和私立高中。
[4] 此项规定源于2002年《教育导向法》，第2008-486号法令保留了此项规定。

外，2008-486 号法令第 10 条规定，私立学校应接受国家有关部门就其教学、行政管理和卫生状况的监督检查。在学校管理方面，除非教育部特批，私立学校的所有者和执行校长应拥有突尼斯国籍。

2011 年以来，私立学校的快速发展与突尼斯采取的各项政策措施密不可分，突尼斯希望私立学校能在完善基础教育方面发挥更加积极的作用。

第六章 高等教育

突尼斯独立之后，高等教育的发展大致经历了三个阶段。第一阶段以1960年突尼斯政府改制法国殖民时期建立的突尼斯高等研究学院为突尼斯大学为起点，一直到20世纪90年代进行的一些系列高校改革、重组、扩招为止。这一历史阶段在第三章第一节"历史沿革"中已有介绍，本章不再赘述。

突尼斯高等教育的第二个发展阶段是本·阿里执政期间。这一时期，突尼斯经济较先前有较大发展，但独立后建立的高等教育体系在新的形势下仍然无法满足社会和国家的需求。例如，原有的高等教育体系注重为国家培养精英人才，然而随着人口的增长，这一体系无法保证大多数青年人接受高等教育。与此同时，经济改革使得就业市场对高素质劳动力的需求大大增加，而精英教育显然无法满足这一需求。在此背景下，突尼斯大学从20世纪90年代开始扩大招生。第三个发展阶段为进入21世纪以来，突尼斯高等教育体制在此时期基本成型。

第一节 高等教育的发展与现状 [1]

突尼斯高等教育整体战略目标由政府制定，涵盖的学科方向主要包括：

---

[1] 突尼斯高等教育机构分为公立和私立，第一节内容叙述未做区分，第二节的介绍有所区分。

基础科学与技术、经济与管理科学、教育、旅游、新闻、体育与娱乐、法律与司法科学、语言、艺术、人文与社会科学、医药、农业科学、生物与环境技术。在战略目标的总体框架下，各大学可以自行制定学科建设的具体措施。

一、高等教育概况

2000 年，突尼斯大学毛入学率突破了 15%，这标志着高等教育进入了普及阶段。[1] 2000—2006 年，突尼斯每年新成立的高等教育机构都达到两位数，仅 2002 年就新建了 20 所大学，大学教师数量在 1997—2015 年也增长了两倍。随着高等教育的快速发展，高学历人口迅速增加。2000—2010 年，25—44 岁的突尼斯人中有高等学历的人数由 5.042% 增加到了 11.619%（见图 6.1）。

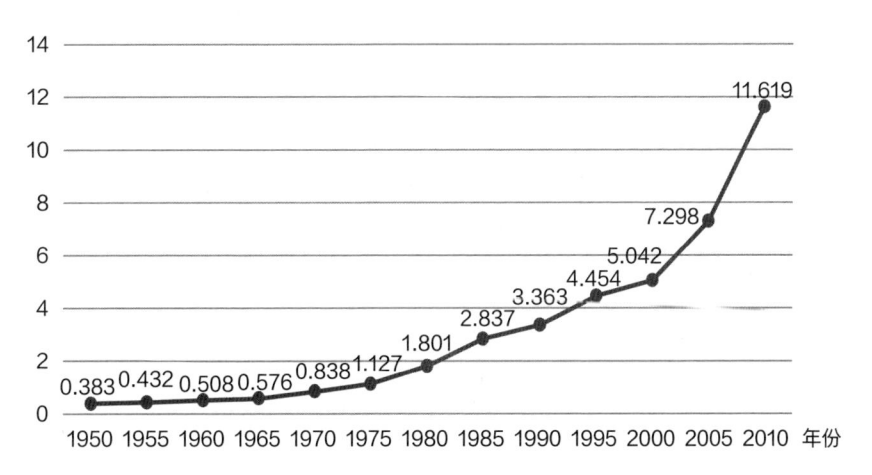

图 6.1 1950—2010 年突尼斯 25—44 岁人群中拥有高等学历的人口比例
（单位：%）

---

[1] 本小节前三段中的数据均引自 ALLOUCH B, AKKARI A. L'enseignement supérieur en Tunisie : A-t-on sacrifié la qualité face aux pressions quantitatives?[J] La Revue Marocaine de la Pensée Contemporaine, 2020 (5) : 1-22。

2010年，15岁以上的突尼斯人所受高等教育的平均年限为0.4年，是2000年的2倍，1990年的3.33倍。女性受高等教育的比重也大大增加。自1999年以来，超过50%的突尼斯大学生为女性；自2010年起，突尼斯女性的大学入学率开始超过男性；2016年，女大学生的比例增长到63%。2000—2010年，25—44岁的就业女性中具有大学学历的人数占比由3.16%增加到7.6%，而在1950年时仅占0.1%。

由于人口结构的原因，突尼斯大学扩招量在2009年达到高峰，大学毕业生人数于2010年创下历史最高纪录，之后开始逐年递减，标志着井喷式高速发展阶段的结束，高等教育由追求数量进入数量与质量并重的新时期。2000—2016年，突尼斯每年颁发的高等教育文凭数量见图6.2。

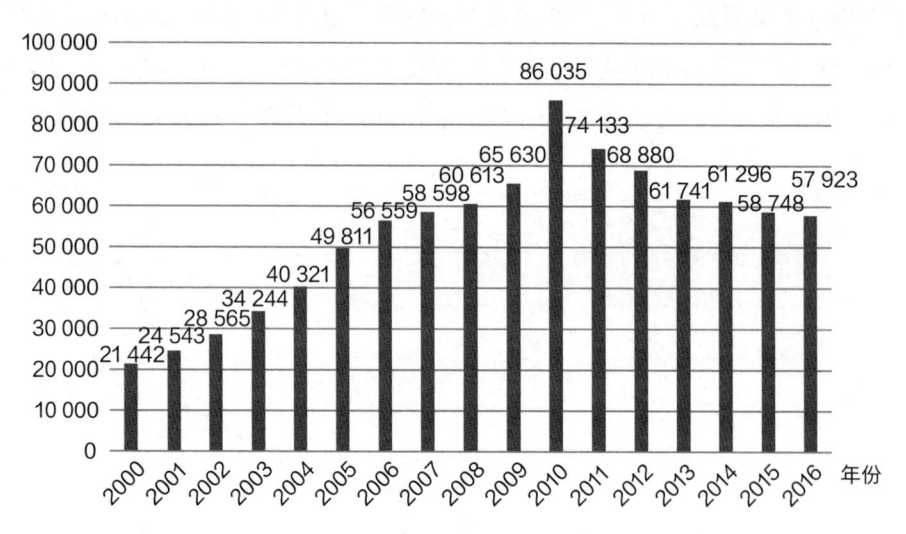

图6.2 2000—2016年突尼斯每年颁发的高等教育文凭数量（单位：份）

截至2017—2018学年，公立高等教育机构方面，全国共有13所综合大学（包括 203 个学院或研究中心），25 所高等技术学院。[1] 费用方面，公立高校收费低廉，留学生和本国学生缴纳学费金额相同。突尼斯公立大学学费见表 6.1。

表 6.1 突尼斯公立大学学费（单位：第纳尔/年）

专业	本科前两年	本科第三年	硕士及博士
文科（文学、人文科学、宗教、法律、经济管理等）	30	40	100
理科	40	60	130
工科及其他（工程技术、医学、农学、建筑、艺术等）	60	80	200

公立大学的唯一入学条件是持有高中会考毕业证书。突尼斯的高中会考毕业证书有 7 个方向，分别是：数学、实验科学、技术、经济、计算机、文学、体育。一些大学会为部分专业如护理、音乐、戏剧、体育、新闻另行组织入学考试，需要组织考试的学科名单每年由高等教育与科研部统一公布，所有专业的录取人数由高等教育与科研部和高校协调决定。学制方面，突尼斯于 2006 年加入博洛尼亚进程[2]，于 2008 年出台新的《高等教育

---

[1] 本段及第一小节剩余部分中的数据除特殊说明外，均引自欧盟委员会 2017 年 2 月发表的《突尼斯高等教育概况》（European Commission. Overview of the Higher Education System: Tunisia）以及地中海地区资质验证国家信息中心网络于 2019 年 6 月在欧盟及伊拉斯谟＋计划赞助下发布的报告《突尼斯高等教育系统》（Le système d'enseignement supérieur en Tunisie）。

[2] 博洛尼亚进程是欧洲国家高等教育一体化机制，启动于 1998 年。该机制确保欧洲各国高等教育学制和教育标准基本相当。详细信息可参考 GHOUATI A. The Bologna Process in the Maghreb[J]. AIU horizons, Association Internationale des Universités, 2010 (16)：20-22。

法》，采用欧洲通用学分体系[1]以及本科—硕士—博士学制[2]。该学制采用学分制，与欧洲高等教育体系接轨，鼓励学生跨专业学习，旨在使本国大学毕业生在日益国际化的就业市场上更有竞争力。本科阶段的新学制于三年内（2006—2008年）完全落实，硕士和博士则分别在2009年和2012年落实。直至2017年，突尼斯全国大学毛入学率为32%（1990年低于8%），每10万居民中有3 000名大学生（1990年少于770名）。

二、高等教育学制

2008年2月，突尼斯政府颁布的第2008-19号《高等教育法》第三条规定：高等教育包括中等教育之后的一切教育培训。高等教育主要由两个机构负责：在政府层面，高等教育与科研部整体负责高等教育的发展与落实；在大学层面，各大学校长组成的大学理事会在政府制定政策时提供意见和咨询，并负责落实高等教育与科研部委任的一切事项。大学理事会下设由大学教师组成的学科委员会和国家课程改革委员会，负责制定各学科发展战略。大学理事会还负责审查高等教育机构的资质，确认高校是否具备颁发学士、硕士、博士学位的资格和进行教师资格认定的能力，并确认新成立的高校是否符合国家要求。

---

[1] 欧洲通用学分体系是博洛尼亚进程的重要环节。根据该体系，学生每学年要获得60个学分。

[2] 根据该学制，本科需要学习3年、硕士需要2年、博士至少需要3年。每完成一个阶段的学习，学生会得到相应的学分，以便于转专业或学校。此外，一些"特殊专业"不采用本硕博学制，其中包括工程师文凭、建筑师文凭、医学博士、兽医学博士、药学博士、牙医博士。下文将详细介绍"特殊专业"中工程师和医学专业的学制。

（一）本科阶段

学士学位分为普通学士学位和应用型学士学位，两者都采用 3 年学制，共 6 个学期，对应 180 个学分。每学期至少 14 周，学生需要通过 5—6 门课程，共计 30 个学分。普通学士学位更注重理论学习，应用型学士学位更注重动手实践及小组合作。为了体现两者之间的区别并突出应用型学位的实用性，后者的 180 个学分中包括 30 个学分的企业实习。获得应用型学士学位的学生读硕士时往往也会继续选择应用型硕士。

本科课程分为必修课和选修课。必修课为同一个专业的学生都必须学习的课程。同一专业的必修课设置在全国范围内经过统一协调，因此不同大学的同一专业必修课差异不大。必修课占全部学分的 75%，具体分为两类：第一类是专业课，占必修课学分和学时的四分之三；第二类是通识课，占必修课学分和学时的四分之一，内容涵盖计算机应用和外语等课程。选修课在必修课基础上为各专业的学生提供更多元化的选择，内容涉及不同的知识和技能，以便学生毕业后可以更好地适应工作。选修课程由每所大学自行设置，占全部学分的 25%。

学生水平测试有两种方式。第一种是平时成绩与期末考试成绩相结合的方式，其中期末考试占总成绩的 70%，平时成绩占 30%，如果总分不及格有一次补考机会。第二种则完全取决于平时成绩，其中随堂测验占总成绩的 80%，其他各种形式的计分练习占 20%。[1] 所有科目的计分方式与法国大学相同：满分为 20 分，10 分为及格。学年结束后，如果学生每科成绩都在 10 分以上或各科平均成绩在 10 分以上，同时至少得到该学年总学分的 75%，即可升入下一年级。

高校有自行设置课程的权力，但是需要预先对课程内容做评估。设置

---

[1] 高等技术学院只采用第二种方式计算学生成绩。

新专业的过程则较为复杂：首先由高校的教学科研单位提出申请，然后与大学学术委员会和校长进行讨论，随后将计划提交给学科委员会评估，最后由大学理事会决定是否予以批准。成立新专业的许可有效期为4年，到期之后需要对专业重新评估，再决定是否延长许可有效期。

（二）硕士阶段

硕士学位同样也分为学术型和应用型，两种类型的学制均为两年，共4个学期，对应120个学分。学术型硕士在毕业时必须提交毕业论文并答辩，实用型硕士则必须提交实习报告。学生申请攻读硕士学位前必须持有学士学位或具有同等学力，且申请的专业必须与之前的学历相关。提供硕士专业的大学院系设立硕士学位委员会，对申请者的材料进行评估以决定是否录取。硕士学位委员会还有权根据学生之前的学习经历，免除一些课程或考试。院系负责人在咨询硕士学位委员会后最终决定录取人数，其中至少15%的名额留给外校考生。

同学士学位一样，设立硕士专业需要向主管部门提出申请，证明院系具备合格的学术水平，并且与该领域的社会经济部门有一定的合作关系。专业开设许可的有效期也是4年，到期后须重新评估。攻读硕士学位的四个学期具体进度安排如下：前三个学期学习专业课程以加深学生对专业领域的了解，学习研究方法及如何阅读文献。具体形式包括普通专业课、研讨课、文献阅读、课外辅导、实践课、工作坊。此外，学生可以根据需要在研究机构或公司实习。完成以上学习内容后，学术型硕士生在第四个学期撰写论文，应用型硕士生完成实习并撰写实习报告。硕士期间的绝大部分课程以阿拉伯语和法语教授，少部分用英语教授。

硕士阶段测试学生水平的基本方法大致与本科阶段相同，很多情况下采用考试和平时成绩相结合的方式。硕士论文答辩的评审团由三人组成，具体人选由院系硕士委员会决定，评审团中包括学生导师。

本科与硕士毕业生就业率低是突尼斯高等教育面临的一个重要问题，也是历次大学改革的重点目标之一。高等院校的教学、科研、管理、学制设计及学生生活管理无一不以此为出发点。2005 年，高等教育与科研部和突尼斯工业、贸易与手工业联合会[1]签署了旨在促进大学毕业生就业的合作协议，并于 2014 年对其进行了更新，主要包括以下措施：加强学位的实用性，大学教师与劳动市场各领域的专业人士合作，共同设计应用型学士和硕士课程；在本科课程中提高应用型通选课的比例，增强学生的实践技能；在应用型学士和硕士课程中安排企业实习，至少占 30 学分；采用《国家教育质量标准框架》[2]量化高等教育学位对应的工作能力标准；建立大学就业网络以提高毕业生就业率；在大学中推广企业文化；为参加实践项目的大学生颁发技能证书。

（三）博士阶段

攻读博士学位需要至少 3 年，对应 180 个学分，其中博士论文 150 个学分，博士生课程 30 个学分。申请攻读博士学位的学生必须持有硕士学位或下列证书之一：中学教师资格、工程师文凭、建筑师文凭，或已具备其他专业博士文凭（如医学博士文凭、兽医学博士文凭、药学博士文凭、牙医博士文凭）。在申请攻读博士学位之前，申请者必须已经确定博士生导师，并且指导关系需要院系博士学位委员会正式批准。已有工作"重新"返回大学申请读博的申请者与全日制博士生在大学行政系统内的地位完全相同。

---

[1] 突尼斯工业、贸易与手工业联合会成立于 1947 年，由突尼斯工商业领域的代表组成，是突尼斯最大的雇主联合会。

[2]《国家教育质量标准框架》（法语：classification nationale des qualifications）以法规（2009 年 7 月 8 日第 2009-2139 号法令）的形式颁布，相关介绍请见下文。

为了保证博士教育的质量，高等教育机构必须具备合格的师资。院系中具备博士生导师资格的教师组成博士委员会，与研究生院协调博士的教育科研活动与论文写作。博士生导师能够指导的博士生人数上限由大学学术委员会决定，导师与学生必须签署一份指导协议。当博士生完成论文写作时，由两名校外独立审稿人对其论文质量进行评估。若评审通过，博士委员会将向学校推荐一份答辩团成员名单，准备进行论文答辩。

（四）工程师文凭

获得工程师文凭需要接受至少 5 年高等教育，对应三种不同学制。一是学生先在工程师预科班进行 2 年基础学习，之后参加全国统一考试，根据考试结果分配到各个工程师学院再学习 3 年。此外，学生完成预科班的学业后可以获得大学第一阶段学习文凭，学生可以凭借该文凭转专业。二是进入国家应用科学与技术学院[1]进行 2 年的预科班学习，之后完成 3 年的工程专业学习，最终获得国家工程师文凭。国家应用科学与技术学院的预科班只能留级一次，并且完成预科班学习后需要再次参加选拔才能继续后 3 年的学业。三是已获得学士或硕士文凭的学生可以参加工程师学院的报名考试，通过后直接进行 3 年工程专业学习。

（五）医学文凭

在突尼斯，医学、药学、牙医学、兽医学采用特殊学制。医学专业分为 3 个阶段：第一阶段为 2 年的医科基础学习；第二阶段为 4 年的深入学习，其中第 4 年是全职实习；第三阶段根据专业时间有所不同，选择成为全

---

[1] 该学院隶属迦太基大学。突尼斯大学的教学单位分为"院"（法语 faculté）和"学院"（法语 institut 或 école）。本书根据中文表达习惯和上下文语境翻译。

科医生需要进行2年的专业学习，成为专科医生则需要4—5年的专业学习。与很多国家一样，突尼斯的医学专业竞争非常激烈。学生在第5年必须通过"医学实习考试"才能进行第三阶段全科医生或专科医生的专业学习。学生获得医学博士学位需要通过第二阶段和第三阶段的所有考试和实习，并完成博士论文的写作和答辩。突尼斯有4所公立医学高等教育机构，分别是隶属突尼斯-艾尔马纳尔大学的突尼斯医学院、隶属苏塞大学的苏塞医学院、隶属莫纳斯提尔大学的莫纳斯提尔医学院和隶属斯法克斯大学的斯法克斯医学院。

牙医学专业需要6年，毕业生可获得国家牙医学博士学位。牙医学习分两个阶段：第一阶段对应2年1 500个学时的基础课程和实习；第二阶段4年，除了深入学习牙医学相关理论知识以外，学生要在第4年进行实习，实习结束后须参加"综合门诊考试"并完成博士论文的写作和答辩。此外，牙医也分全科和专科，想在公立或私立医疗机构做专科牙医的学生需要通过"医学实习考试"。突尼斯唯一的牙医学高等教育机构是隶属莫纳斯提尔大学的莫纳斯提尔牙医学院。

药学专业也需要6年，毕业生可获得国家药学博士学位。药学专业也分为两个学习阶段：第一阶段对应2年的基础学习，内容包括化学、植物学、生理学、解剖学等课程；第二阶段为4年的深入学习，内容包含药理学、临床医学、与药品相关的法律与管理条例等课程。药学的专科分为生化分析和临床药学及工业制药类，选择专科的学生需要参加额外的考试。药学专业的学生在学习期间需要在药店、医院或生化实验室实习。突尼斯唯一的药学高等教育机构是隶属莫纳斯提尔大学的莫纳斯提尔药学学院。

三、师资管理

突尼斯高等教育机构的教师属于国家公务员，其招聘方式、职务、薪酬都有详细规定。突尼斯刚独立时，绝大部分突尼斯大学教师是在法国接受高等教育[1]，进入 20 世纪八九十年代后，教师本土化趋势日益明显。然而，众多新大学的成立与源源不断的扩招引发了教师数量不足的问题。对此，很多大学的解决方案是采取合同教师制度，即在拥有终身教职的大学教师的基础上，大量聘用"非编制内"教师。据统计，2006—2007 学年，全国 11 612 名大学教员中，51% 是具有博士学位的终身制大学教师，17% 为合同制教师；[2] 2014—2015 学年，全国大学教员数量为 22 561 名，其中终身制教师所占比例约 54%。[3] 大学教师的聘用由国家统一规划。每年高等教育与科研部会发布统计数字，核实各大学师生比后决定新教师的聘用人数。当职位公布后，各大学负责汇集报名材料，然后由专门的招聘委员会对相关专业及相关级别的候选人进行考察。大学有权根据最终被聘用的教师的能力和学术背景，决定是授予其终身制教职还是合同制教职。

大学校长是大学管理的最高执行者，院系负责人则是院系层面的管理执行人。校长、副校长、院系第一负责人和第二负责人的任期为三年并且可以延长一期，从全职教授中选出。正、副校长选举由各所大学的大学委员会组织，候选人必须是委员会成员；院系第一负责人也由候选人所在的院系学术委员会选出，第二负责人则由第一负责人与院系学术委员会商议后推荐人选。教师和学生代表也可以就院系管理提出意见。

大学教师的工作任务由所在院系决定。突尼斯大学非常注重大学教师的科研工作。2008 年出台的《高等教育法》（即第 2008-19 号法令）第 31 条

---

[1] 相关细节请参考第三章第一节第四小节"独立之后的教育"。
[2] 原材料未说明合同制教师的学位情况。
[3] 资料来源于《突尼斯高等教育概况》。

规定："在高等教育机构中，科学研究是与教学紧密相连的环节。教学和科研相互促进，以保证教学和科研为前提。"科研以实验室或科研室[1]为单位，以签署科研项目合同的方式参与国家发展建设。此外，在承担国家重大科研项目时，同一所大学的不同实验室或不同大学的多个实验室可以联合组成科研课题组。

《高等教育法》对大学教师的职业发展没有强制规定。大学教师的职称晋升主要基于科研工作，因此发表科研成果极其重要。在这样的体制下，教师从事科研活动的动因更多是出于职业发展的需求。教师的职业发展还包括接受各种培训及参加研讨会等活动，院系也要创造条件满足教师的职业发展需求，比如提供时间上的支持。一般来说，教师参加科研活动的经费来自所属实验室，但是在条件允许的情况下，也可从院系获得经费支持。刚获得教职的年轻教师可以优先获得财务支持。此外，在任职5年后，教师可以向院系申请"学术休假"。"学术休假"为期一学年且带薪，在此期间教师不用授课或处理行政事务，专心从事科学研究。

大学教师的薪酬有统一规定，根据教师的职称和工作年限而有所不同。承担行政职务的教师（如院系负责人、校长等）有额外补助。教师的最高工资可以达到最低工资的两倍。由于教师属于国家公务员，随着工作年限的增长对应的工资和休假标准都会提高。教授任职达35年、年龄达65岁，副教授任职达35年、年龄达60岁可以拿到全额退休金。退休教师在条件允许的情况下最多可以返聘3年。少数优秀的教师可以获得"光荣退休"的称号。

---

[1] 在法语语境中，"实验室"并不一定涉及理科或工科中的实验，而只是泛化理解为进行自然及人文科学研究的单位。

四、公立高等教育机构一览

本部分将结合世界大学排名，对突尼斯的 13 所公立大学进行简要介绍，以勾勒突尼斯公立大学的整体面貌，便于读者将突尼斯的大学与世界其他大学，特别是阿拉伯地区和非洲的大学进行比较。这些大学的基本信息和相关数据全部来自各大学的官网或法语国家与地区大学联盟官网，参考的大学排名为 2021 年 QS 世界大学排名[1]、2021 年泰晤士高等教育世界大学排名[2]、2020 年世界大学学术排名[3] 和 2020 年美国新闻与世界报道世界最佳大学排名[4]。总体而言，在突尼斯的公立大学中，除了有千年历史、宗教背景浓厚的宰图纳大学，以及历史可追溯到法国殖民时期的突尼斯大学或

---

[1] QS 世界大学排名（QS World University Rankings，简称"QS 排名"）是英国 Quacquarelli Symonds 公司发布的世界大学排名。其大学综合排名的参考指标为学术声望调查（30%）、毕业生雇主评价（20%）、师生比（15%）、科研国际合作（10%）、网络声望与影响力（5%）、任职教师获博士学历百分比（5%）、学术论文引用率（5%）、教学科研单位发表论文数量（5%）、国际教师（2.5%）和留学生数量（2.5%）。

[2] 泰晤士高等教育世界大学排名（Times Higher Education World University Rankings，简称"THE 排名"）是英国出版的高等教育刊物《泰晤士高等教育》发布的世界大学排名。该排名的参考因素为科研（30%）、教学（30%）、论文引用率（30%）、国际化程度（7.5%）及知识转化率（2.5%）。其中科研的具体指标为声望调查（18%）、科研预算（6%）及科研产出（6%）；教学的具体指标为声誉调查（15%）、师生比（4.5%）、博士与本科生数量比（2.25%）、任职教师获博士学历百分比（6%）及学校财务预算（2.25%）；国际化程度的具体指标为国际教师数量（2.5%）、留学生数量（2.5%）及国际合作（2.5%）；知识转化率则体现大学在将知识转化为社会生产力过程中的作用，具体指标是大学从工商业部门所得收入与教师人数的比例。

[3] 世界大学学术排名（Shanghai Ranking，简称"上海排名"）是上海软科教育信息咨询有限公司发布的世界大学排名。该排名主要依据大学的学术水平，具体参考因素为毕业生获得诺贝尔奖和菲尔茨奖的获奖人数（10%）、教师获得诺贝尔奖和菲尔茨奖的获奖人数（20%）、论文引用率（20%）、在《自然》《科学》杂志上发表论文的数量（20%）、在扩展科学引文索引和社会科学引文索引收录的杂志上发表论文的数量（20%），以及教师人均科研表现（10%），即前五项数据除以大学总在职教师数量。

[4] 美国新闻与世界报道世界最佳大学排名（U.S. News & World Report Best Global Universities，简称"BGU 排名"）是美国杂志《美国新闻与世界报道》发布的世界大学排名。该排名的具体指标为全球科研声望调查（12.5%）、地区科研声望调查（12.5%）、科研期刊发表（10%）、学术书籍出版（2.5%）、学术会议论文集发表（2.5%）、单篇论文引用次数绝对值（10%）、论文引用次数绝对值乘以出版排名因数（7.5%）、学科引用率前 10% 的论文绝对数量（12.5%）、学科引用率前 10% 的论文占大学发表全部论文的百分比（10%）、与国外同行学者合作发表论文占本国该类型发表论文的百分比（5%）、与国外同行学者合作发表论文的绝对数量（5%）、根据科睿唯安基本科学指标（Clarivate's Essential Science Indicators）统计数据，学科引用率前 1% 的论文绝对数量（5%）、引用率前 1% 的论文占大学发表全部论文的百分比（5%）。

由突尼斯大学改制建立的大学外，大多数大学建校历史都较短。从地理分布上来看，首都突尼斯市及附近地区有 5 所公立大学，形成了相对密集的高等教育网络。其余 8 所大学位于省会城市，招生及影响力范围覆盖突尼斯全境。

（一）迦太基大学

位于迦太基市、距首都突尼斯市约 20 千米的迦太基大学成立于 1988 年，该校由突尼斯第三大学[1]改制而成，建校之初专业设置集中在法律、经济和管理领域。

迦太基大学发展迅速，目前有 38 个学院，专业覆盖物理学、工程学、计算机科学、生命科学、社会与人文科学、经济管理及教育领域。该校的全日制在读学生达到 3 万余人，教师人数 3 千余人，每年毕业生超过 1 万人，教育及学术影响力主要覆盖阿里亚纳、比塞大、纳布勒、突尼斯、宰格万五省。该校的高等通信学院、高等商科学院、法学院、综合理工学院和工程师学院的地位在突尼斯首屈一指。值得一提的是，迦太基大学国家农业科学学院的前身是 1898 年成立的农业殖民学校[2]，至今已有超过百年的历史。

该校是伊拉斯谟 + 计划及联合国教科文组织讲习计划的成员，与世界多所大学有交流合作关系，还特别与中国教育部中外语言交流合作中心和大连外国语大学合作，于 2019 年成立了突尼斯第一所孔子学院，在当地提供中文课程并组织汉语水平考试。

根据 BGU 排名，迦太基大学名列突尼斯第 3 位，非洲第 39 位，世界

---

[1] 突尼斯第一大学、突尼斯第二大学及突尼斯第三大学都源自突尼斯大学。1988 年，突尼斯大学改制，一分为三，是为上述三所大学的前身。

[2] 关于农业殖民学校的详情，参见第三章第一节第三小节"法国殖民统治时期的教育"。

第 1 142 位。其排名最高的专业是电器与电子工程、生态环境、工程学。该大学在 QS 排名中位列阿拉伯国家与地区大学第 81—90 位，在 THE 排名中位列"世界年轻大学"第 301—350 位，世界大学综合排名第 1 001+ 位。

（二）加贝斯大学

该校位于突尼斯中南部省份加贝斯省首府加贝斯市，2003 年根据高等教育与科研部第 2003-1662 号法规[1]成立。加贝斯大学主要以与信息技术相关的专业见长，成立于 1975 年的加贝斯国家工程师学院目前也隶属该大学。

目前该校设置的课程包括 34 个普通学士学位课程、34 个应用型学士学位课程、5 个国家工程师文凭课程、4 个工程师预科班课程、16 个学术型硕士学位课程、25 个应用型硕士学位课程及 7 个博士学位课程。学校每年招生约 1.4 万人，拥有教师 740 名，招生范围和学术影响力主要辐射东部和南部的加贝斯、吉比利、梅德宁、泰塔温四省。

加贝斯大学是伊拉斯谟＋计划和 TEMPUS+ 计划[2]的成员，与世界多所大学签署了双边协议。在 QS 排名中，该大学位列阿拉伯国家与地区大学第 131—160 位。

（三）加夫萨大学

该校位于突尼斯加夫萨省首府加夫萨市，于 2004 年依据高等教育与科研部第 2004-2102 号法规成立[3]，专业覆盖理工、计算机、外语、社会学、经

---

[1] 资料来源于突尼斯立法信息官网。

[2] TEMPUS+ 计划即"泛欧洲高等教育学习交流计划"（Trans-European Mobility Program for University Studies），由欧盟国家发起，交流合作对象包括东南欧国家、俄罗斯、中亚及地中海东岸和南岸国家。

[3] 资料来源于突尼斯立法信息官网。

济等多个方向[1]。2014年成立的加夫萨国家工程师学院隶属于该大学。

该校设置的课程包括：18个普通学士学位课程、15个应用型学士学位课程、10个学术型硕士学位课程、7个应用型硕士学位课程。该校2018—2019学年招生人数为7 000余人，教学和科研的影响范围为突尼斯西部的加夫萨省和托泽尔省。

加夫萨大学是伊拉斯谟+计划、伊拉斯谟世界计划和TEMPUS计划的成员，与世界60多所大学签署了双边协议，其中大部分合作大学在欧洲。

（四）坚迪拜大学

该校位于突尼斯西北部省份坚迪拜省首府坚迪拜市，2003年根据高等教育与科研部第2003-1662号法规成立，专业覆盖外语、艺术、音乐与戏剧、司法、经济、农业管理、体育等领域。

该校设置的课程包括：16个普通学士学位课程、28个应用型学士学位课程、14个学术型硕士学位课程、24个应用型硕士学位课程、1个博士学位课程及3个工程师文凭课程。教学和科研的影响范围为突尼斯西北部的巴杰、坚迪拜、卡夫、锡勒亚奈四省。

坚迪拜大学是伊拉斯谟+计划的成员，除与欧洲多所大学有交流之外，还与土耳其、阿尔及利亚和摩洛哥的大学有合作。

（五）凯鲁万大学

该校位于突尼斯东部省份凯鲁万省首府凯鲁万市，于2004年根据高等教育与科研部第2004-2102号法规成立，覆盖文学、理工、艺术、法律等专

---

[1] 资料来源于加夫萨大学官网。

业，教学和科研的影响范围为突尼斯中部的凯鲁万、卡塞林、西迪布济德三省。

凯鲁万大学是伊拉斯谟+计划和地中海大学联盟的成员，与欧洲、马格里布地区及土耳其的大学有交流协议。

（六）马努巴大学

该校位于突尼斯东北部省份马努巴省首府马努巴市，成立于2000年，前身是突尼斯大学。该校成立初期以人文专业见长，专业覆盖计算机与多媒体、体育教育、生物、商科、文学、经济管理、外语、历史、地理、宗教等多个领域。此外，该校还设有国家兽医学学院，具备颁发兽医学博士学位的资格。

马努巴大学目前有14个学院，学生人数约17 000人，教师人数约1 200人。该校是伊拉斯谟世界计划、TEMPUS计划和欧洲-地中海邻近计划的成员。根据BGU排名，该大学名列突尼斯第5位，非洲第46位，世界第1 369位。THE排名则将其列为"世界年轻大学"301—350位，世界大学综合排名第1 001+位。

（七）莫纳斯提尔大学

该校位于突尼斯中部偏北的沿海省份莫纳斯提尔省首府莫纳斯提尔市。该校于2004年根据高等教育与科研部第2004-2102号法规成立，是突尼斯目前综合实力较强的大学之一，专业覆盖基础科学、通信与计算机、护理学、语言与人文科学、艺术、经济、生物、医学等多个领域。

该校设置的课程包括：15个普通学士学位课程、29个应用型学士课程、16个学术型硕士学位课程、26个应用型硕士学位课程、12个博士学位课程以及 1 个国家工程师学位课程。在读学生约 18 000 人，教师约 2 000 人。

莫纳斯提尔大学是伊拉斯谟+计划、伊拉斯谟世界计划、TEMPUS 计划、地平线 2020 计划[1]的成员，和欧洲、马格里布地区、撒哈拉以南非洲、土耳其及中东的多所大学有交流协议。根据 BGU 排名，该大学名列突尼斯第 4 位，非洲第 45 位，世界第 1 352 位；根据 QS 排名，该大学位列阿拉伯国家与地区大学第 71—80 位。

（八）斯法克斯大学

该校位于突尼斯东部沿海省份斯法克斯省首府斯法克斯市，1986 年根据高等教育与科研部第 86-80 号法规[2]成立，专业设置以理工科为主，主要包括数学、物理、地球与生命科学、计算机科学等，教学及科研影响力覆盖加贝斯、加夫萨、吉比利、梅德宁、斯法克斯、泰塔温、托泽尔七省。

该校设置的课程包括：普通学士学位课程 36 个、应用型学士学位课程 49 个、学术型硕士学位课程 50 个、应用型硕士学位课程 80 个、博士学位课程 30 个。截至 2018—2019 学年，斯法克斯大学共有在校生近 3 万人，教师近 2 400 人。

作为伊拉斯谟+计划、地平线 2020 计划、地中海跨国合作计划的成员，该校与欧洲、马格里布地区、中东地区、日本的多所大学有交流协议。根据 BGU 排名，斯法克斯大学名列突尼斯第 2 位、非洲第 30 位、世界第 957 位，其中排名较高的专业是农业科学、电器与电子工程、生物与生物化学、工程学、计算机及材料科学。THE 排名将该校列为"世界年轻大学"排名第 251—300 位、世界综合大学排名第 1001+ 位。

---

[1] 地平线 2020 计划是欧盟最大的创新科研项目计划。

[2] 资料来源于突尼斯立法信息官网。

（九）苏塞大学

该校位于突尼斯东北部沿海省份苏塞省首府苏塞市，根据高等教育与科研部第86-80号法规成立于1986年。苏塞大学建校之初名为莫纳斯提尔大学[1]，1991年改名为中部大学，2004年改名为苏塞大学。专业覆盖工程技术、物理化学、生命科学、计算机、医学、艺术人文、经济管理等领域，其医药学专业的历史可追溯到1974年。招生和学术影响力覆盖凯鲁万、马赫迪耶、莫纳斯提尔、苏塞四省。

该校设置的课程包括：普通学士学位课程47个、应用学士学位课程55个、学术型硕士学位课程49个、应用型硕士学位课程57个、博士学位课程22个、国家工程师文凭课程12个、国家药学博士学位课程1个。该校包括25 000多名学生及2 300余名教师。

苏塞大学与欧洲、北非及中东地区、日本、韩国的60多所大学签有交流协议。根据QS排名，该校名列阿拉伯国家与地区大学第91—100位，THE排名则将其列为"世界年轻大学"第351—400位、世界综合大学排名第1001+位。

（十）突尼斯大学

突尼斯大学位于突尼斯市，成立于1960年，是突尼斯独立后成立的第一所大学，1987年改名为文学艺术及人文科学大学，2000年又改回原名。

该校目前大约有2万名学生及1 300名教师，专业主要以文科为主，兼有理工科，主要包括艺术、经济管理、语言文学、社会学等专业。可授予的学位包括普通学士学位18个、应用型学士学位19个、研究型硕士学位

---

[1] 虽然名称相同，但是该校与根据第2004-2102号法规成立的莫纳斯提尔大学并不是同一所大学。

37 个、应用型硕士学位 25 个，以及一定数量的博士和工程师文凭。此外，突尼斯大学还顺应近年来网络教育的发展趋势，设有远程教育系。

突尼斯大学是伊拉斯谟+计划及 TEMPUS 计划的成员，与欧洲、阿尔及利亚、撒哈拉以南非洲、土耳其、韩国的大学签有合作协议。根据 QS 排名，该校在阿拉伯国家与地区大学中排名第 121—130 位。

（十一）突尼斯-艾尔马纳尔大学

该校成立于 1987 年，由最早的突尼斯大学改制而来，目前是突尼斯的顶级大学之一。突尼斯-艾尔马纳尔大学学科建设非常全面，主要包括基础科学、工程科学与技术、经济、法律、人文科学、计算机科学、医学和护理学等。

可授予的学位包括 77 个学士学位、67 个硕士学位、14 个工程师文凭、25 个博士学位，并能够对 16 个专业的大学教师资格进行认证。该校还拥有 60 个实验室及 62 个科研团队，有在读学生 3.4 万余人及教师 3 千余人。

突尼斯-艾尔马纳尔大学是伊拉斯谟+计划及地平线 2020 计划成员，与欧洲、马格里布地区、撒哈拉以南非洲、北美、中东、巴西、韩国、新加坡的多所大学有合作。

根据 BGU 排名，该校在突尼斯排名第一，非洲排名第 22 位，世界排名第 877 位，其中排名较高的专业是电器与电子工程、临床医药学、工程学和化学。QS 排名将其列在阿拉伯国家与地区大学第 61—70 位，THE 排名将其列为世界综合大学排名第 1001+ 位。此外，该大学在 2020 年的"上海排名"中位列 901—1 000 位，为突尼斯唯一进入全球前 1 000 名的大学。

（十二）突尼斯远程教育大学

该校位于突尼斯市，依据高等教育与科研部 2002 年第 2002-112 号法规[1]成立，其最突出的特色是采用开放的教学管理模式，除了自身开设的专业课程之外，其他大学的教师可以向突尼斯远程教育大学自荐并开设课程。

该校设置的课程包括 6 个学士学位课程、13 个应用型硕士课程、3 个继续教育学位课程、3 个培训课程。2018—2019 学年，在该校攻读本科及硕士研究生课程的学生人数达 900 余人，而注册远程教育的人数则达到 4.7 万余人。突尼斯远程教育大学是伊拉斯谟 + 计划及法语国家与地区国际组织教育交流计划成员。

（十三）宰图纳大学

宰图纳大学位于突尼斯市，是突尼斯乃至阿拉伯世界最古老的教育机构之一。[2] 其专业设置以宗教和伊斯兰文明为主，可颁发学位包括普通学士学位 3 个、应用型学士学位 2 个、学术型硕士学位 2 个、应用型硕士学位 2 个、博士学位 3 个。该校是伊拉斯谟 + 计划的成员。

第二节 高等教育的特点

由于突尼斯高等教育体系形成时间较短，因此其质量始终不尽如人意。在此背景下，突尼斯高等教育的定位是培养符合就业市场需求的劳动者，同时培养各领域的高端人才。突尼斯高等教育的特点也由此显现：首

---

[1] 资料来源于突尼斯立法信息官网。
[2] 更多关于宰图纳大学的历史沿革，请参考第三章"教育历史"。

先，在教育交流领域，突尼斯非常重视与欧洲国家特别是法国的合作，这也是突尼斯历史、文化、经济发展在教育领域的体现；其次，伴随本·阿里政府的经济改革，突尼斯高等教育逐渐走向多元化并引入私人资本，在打造本国一流大学的同时，开始注重国际排名，力图吸引其他非洲法语国家青年人才，在此过程中私立大学起到了特别的作用；最后，高等教育在培养合格劳动者的同时非常强调科研，十分注重科研活动与经济和劳动市场的互动。

一、以国际化提升高等教育质量

直到 2010 年，突尼斯高等教育的发展主要体现为招生数量的持续增长。自 2010 年起，大学新生数量开始下降，高等教育发展的重心逐渐从数量转到质量，采取视学生为教育主体的思路，注重高校的专业建设与国际化。在此背景下，突尼斯大学的国际交流日益频繁，无论学生或教师都可以申请出国交流，并且能得到突尼斯高等教育与科研部和突尼斯-欧洲教育双边协议的资助。

突尼斯高等教育与科研部下设有国际合作部，负责与欧洲及世界其他国家签署教育协定并发放奖学金。学生交流和学术合作的具体操作与跟踪并没有统一的国家政策或规范，而是由各高等教育机构自行处理。几乎所有的突尼斯高等教育机构都与欧盟、马格里布地区其他国家、阿拉伯其他国家、北美、亚洲的大学有交流协议，具体形式包括学生和教师的交流互访及科研项目合作。据统计，2015 年，突尼斯与 44 个国家签署了教育交流协议，其中 17 个为阿拉伯国家，15 个为欧洲国家，8 个为亚洲国家，4 个为美洲国家。伊拉斯谟世界计划，伊拉斯谟+计划和泛欧洲大学交流计划[1]在这些协议中占有突出地位，这三个框架内的交流项目数量在2015年达到137个，其中，突尼斯与阿尔及利亚的大学合作就是在伊拉斯谟+计划框架内进行的。为促进马格里布三国之间的大学交流，突尼斯与摩洛哥签署了"伊本·赫勒敦计划"。突尼斯与美国的教育合作主要有"研究合作伙伴关系加强计划"和富布莱特项目。

突尼斯高等教育与科研部的国际合作部与众多国际组织也签有协议，其中主要包括阿拉伯联盟教育、文化与科学组织，伊斯兰合作组织，世界银行，联合国教科文组织，法语国家与地区大学联盟，德国学术交流总署等。这些组织为突尼斯的大学教师和学生交流提供资金支持。

学生国际交流覆盖本、硕、博三个阶段，形式多种多样。本科生和硕士研究生在专业成绩互认的情况下可以选择去欧洲的大学学习一至两个学期，少数成绩优秀的硕士研究生还可以获得奖学金。此外，突尼斯一些高等教育机构的本科和硕士专业还与国外大学合作办学。博士研究生可以申请奖学金去国外大学从事科研，联合培养的博士生在三年之内可以去国外大学交流一个学期，毕业之后可以获得联合培养的博士学位和突尼斯本国大学与国外大学的双博士学位。工程师专业的学生可以申请专门的"毕业交流计划"，在学业结束之前出国交流，回国后由派遣学校评估交流成果。

教师交流大部分在突尼斯与欧盟签订的教育协议框架内进行，主要涉及的协议有"突尼斯高等教育现代化支持计划""质量支持计划"和伊拉斯谟世界计划。除了教师交流，大学行政人员和管理人员同样也有交流机会，例如出国访问。出国访问的预算主要来自双边教育协议或派出大学单方资助，出国访问前须得到所在大学的批准，出访时间一般为两周到三个月。

---

[1] 泛欧洲大学交流计划的参与成员除欧盟国家以外，还包括东南欧、俄罗斯、中亚、高加索地区以及除土耳其以外的地中海沿岸国家。

二、积极发展私立高等教育

突尼斯高等教育的另一主要特点是公立和私立并存。根据 2012—2016 年的统计，突尼斯全国有 65 所高等教育机构，私立高等教育机构数量是公立高等教育机构的 5 倍。[1] 在突尼斯独立之后相当长的一段时间内，政府并不认可私立高等教育。然而，随着时间的推移，国家经济私营化导致了就业市场的私营化，公立高等教育逐渐失去了作为社会阶层晋升阶梯的作用，大量新成立的高校扩招之后并不能保证毕业生的就业。同时，在国际货币基金组织、世界银行、世界贸易组织推崇的教育服务自由化理念以及欧洲-地中海伙伴关系[2]的推动下，公共服务私营化被视为突尼斯经济改革的一部分。在此背景下，政府对私立高等教育的态度开始转变。

突尼斯第一所私立大学成立于 1992 年，其受众是高中会考失利的学生或不适应公立高等教育体系的学生。2000 年 7 月，突尼斯政府颁布第 2000-73 号法令[3]，旨在规范当时业已存在的私立高等教育行业。该法对私立高等教育机构的定义、教师配备、招生条件、学历认证等事宜第一次做出解释：

> 一切提供超出高中水平课程的私营机构被视为私立高等教育机构……其课程水平不得低于公立高等教育机构……私立高等教育机构必须雇用一定比例的、具有一定水平的专职教师……同时也可以聘用（已获得高等教育与科研部相关许可的）公立高等教育机构教师……在高等教育与科研部批准的情况下，私立高等教育机构可以与突尼斯或外国的大学签订教学和科研协议……私立高等教育机构的招生群体是获得高中

---

[1] 数据来源于突尼斯高等教育与科研部官网。由于篇幅限制，本小节不对突尼斯私立高等教育机构进行逐一的详细介绍，而是从私立高等教育的演变，以及作为公立高等教育补充的视角进行概括。

[2] 欧洲-地中海伙伴关系又称巴塞罗那进程，创建于 1995 年的欧洲暨地中海会议。其主要目的是在欧盟与地中海地区的非欧盟成员国之间建立稳定的发展环境，促进政治、经济、文化交流。

[3] 资料来源于突尼斯立法信息官网。

会考文凭或具有同等学力的学生……私立高等教育机构的学生可以参加公立大学的入学考试……可以在获得私立高等教育机构的文凭后，申请在公立高等教育机构进行第三阶段的学习……私立高等教育机构颁发文凭的标准按照高等教育与科研部制定的规则和方法进行。

通过在法律上给予私立高等教育机构认可和保障，突尼斯政府希望私立高等教育机构能够作为公立高等教育的有益补充，扩大高等教育的招生数量，同时在专业数量和专业设置上提供更多的灵活性，以便更好地迎合就业市场需求。私营资本的参与为传统高等教育带来了新的可能性：投资私立学校的公司或银行可以参与课程设计，为学生提供奖学金、实习甚至工作机会，同时也可以让自己的员工参加培训课程。在人力资源方面，很多私立高等教育机构的管理者是前公立大学教师或参与过教育政策制定的前政府官员，他们希望在一个全新的领域为突尼斯高等教育的发展带来新的契机。

作为公立教育有益补充的同时，突尼斯私立高等教育机构在国际教育交流合作领域也进行了各种尝试，目的在于通过与法国或其他非洲法语国家的合作，打造自身形象并提高竞争力。合作包括留学生互换、学历互认等形式，一些私立学校甚至与法国顶级大学如索邦大学等签订合作协议。这种新机制让突尼斯本地学生花费较低的成本就可以接受相对国际化的教育，获得在突尼斯倍受认可的国外学历。与此同时，上述学校还在加蓬、塞内加尔、马里、阿尔及利亚等国大量吸收留学生，力图打造突尼斯的高等教育市场。

综上所述，突尼斯私立高等教育是近二十年来的新兴事物，其出现迎合了教育改革和经济发展的需要。一方面，公立教育无法在实行扩招政策后保证教育质量，大量学生毕业即失业的现象让社会对公立大学体制产生了一定的疑虑。另一方面，在经济私营化和全球化大背景下，传统公立大学培养国家社会精英的理念失去了现实意义，就业市场需要新的教育模式。此外，突尼斯政府鼓励私立高等教育还有另一层考虑，即通过本国私立教育机构与国外教育机构的合作，将突尼斯打造成法语非洲的人才培养基地，以此加强在其他马格里布国家和撒哈拉以南非洲国家中的影响力，扮演法语非洲国家与法国之间纽带的角色，在南南、南北联系合作两个层面突出突尼斯的地位与影响。需要指出的是，尽管突尼斯的私立高等教育机构自规范化以来显示出了相当的活力，但离完全实现上述目标还有相当差距。一方面尽管公办高等教育自身存在弊端，但对于新兴的私立教育来说始终是强有力的竞争者，社会在短时间内也无法完全摆脱私立高等教育机构是"富人学校"或"高中会考失利的无奈之选"这样的既有印象。另一方面，国家对私立高等教育机构的政策扶持还需要继续落实，在监督管理的同时助力其形成真正的竞争力，与公立教育形成互补。

三、高等教育与科研协同发展

突尼斯独立时高等教育基础比较薄弱，且当时的主要任务是培养国家干部，因此其科研发展起步较晚。进入20世纪90年代，特别是2000年后高校扩张时期以来，国家才颁布了系列法令规范科研，其中最重要的是1996年1月颁布的关于科学研究与技术发展的第96-6号《导向法》，以及2006年11月颁布的旨在修正和补充《导向法》的第2006-73号法令。其他出台的相关法令包括2000年8月颁布的关于申请发明专利的第2000-84号法令，2008年2月颁布的关于公共科学研究机构行政组织模式及预算的第2008-416号法令和关于高等教育的第2008-19号法令，2011年4月颁布的旨在修改第2008-19号法令的第2011-31号法令，2008年8月颁布的关于大学及高等研究机构组织模式的第2008-2716号法令，2011年6月颁布的旨在修改第 2008-2716 号法令的第 2011-683 号法令，2009 年 3 月颁布的规定实验室、研究组及联合研究团队组织模式的第 2009-644 号法令，2011 年 7 月颁布的关于创立国家科研和创新项目及规定其运行模式的第 2011-1084 号法令，以及 2012 年 9 月颁布的关于建立国家（科研）质量评估中心及规定其运行模式的第 2012-1719 号法令。

突尼斯主管科研的政府部门主要包括高等教育与科研部、工业与能源矿产部（下文简称工业部）及隶属该部的科研机构和工业与创新推广中心，经济、金融与投资支持部（下文简称经济部）及隶属该部的突尼斯竞争力和量化研究所。此外，其他部委，如农业部、公共健康部也通过制定科研项目或与大学联合指导的方式参与科学研究。

除直接管理科学研究的部门之外，突尼斯政府还设有一系列机构负责科研项目的咨询与协调、科研推广、财政支持及结果评估。其中负责咨询与协调的部门有科学与技术高级委员会、科学研究与技术创新最高理事会、国家科学研究与技术咨询理事会。科学与技术高级委员会的工作是促进科学发展、发展技术、协调科研工作各个环节并向政府提供意见。科学研究与技术创新最高理事会由总理直接负责，具体职能为监督科研活动的开展，并根据国家的需要提供原则性的指导意见。国家科学研究与技术咨询理事会的工作是针对科研政策的制定和具体的科研项目向政府提供咨询意见。

负责科研推广的机构是国家科学研究推广中心和工业与创新推广中心。前者隶属于高等教育与科研部，主要职责为促进国家科研项目的实施、参与知识产权保护、参与科研成果转化以及科技转化的评估、促进联合研究团队的建立和运作、负责科研合同履行时的资金保障等。后者隶属于工业部，主要负责帮助公司确认在科技创新方面的需求并宣传科技创新文化。

科研的财政支持主要为直接拨款和项目资助。一般而言，实验室和研究组经费的一部分来自大学和相关科研机构直接从政府获得的拨款。此外，政府还设立了各种科研项目资助，其中包括研究结果评估项目资助、国家研究与创新项目资助、科研与发展投资奖等。2000年7月颁布的第2000-67号法令还允许大学等研究机构通过提供培训和专业咨询或参与公司科研项目的方式获得收入；2001年5月出台的第2001-1182号法令规定上述收入的30%必须用来改善科研机构的工作条件，其余部分在除去科研项目成本花费之后可以用来支付科研人员的报酬。

负责评估科研项目的是国家科学研究评估委员会和国家科研质量评估中心。前者负责评估公共科研机构及获得国家科研资助的私营公司，评估通常会在科研项目实施的中期进行，并在项目结束时做终审报告。评估的方式包括研究团队自我评估和邀请外审专家对项目进行考察。后者则主要负责评审高等教育机构的科研活动。

突尼斯最主要的科研机构是隶属各大学的实验室和隶属各部委的研究中心。截至2018年，这两者共计有630个科研分支机构，包括329个实验室和301个研究中心，研究人员总数超过11 500人，其中30%具有高级职称。此外，突尼斯全国还有37所博士院，大约有14 000名博士生和3 000名研究型硕士生参与科研。[1] 突尼斯有三类实验室。一是隶属于大学院系的基础研究型实验室，根据法律规定，这类实验室必须至少有24名研究员，其中6名必须具备高级职称，8名具备初级职称，其余10名为博士生或助教。[2] 二是技术研究与发展型实验室，一般是工程师学院的实验室，也必须至少有24名研究员，其中4名具备高级职称，6名具备初级职称，其余14名为博士生或助教。三是研究发展型实验室，这是隶属于公共健康部门和国有公司的研发机构，其人员配置要求与技术研究与发展型实验室相同。

---

[1] 数据来源于高等教育与科研部官网。

[2] 本段中关于突尼斯各类实验室的介绍来自法语国家与地区大学联盟2019年发表的《西非法语国家科研情况介绍》（Agence universitaire de la Francophonie. Guide pour l'organisation de la recherche scientifique en Afrique de l'Ouest francophone）第三章。

研究中心则一般是针对特定课题，根据科研项目投标或政府要求临时成立的，因此在人员配置上规模较小，具体要求为14名研究员，其中2人须具备高级职称，6人具备初级职称，6人为博士或助教。当投标国家重大科研项目时，项目执行方可以邀请几个实验室或研究中心共同组成联合研究团队。研究生院是大学院系培养博士和硕士的教学单位，由资深教师、博士生及硕士生组成，同时也承担科研任务。博士院的成立须获得高等教育与科研部的批准。

除了设置在大学中的实验室、研究中心、博士院以外，隶属于各部委的研究中心也在突尼斯的科研系统中发挥着重要作用。这些研究中心一般围绕特定的领域与学科，与国家的工农业生产直接相关。其中比较重要的有水资源技术研究中心、能源技术研究中心、核能科学技术国家研究中心、物理化学分析研究国家中心、海洋科学与技术研究国家中心、斯法克斯生物技术中心、食品技术与营养研究国家中心。

突尼斯的科研系统中还包含一些次要机构，这些机构不直接参与科学研究，而是在科研和社会生产生活之间起到纽带作用。这类组织包括科学协会、行业协会、技术中心、科技园等。[1]其中，科学协会数量达到20余家，其中比较重要的有突尼斯经济学家协会、突尼斯光学协会、突尼斯理论化学协会、阿拉伯社会学协会、突尼斯儿童医学协会等。这些协会的成员是工商业及科研领域的专家，协会主要通过组织各种活动来促进本领域的交流。技术中心隶属于工业部，具有行业协会的性质，主要针对工业领域提供技术支持和最新科技资讯。突尼斯目前共有8个技术中心，包括机械、电子工业及化学技术中心，农业食品加工技术中心等，主要负责教育与就业、吸引外资、鼓励创业、推广技术创新等与科研相关的周边活动。

综上所述，突尼斯在短短30年间，在科研领域采取了立法、行政组

---

[1] 本段资料来源于突尼斯工业与创新推广中心官网。

织和规范管理、项目开发与推广、科研普及与成果转化等一系列措施。由于国家体量的限制，突尼斯力求打造小而精的科研体系并积极寻求国际合作，目前开展的科研项目大多与工农业生产和民生直接相关。有数据显示，1996—2011年，突尼斯的科研论文发表量从427篇增至4 943篇。[1] 尽管2011年的政治动荡极大地影响了社会的方方面面，但突尼斯2011—2015年的科研论文发表仍然保持非洲大陆第三名的成绩。值得一提的是，突尼斯在国民生产总值与科研论文发表量比例、每千名居民中的科研人员数量这两个指标上，居非洲第一位。此外，突尼斯也是马格里布三国中科研实力最雄厚的国家，科研论文发表数量占该地区科研发表总量的44%。在科研质量方面，自1990年来，突尼斯科研人员发表的论文引用率不断升高。自2000年以来，突尼斯专利的数量也逐渐增长。2000年，突尼斯全国只有十余个专利申请，2004年上升到46个，2009年增至105个，其中48%来自公共科研机构，56%属于生物科学领域。不过，突尼斯中小型企业申请的专利只占总量的4%，这从侧面反映了突尼斯中小型企业创新能力不足。

第三节 高等教育的挑战与对策

尽管突尼斯高等教育自20世纪90年代以来取得了突飞猛进的发展，然而由政治经济改革触发的高校体制改革也显示出了弊端，即快速发展的同时没有能够兼顾质量，由此主要引发了三个问题。首先，高等教育资源分配不均。其次，私立高等教育的迅猛发展导致一系列令人诟病的现象。最

---

[1] 本段中的数据来自 ALLOUCH B, AKKARI A. L'enseignement supérieur en tunisie : a-t-on sacrifié la qualité face aux pressions quantitatives?[J] la revue marocaine de la pensée contemporaine, 2020 (5) : 1-22。2005—2010年，突尼斯科研论文发表总量为非洲第三，发表量占非洲大陆的9.1%。2011年突尼斯的科研论文发表数量为4 943篇，位列非洲第四。排名第一的为南非（发表数量12 353篇，世界排名第35位），然后是埃及（发表数量10 295篇，世界排名第40位）和尼日利亚（发表数量4 972篇，世界排名第43位）。

后，短时间内大量涌向就业市场的大学毕业生引发了结构性失业，进而削弱了大学学历的含金量。针对以上问题，突尼斯政府及时对高等教育质量进行评估，并相应采取了一系列改进措施。

一、高等教育面临的挑战 [1]

突尼斯高等教育，特别是公立高等教育面临的首要挑战是地域差异。据统计，全国42.1%的在校大学生就读于突尼斯市，86%就读于沿海地区。大部分国内知名的专业机构和有高级职称的大学教员也汇聚于突尼斯市，52%的实验室和76.9%的私立大学学生集中在首都。[2] 内陆地区的高等教育机构往往生源较差，甚至只能招收到高中会考平均分不到10分的学生，而贫困地区家庭条件较差的学生往往最终只能考进内陆地区的大学。这些学校通常师资力量不强，任教的大多是只具备初级职称的讲师和助教，鲜有教授和副教授。据统计，加夫萨大学只有2.16%的教员有高级职称，70%的院系没有教授和副教授。凯鲁万大学具有高级职称的教员比例为2.9%，超过50%的院系只有初级职称教员。在情况略好的内陆高校，如坚迪拜大学和加贝斯大学，教授和副教授比例分别也只达到5.8%和6.4%。与此同时，位于沿海地区但师资水平较差的高校，如马努巴大学和苏塞大学，也无法达到全国平均水平。此外，上述大学往往无法为学生提供优质的就业资源，毕业生找工作十分不易。

实际上，资源不均是突尼斯教育的总体问题，只是在高等教育领域体现得更加明显。由于地区经济发展的不平衡，内陆地区的学生从基础教育

---

[1] 本节中的统计数据如没有特殊说明均来自 ALLOUCH B, AKKARI A. L'enseignement supérieur en Tunisie : a-t-on sacrifié la qualité face aux pressions quantitatives?[J] La revue marocaine de la pensée contemporaine, 2020 (5) : 1-22。

[2] BELEHDI A. Les disparités régionales en Tunisie: Défis et enjeux. Les conférences de Beit al-Hikma 2017-2018[C]. 2019 : 7-62。

阶段就无法获得高质量的教育，因此在报考大学时很难进入知名学府或只能选择对成绩要求不高的专业和学校，与毕业后就业率与收入双高的专业和学校无缘。据统计，内陆和贫困省份的高中毕业生会考平均分一般不超过17分。2016年，泰塔温、马努巴、宰格万三省没有一名学生高中会考平均分超过18分，平均分在16—18分的学生在宰格万省和托泽尔省只占0.4%，在吉比利省占0.5%，在泰塔温省占0.7%。同年，吉比利全省只有36名学生进入突尼斯知名大学，占全部考生比例的0.6%。与此形成鲜明对比的是，沿海的突尼斯、阿里亚纳、斯法克斯三省会考平均分在16—18分的学生比例则分别达到11.6%、11.5%、11.2%。

与此同时，快速发展的突尼斯私立高等教育业已显现一些问题。2017年，高等教育与科研部委托突尼斯审计院对某些私立高等教育机构中存在的问题进行调查汇总。根据审计院的报告，77%的私立学校没有按照有关规定设立学术委员会，一些学位没有经过学位委员会最终审定。报告还显示，私立机构快速扩张明显受到经济利益的驱使。例如，有9所私立高等教育机构招收学生数量超过实际能力的4倍，12所私立高等教育机构的学费涨幅超过了65%（而法律规定不得超过5%）。报告还指出，高等教育与科研部对私立高等教育机构缺乏有效管理，未接受高等教育与科研部监管的机构数量达12所，高等教育与科研部不顾行业协会的反对，批准了7所大学的17个大学学位。报告认为，此类现象将拉低突尼斯高等教育的门槛，严重伤害其国内外信誉和影响力。[1] 高等教育与科研部针对以上现象于2018年12月发表报告回应，承认当前突尼斯私立高等教育机构中存在的问题，但认为这些问题无法在短时间内彻底解决。同时高等教育与科研部也表示，虽然目前直接主管或兼管的高等教育机构、科研单位数量庞大，但仍将积极努力解决审计院报告中列出的不规范问题，加大对高等教育机构，尤其是

---

[1] 资料来源于管理者中心新闻网。

私立高等教育机构的监管力度。此后，相关措施陆续开展，一些不合格的机构已经停办。[1]

无论是公立还是私立高等教育机构，都不得不面对大学毕业生结构性失业的巨大挑战。自2005年以来，大学毕业生失业率每年增长19.58%，而同期劳动人口的总体失业率年增长为7.23%。1999年，受过高等教育的失业者占失业总人口的8.6%，而2011年该比例增长到29.2%。2001—2011年，受过高等教育的失业者人数从31 800人增至217 800人，占失业总人数的30.9%。在所有专业中，高级技工专业的失业率最高，占失业大学生的35.5%—43.1%（2006—2011年）；其次是理科专业，同一时期在失业大学生中的占比为24.6%—15.2%；医学、药学、工程专业或研究生学历的毕业生占同期失业大学生总数的6.8%—7.7%。

沿海和内地大学教育质量的差异同样在毕业生就业率上有所体现。根据高等教育与科研部2011年的统计数据，沿海省份大学几乎所有专业的毕业生就业率都高过全国平均水平，且远高于内陆地区。雇主在选择毕业生时会根据其毕业学校对其能力和薪酬进行预估。因此，即使找到工作，高等教育的地区差异也不会随毕业生就业而消失。有学者对突尼斯的高等教育和就业情况总结如下："高等教育中存在两个相互对立的体系。部分学生可以通过高等教育获得各种机会和前景，找到薪酬较高或社会地位较高的职位；而另一部分学生则在完成高等教育之后被社会抛弃，只能找到次一等的工作或直接失业。"[2] 另外值得关注的是，尽管突尼斯近三分之二的大学毕业生为女性，但在同样接受过高等教育的情况下，女性的失业率高于男性。突尼斯国家统计局的资料显示，2015年，18.2万高学历失业者中，女性占68%；2016年，40.5%的高学历女性失业，而高学历男性失业比例为

---

[1] 资料来源于管理者中心新闻网。

[2] VERMEREN P. La formation des élites marocaines, miroir de la mondialisation?[J] Le télémaque, 2011, 1 (39)：53-66.

20.1%。此外，就业女性的薪酬水平往往也低于同职位的男性。高学历女性失业和同工不同酬的现象极大地影响了突尼斯教育的社会价值。

高学历人口失业对社会的冲击非常大。据统计，没有受过高等教育的失业人群在一年内往往可以实现再就业，而受过高等教育的失业者往往长期失业。世界银行2015年的一份报告指出，突尼斯大学毕业生找到第一份工作的平均时间为6年，待业期最短的突尼斯大区也需要4年。[1] 突尼斯大学毕业生失业的原因主要可以归结为两方面。一方面，大量受过高等教育的年轻人在短时间内涌入劳动市场，但以劳动密集型为主的经济结构无法提供较多的高端职位。突尼斯每年有7万—8万个劳动岗位需求，其中只有2万—3万个面向大学毕业生。而自2005年以来，突尼斯每年的大学毕业生数量在6.5万左右，两者之差显而易见。根据突尼斯国家统计局的数据，2016年12月登记在册的740 054家公司中，有将近97%的公司雇员数量在6人以下，该比例自2000年之后基本保持稳定。此外，87.9%的私营公司为严格意义上的个体经营，即没有任何雇员。雇员在6人以上的私营公司几乎全部在经济发达省份，只有2.5%在经济落后省份。然而，经济不发达省份的失业人数占总失业人数的60%。不难看出，大学急速扩招与规模偏小的经济体量之间的矛盾是突尼斯大学生失业的根本原因。另一方面，快速扩张的高等教育并没有为已经相对饱和的突尼斯劳动就业市场提供真正合格的人才。根据突尼斯竞争力和量化研究所的报告，近四分之一的公司对大学毕业生的能力不满意。其中，69%的被调查公司认为大学教育重理论而轻实践，51%的公司认为大学教育内容过于空泛。很多公司认为大学毕业生缺乏语言交际、团队合作、项目跟踪及解决问题等重要能力，大学毕业生从被聘用到能够真正独立工作的周期较长，往往需要20周以上。

有学者认为，突尼斯大学在快速扩张的同时很大程度上保留了以行政

---

[1] 资料来源于世界银行官网。

为主导的旧的管理和教学模式，这是大学毕业生能力达不到市场要求的主要原因之一。政府急速推进高等教育普及化，而大学还在按照传统思维运行，侧重学生成绩考核，大量采用"死记硬背"的教学模式，使文凭的最终定位处在"高不成低不就"的状态：毕业生无法达到做理论研究的水平，同时实践动手能力又不强。在行政组织方面，各大学开设的新专业通常千篇一律，在短时间内跟风开设大量"有前景"的专业，同时各个专业的课程设置又过于整齐划一，根据就业市场需求进行调整的余地较小。[1]

二、高等教育的发展对策

鉴于突尼斯高等教育发展面临诸多困难和挑战，政府在大学制度层面制定了针对以上问题的措施，如对大学学科水平进行评估，以及对学生进行就业指导等。

2012年9月，突尼斯政府成立高等教育评估委员会。该机构由13名成员组成，其中8名是来自不同学科的大学教授，4名是教育界以外的工商业人士（私立教育机构带有商业性质，因而其中1人为私立高等教育代表），1名是管理和财务领域的专家。委员会的主要职责是与高等教育与科研部合作，根据高校的需求对高校专业质量进行评估与核准，保证大学文凭的质量。该机构为上述评估机制制定具体操作方法，为高等教育国际合作制定框架，每年在完成上述工作之后向政府提交报告。高等教育评估委员会的工作涵盖众多方面，包括评估院系的管理效率与透明度，评估教学、科研、学生服务工作，统计毕业生就业率，检查图书馆、电脑网络、教学设备等

---

[1] ZGHAL R. Un équilibre instable entre le quantitatif et le qualitatif. L'enseignement supérieur en Tunisie[J]. Revue internationale d'éducation de Sèvres, 2007 (45)：51-62.

各种基础设施。评估时，高等教育与科研部首先会根据自愿报名的原则推荐一批评估专家候选人，由高等教育评估委员会认定其资质。这些候选人之后会在各个与教育相关的领域接受培训，以便胜任评估工作。2011—2015年，突尼斯与欧盟合作，培训了超过120位评估专家，覆盖各个学科领域。上述工作中很重要的一项是学科专业的评估与核准。[1] 评估的指标包括教学计划与所颁发的学位要求是否一致、毕业生的水平能力等。如果评估结果不合格，委员会有权撤回专业开设许可。

与此同时，突尼斯大学都采取措施为学生提供各种就业指导，每个院系都有就业信息指导中心。学校与用人单位及工商界专业人士合作，为学生提供各式培训和讨论课，以强化学生的就业能力。为加强学校与工商业界的联系，高等教育与科研部还与大学合作帮助学生就业，具体措施包括：帮助在读学生和毕业生寻找实习和工作机会；组织活动培养学生的非专业技能，如沟通技能和团队合作能力；创造雇主和求职者见面的机会；与各行业协会合作，为学生提供技能培训并发放证书；帮助学生选择课程和培训。

值得一提的是，突尼斯高等教育与科研部联合国家高等教育改革委员会于2015年初共同推出了《2015—2025年高等教育和科研改革战略规划》。为了保证计划的整体性和参与度，该计划涉及高等教育与研究的各个主体，包括教师、学生、社会事务管理部门、经济部门、地方政府，并特别咨询了各地方政府在高等教育方面的需求。2015年1月，突尼斯大学理事会通过了该规划。规划包括5个总体目标：改善大学教育质量和提高毕业生就业率；促进科研与创新；改善行政与资源管理；重新规划大学区域分布；优化大学教师培训制度。每个总体目标再细化为一级子目标与二级子目标，对总体目标的预期结果、具体措施、参考指标、实现形式、实现期限都有

---

[1] 如前文所述，学士和硕士学位的专业开设许可有效期是4年，之后需要接受评估，核准才能继续招生。

具体规划。表6.2节选了该规划的部分内容。[1]

表6.2 突尼斯《2015—2025年高等教育和科研改革战略规划》（节选）

编号	一级子目标及二级子目标	预期结果	具体措施	参考指标	实现形式	实现期限
总体目标：提升大学教育质量和毕业生就业能力							
1.1	帮助学生做好大学阶段学习的准备					
1.1.1	加强负责教育和职业培训的部委之间的合作	创建系统发展教育人力资源的国家级协调机构	创建负责协调各相关部门的机构，其具体任务为协调基础教育、高等教育、科研、职业培训各系统	创建该机构；为该机构配备相应的资源保障（人力、物力、财力）；对该机构的工作进行评估	通过立法创建该机构；在相关的三个部委之间制定协调战略和行动计划	1年（2015年）
1.1.2	加强学科指导，鼓励在高中开设实用型课程	使学生具有更强的学科专业意识；在高中开设实用型课程	重新在中学引入实用型课程；设立职业高中会考文凭；优化大学的专业指导制度；建立高中、大学专业导向联合委员会；向高中生提供更全面的大学专业信息及就业信息（在学校网站上增加专业导向等内容，编纂专业说明手册）；组织专业说明会，提高沟通效率	高中设立的实用型课程数量；落实职业高中会考文凭	对高中实用型学科和职业高中会考文凭的文字介绍；检查和优化现有的大学专业指导制度；发布关于高中实用型课程的发展报告	5年（2015—2019年）

---

[1] 该计划法文版长达32页，全部以表格形式呈现，由于篇幅所限，在此无法给出更多具体内容，感兴趣的读者可自行参考相关文献。

综合前文叙述和该规划内容可以得知,突尼斯高等教育所面临的困境来自多方面。在政府层面,参与教育的部门众多,而各部门之间的协调却不够充分,这反映了突尼斯政府架构的特点。[1] 更关键的是,突尼斯经济体量小且区域发展不平衡,无法消化大学扩招过程中产生的大量毕业生。大学建设管理及大学针对毕业生就业问题所采取的具体措施都以上述两个前提为背景。

---

[1] 本书第四章第三节"学前教育的挑战和对策"讨论过学前教育中的类似问题。

第七章 职业教育

根据联合国教科文组织 2011 年颁布的《国际教育标准分类》，职业教育主要指为学习者掌握在某一特定职业或行业，或某类职业或行业从业所需的特有的知识、技艺和能力而设计的教育课程。[1] 我国学者也对职业教育做出了界定，即职业教育是指按照社会上各种职业的需要，对劳动者或预备劳动者开发智力，培养职业兴趣，培训拥有从事特定职业所需要的基础知识、实用知识和技能技巧人才的教育。[2] 这种教育的主要目的是提高劳动者的文化、技术、业务水平，以培养适应各种职业所需要的熟练劳动力和专门人才。[3] 由此可见，职业教育将就业与教育紧紧地联系在一起。对国家而言，职业教育是国家教育事业的重要组成部分，是促进经济、社会发展和劳动就业的重要途径。对个人而言，职业教育是通往就业的桥梁，是开启和完善职业生涯的钥匙、手段，而就业是民生之本，是改善生活的基本前提和基本途径。有数据显示，有质量保证的职业教育，尤其是在高中阶段的职业教育能够帮助在普通教育体制下无法有效学习的学生获得新的受教育和取得成绩的机会，从而实现从学校到职场的平稳过渡。[4] 因此，在很多发展中国家和不发达国家，职业教育越来越成为回应人力资源市场需求、

---

[1] 教育部教育发展研究中心. 让职业教育站得更高走得更远 [N]. 光明日报，2020-06-09（14）.
[2] 董蕴琦. 中国再就业工程指南 [M]. 北京：中国人事出版社，1998：1267.
[3] 董蕴琦. 中国再就业工程指南 [M]. 北京：中国人事出版社，1998：1267.
[4] 资料来源于经合组织官网。

促进社会和谐的手段。这也是突尼斯不断发展职业教育、推进职业教育改革、努力健全适应国家发展的职业教育的重要原因。

第一节 职业教育的发展与现状

一、职业教育概况

职业教育在突尼斯独立之初便已开始，20世纪50年代末，学徒制和工学结合式的职业教育就有了法律依据，并与普通教育相伴发展。与突尼斯教育发展的总体进程相符，职业教育在20世纪90年代有了明显提升。1993年2月，突尼斯颁布了名为《职业教育导向法》的第93-10号法令，从法律的角度对职业教育加以规范，勾勒出现今职业教育的基本框架。1996年，在世界银行、欧盟和法国开发署的支持下，突尼斯推出了为期7年的职业教育和就业升级计划，开展大规模的职业教育改革。此次改革旨在提升职业教育效率，使之适应企业的需求，改善就业状况，使以能力培养为导向的职业教育跟上科技发展的步伐。改革强调企业在职业教育中的作用，推广工学结合、校企合作的模式。2007—2010年，职业教育和就业升级计划二期项目开始实施，致力于推动职业教育由供给型向需求型的转变。[1] 2008年2月，突尼斯颁布了关于职业教育的第2008-10号《职业教育法》，对1993年的《职业教育导向法》进行修订和完善，成为至今为止突尼斯职业教育领域遵循的纲领性文件。

2011年以后，面对新的政治环境和严峻的经济形势，突尼斯有关部门

---

[1] 资料来源于国际劳工组织网站。

积极主张推动职业教育的发展。2013 年，突尼斯进行了职业教育资源配置改革，目的是根据国家的社会、经济状况，加强相关部门的协同合作，相互补充，按照人才培养的国际标准培养符合国内市场和国际市场需求的人才，让劳动者实现个人价值。此后，突尼斯政府提出加强职业教育建设，促进职业教育与普通教育和高等教育的衔接与互通。近年来，随着国际经济发展状况日益严峻和年轻人失业率连续攀升，完善职业教育日益重要。

二、职业教育体制

突尼斯现行职业教育体制主要以第 2008-10 号《职业教育法》为依据。虽然 2008 年以后，相关部门对职业教育进行了调整和改革，但基本框架没有改变。

（一）职业教育的理念和目标

根据第 2008-10 号《职业教育法》，职业教育是国家人才储备机制的主要组成部分，是推动国家发展的支柱之一。负责职业教育的职业教育与就业部和教育部、高等教育与科研部及相关部门合作，协同发展，向求职者提供专业技能、社会和文化方面的培训，以提升劳动者的职业技能，帮助企业提升生产力和竞争力。通过职业教育，受教育者可以获得知识、技能和资质，具备从事某项职业或者某种需要特定资质的工作能力和资格。职业教育部门应保证所提供的知识、技能和资格培训符合经济和科技发展的需要，符合职业发展的趋势。

（二）职业教育的组成

突尼斯的职业教育包括初始职业教育和继续教育两个部分。

1. 初始职业教育

初始职业教育是指学员在学习期间首次接受的教育培训。从学历认证角度，初始职业教育分三个阶段，分别对应三个等级的学历。第一阶段面向初中三年级已毕业学生（普通中学和职业中学均可），学制2年，结业合格者可以获得专业技术合格证书（Certificat d'aptitude professionnelle，简称CAP）。第二阶段面向CAP持有者以及完成高中二年级学业的学生，学制2年，成绩合格者可获得专业技师毕业证书（Brevet de technicien professionnel，简称BTP）。根据第2008-10号《职业教育法》，第二阶段学习合格者还可以通过努力获取职业会考合格证书，然而，由于职业会考体制没有落实，因此到目前为止，第二阶段的学生只能获得BTP。第三阶段对应的是高级技师毕业证书（Brevet de technicien supérieur，简称BTS）或相应的学位，学制2年，通过高中会考的学生或者符合条件的BTP持有者可以进入此阶段的学习。2015年经合组织的调研结果显示，同其他中等收入国家相比，突尼斯职业教育的第三阶段比较发达。[1]

除上述三个阶段外，初始职业教育还针对不符合第一阶段入学条件的人员建立了专业能力证书（Certificat de compétence，简称CC）体制。CC体制学习时长不低于6个月，并需要实习。[2] 除CC体制外，初中没有毕业的人群还可以注册加入学徒结业证书（Certifical de fin d'apprentissage，简称CFA）体制和职业培训证书（Certificat de formation professionnelle，简称

---

[1] 资料来源于经合组织官网。

[2] 资料来源于国际劳工组织官网。

CFP）体制，获取相应证书（见图 7.1）。但是，对于没达到初中毕业水平的学生而言，CC 是唯一被列入国家认可的资格认证系列证书。

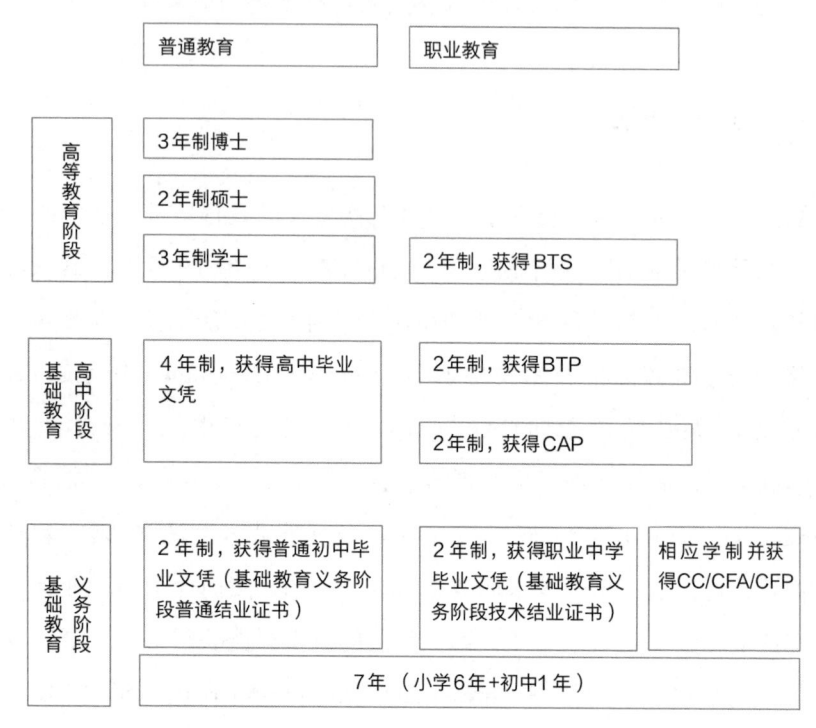

	普通教育	职业教育	
高等教育阶段	3年制博士		
	2年制硕士		
	3年制学士	2年制，获得BTS	
基础教育 高中阶段	4年制，获得高中毕业文凭	2年制，获得BTP	
		2年制，获得CAP	
基础教育 义务阶段	2年制，获得普通初中毕业文凭（基础教育义务阶段普通结业证书）	2年制，获得职业中学毕业文凭（基础教育义务阶段技术结业证书）	相应学制并获得CC/CFA/CFP
	7年（小学6年+初中1年）		

图 7.1 突尼斯教育体系结构 [1]

在教学的组织形式上，初始职业教育可以选取下列四种模式之一。其一，工学结合。职业教育培训机构为一方，企业等用人单位为另一方，双方根据行业特点和教育培训目的，确定培训安排，签订合作合同，接收 15 岁以上学员。工学结合模式是初始职业教育中最常见的培训模式，学员人数占职业教育学员总数的 75%。[2] 其二，学徒制。由学员和企业订立合同，

---

[1] 突尼斯职业教育等级及学历划分对应突尼斯教育不同阶段，如 BTS 属于高等教育阶段的职业教育。本书出于行文方便，将 BTS 定义为高等职业教育，其他对应图 7.1 中基础教育阶段的职业教育定义为基础职业教育。

[2] 资料来源于经合组织官网。

以在企业的培训为主，辅以在教育培训机构的理论学习，面对15—20岁人群。其三，特定模式。指在某些特定领域内，根据各种既定的指标，以同企业签订合同的形式开展的职业教育。该模式具有很强的针对性和特殊性，具体由职业教育与就业部单独或联合其他部委讨论确定。其四，常驻模式。指学员平时在职业教育培训中心接受培训，假期到企业实习的模式。[1]

2008年的《职业教育法》规定，如果初始职业教育培训没有与企业合作，那么除在教育机构接受培训外，学员必须自行寻找企业，完成实习。此外，为了满足某些行业的需要或者在没有其他教育方式可以选择的情况下，有关部门可以放宽学员的年龄限制。

2．继续教育

继续教育主要针对有工作经验的劳动者，目的是提升其知识水平和专业技能，帮助其了解职业发展趋势和新的需求，跟上职业发展的步伐，进而提升企业的竞争力，实现企业和个人的双赢。根据不同的划分标准，继续教育可以有不同的分类方式。按照继续教育培训对象的特点，继续教育可以分为两类：一类是为离岗人员或面临离岗危险的从业者提供的培训，目的是帮助其获得必要的资质证明，取得或保住就业机会；另一类针对寻求职业发展和级别晋升的从业者，向其提供不断完善自我和获取公认文凭的机会，使其职业生涯有进一步发展。根据教育培训的组织方特点，继续教育可以分为两类：一类为企业为满足自身需要而组织的员工培训；另一类为由公立或私立教育培训机构组织、以劳动者职业晋级为目标的培训。在培训方式上，继续教育包括夜校和远程教育两类。经过继续教育培训，学员可以获得相应的培训证

---

[1] 根据突尼斯第2008-10号《职业教育法》第15条，初始职业教育有三种模式，即工学结合、学徒制和特定模式。但在经合组织以及突尼斯职业教育与就业部下属的国家就业与资格认定研究中心的多份报告中，初始职业教育的三种模式分别为工学结合、学徒制和常驻模式。

书。参加职业教育培训机构组织的以职业晋级为目标的培训后，学员可以同初始职业教育学员一样，参加评估考核，获得相应的学历证书。

（三）职业教育培训机构的设立

职业教育培训机构包含公立和私立两种。公立职业教育机构主要由突尼斯职业教育与就业部管辖，下设专门的职业教育署。此外，某些部委根据自身的需要也设有职业教育培训中心，开展专业性和针对性很强的教育培训。国家人才发展高级委员会常务委员会负责公立职业教育机构的设立和重组工作。公立职业教育培训机构的组织、运营方式以及管理须遵守国家有关规定。

根据突尼斯第 2008-10 号《职业教育法》，除政府部门外，其他自然人和法人也可以根据有关规定开展职业教育培训活动，提供初始职业教育和继续教育服务。国家职业教育主管部门依法对私立职业教育机构实施监管。除非主管部门书面特批，私立职业教育机构的负责人应有突尼斯国籍。

三、职业教育规模

随着国家在职业教育领域投入的增加以及职业教育和就业升级计划的落实，突尼斯新建了一批职业教育中心，同时也对部分老旧落后的职业教育中心进行了修缮，使突尼斯职业教育的规模有了较大的发展。

（一）职业教育学员数量 [1]

从 20 世纪 90 年代中后期开始，突尼斯职业教育的学员数量明显增加，总人数由 1995 年的 67 771 人发展到 2008 年的 134 355 人，翻了将近一番。[2] 这与国家大力推动职业教育密切相关。2002—2012 年，初始职业教育的新生注册人数翻了一倍有余，由 25 000 人左右增加到 57 731 人，在读学员人数也增加了近一半，由 79 000 人发展到 114 654 人，详见表 7.1。[3]

从表 7.1 还可以看出，2012—2017 年，初始职业教育学员数量的变化有以下三个特点：(1) 新注册学员的数量在 2013 年大幅增加后，2014—2016 年有所下降，2017 年出现回升；(2) 在读学员人数 2013—2016 年连续四年下降，2017 年开始呈上升态势；(3) 公立职业教育培训机构的学员数量明显多于私立机构，可达到私立机构人数的 3—4 倍。

表 7.1 2002—2017 年突尼斯初始职业教育学员人数 [4]

年份		2002	2012	2013	2014	2015	2016	2017
新生注册人数	公立	—	43 101	52 745	50 123	48 226	50 000	52 075
	私立	—	14 630	12 679	12 085	14 999	11 230	12 193
	共计	25 000	57 731	65 424	62 208	63 225	61 230	64 268
在读学员人数	公立	—	92 163	81 253	80 246	76 329	75 961	75 400
	私立	—	22 491	17 997	18 449	21 216	18 196	18 847
	共计	79 000	114 654	99 250	98 695	97 545	94 157	94 247

---

[1] 本节只包含初始职业教育学员数量统计情况，继续教育学生情况暂缺。
[2] 资料来源于突尼斯竞争力和量化研究所官网。
[3] 表中数据来源于突尼斯职业教育与就业部，表中的共计数字由作者根据已有数据求和计算而得。
[4] 资料来源于经合组织官网。

续表

年份		2002	2012	2013	2014	2015	2016	2017
取得学历证书人数	公立	—	26 998	27 004	24 785	23 823	24 942	27 487
	私立	—	2 109	2 747	3 190	3 860	3 011	3 961
	共计	27 929	29 107	29 751	27 975	27 683	27 953	31 448

此外，虽然职业教育规模明显扩大，但是取得学历证书的学员比例一直较低。2003—2011年，取得学历证书的毕业生约占学员总人数的五分之一，2006年以后有所上升，2010年为34.6%，2011年为29.8%。[1]根据表7.1计算，2012—2017年，取得学历证书的毕业生比例分别为25.39%、29.98%、28.34%、28.38%、29.69%和33.37%；私立机构取得学位的学员人数仅为公立机构的7.5%—14.5%，获得学历证书的学员十分有限。

（二）职业教育学员学位学历情况

1．初始职业教育

如图7.2所示，在公立初始职业教育学历分布方面，学历程度较高的BTS学员人数明显少于其他学历课程的就读人数，学历程度较低的CC、CFA和CFP学员人数基本最多，需要高中二年级学业水平的BTP学员人数次之，随后是需要初中毕业水平的CAP学员数量。

---

[1] 资料来源于国际劳工组织官网。

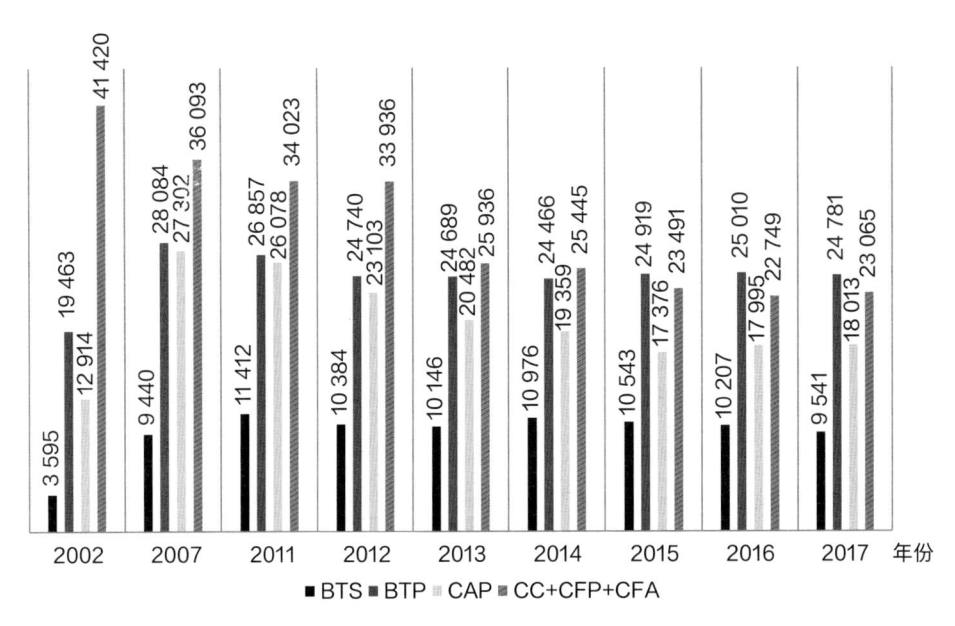

图 7.2 2002—2017 年突尼斯初始职业教育公立机构各学历课程在读学员人数 [1]

从发展势态上看，2011 年 BTS 学员人数较之前有大幅度提升，随后趋于稳定，学员人数每年约 1 万人；CC、CFP 和 CFA 学员人数由 2002 年的 41 420 人减少到 2013 年的 25 936 人，降幅 1.5 万余人，2013 年以后，学员人数每年基本在 2.2—2.6 万人，稳中有降；BTP 学员数量在 2007 年达到 2.8 万余人，此后出现下滑，但总体相对稳定，2012 年以后始终维持在每年 2.4—2.5 万人；CAP 学员人数在 2002—2007 年大幅增长，此后总体呈下降态势，由 2007 年的 2.7 万余人降到 2017 年的 1.8 万余人。

在私立初始职业教育学历分布方面（详见图 7.3），BTP 学员人数最多。2011 年 BTP 学员人数是 2007 年的近 2 倍，除 2012、2013 和 2016 年出现小幅波动外，学员人数总体呈增长趋势，2017 年达到 6 625 人，是同年 BTS 学员人数的近 2.5 倍，CAP 学员的 3 倍有余。与 BTP 学员人数对比鲜明的是

---

[1] 资料来源于国际劳工组织官网和突尼斯职业教育与就业部官网。

CAP 学员人数，后者在私立初始职业教育学员中比例最小，2016 和 2017 年虽然增幅明显，但总人数仅约 2 000 人。2011 年 BTS 学员人数是 2007 年的 2.5 倍，2014 和 2015 年出现明显增长，2016 年锐减至 2 428 人，2017 年虽然有所回升，但仍然低于 2011 年的学员数量。

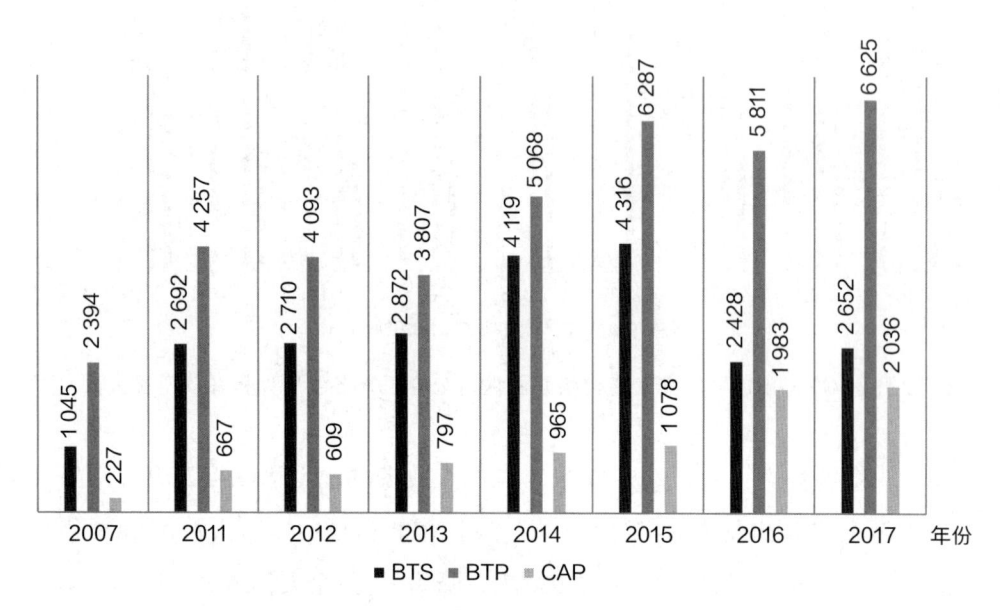

图 7.3 2007—2017 年突尼斯初始职业教育私立机构各学历在读学员人数 [1]

综合图 7.2 和图 7.3 的数据可以看出，2011 年以后，初始职业教育在读学员的学历水平较之前有所提高，其中，CAP 在读学员人数虽呈下降趋势，但总体数量仍然可观；BTP 在读学员人数明显超过其他学历的在读学员数量；BTS 在读学员人数虽有提升，但是总体数量仍然有限。

从公立职业教育与私立职业教育的对比来看，公立职业教育的学历覆盖面更广，包含了国家设定的全部职业教育学历类型，私立职业教育培训机构则表现出一定的局限性。

---

[1] 资料来源于国际劳工组织官网和突尼斯职业教育与就业部官网。

2．继续教育

2011 年以后，得益于职业教育培训机构与高等教育机构签订协议数量的增加、继续教育开展区域的扩大，以及远程教育模式的发展，继续教育注册人数明显增加。

以职业发展和晋升为目的的培训是继续教育当中很重要的一部分，在这部分学员当中，注册高等职业教育的学员人数明显高于基础职业教育的学员人数，详见图 7.4。在培训方式方面，远程教育学员人数明显多于夜校学员人数。以 2016 年为例，以继续教育形式接受高等职业教育的学员中，4 929 人采用远程教育，1 031 人选择夜校，前者约是后者的 4.8 倍；以继续教育形式接受基础职业教育的学员中，2 253 人采用远程教育，816 人选择夜校，前者约是后者的 2.8 倍。[1]

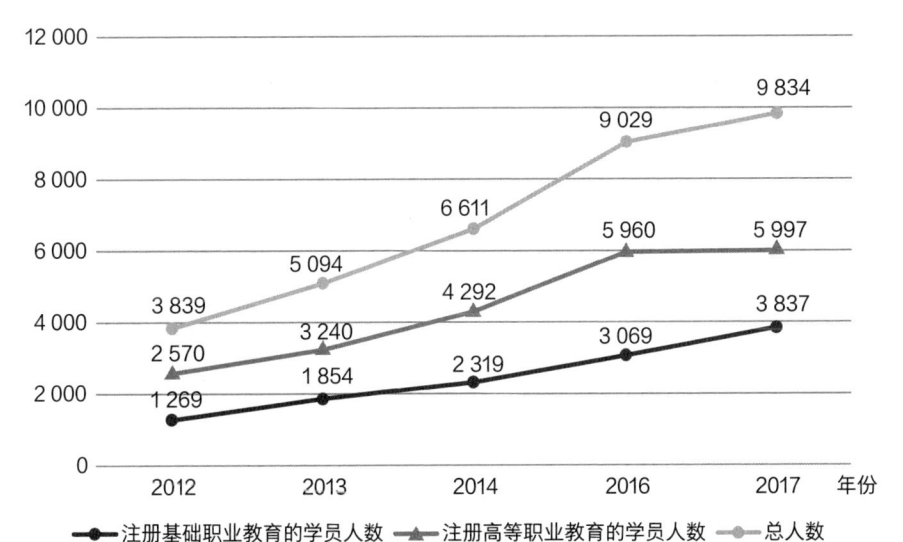

图 7.4 2012—2017 年突尼斯以职业发展和晋升为目的的继续教育注册学员人数 [2]

---

[1] 数据来源于突尼斯职业教育与就业部官网。
[2] 数据来源于突尼斯职业教育与就业部官网。

（三）职业教育培训中心数量

20世纪90年代职业教育改革后，伴随着职业教育和就业升级计划的落实，职业教育培训中心的数量不断增加。2011年，各类初始职业教育培训中心总数已经达到1 134个，其中，私立培训中心的数量明显增加，达到920个，是公立培训中心的4倍有余，详见表7.2。此后，2012—2017年，公立初始职业教育培训中心数量基本没有变化，私立培训中心增加了200多所。在2020年7月突尼斯职业教育与就业部的官网上，初始职业教育培训中心数量与2017年的数字无异，职业教育与就业部下属职业教育署设有136个培训机构，国家旅游局下属8个培训机构，农业部下属39个培训机构，国防部下属13个培训机构，私立机构约1 000个。[1]

表 7.2 2011—2017 年突尼斯初始职业教育培训机构数量[2]（单位：个）

年份		2011	2012	2013	2014	2015	2016	2017
公立	职业教育署	136	136	136	136	136	136	136
	农业部	39	39	39	39	39	39	39
	国防部	12	13	13	13	13	13	13
	国家旅游局	8	8	8	8	8	8	8
	卫生部	19	—	—	—	—	—	—
	共计	214	196	196	196	196	196	196
私立		920	965	1 007	1 025	1 038	1 124	1 169

[1] 资料来源于突尼斯职业教育与就业部官网。
[2] 资料来源于突尼斯职业教育与就业部官网。

续表

年份	2011	2012	2013	2014	2015	2016	2017
共计	1 134	1 161	1 203	1 221	1 234	1 320	1 365

结合上文对职业教育学员人数的统计分析发现，私立初始职业教育培训机构虽然在数量上远远超过国家部委下设的培训机构，但其学员数量非常有限，规模相对较小。此外，培训机构数量的增加和在读学员数量的下降形成了鲜明对比，这一现象值得思考。

（四）职业教育机构的专业设置

突尼斯职业教育培训内容涵盖多个领域，涉及 300 多个专业。[1] 根据国家就业与资格认定研究中心 2019 年的年度报告，按照在学学员数量排列，2017 年，在全国 13 个公立职业教育培训机构涉及的领域中，电力和电子领域学员数量占在学总人数的 33.5%，房屋建筑、公共工程及相关领域占 12.0%，服装纺织占 10.7%，常用机械和金属制造占 10.0%，交通运输、汽车、农业及公共工程机械维修保养占 9.2%，办公室职员、贸易和信息占 8.5%，旅游和酒店服务占 7.3%，渔业和水产养殖占 0.9%、农产品食品加工业占 0.8%，手工业占 0.8%，皮革制鞋业占 0.4%。私立培训机构涉及的领域中，贸易和信息领域学员数量占在学总人数的 49.2%，旅游和酒店服务占 2.0%，交通运输和汽车保养占 1.6%，电力和电子占 1.0%，房屋建筑、公共工程及相关领域占 0.7%，服装纺织占 0.2%。[2]

公立机构的专业设置十分丰富，远超私立机构，详见图 7.5。

---

[1] 资料来源于突尼斯职业教育与就业部官网。
[2] 资料来源于突尼斯职业教育与就业部官网。

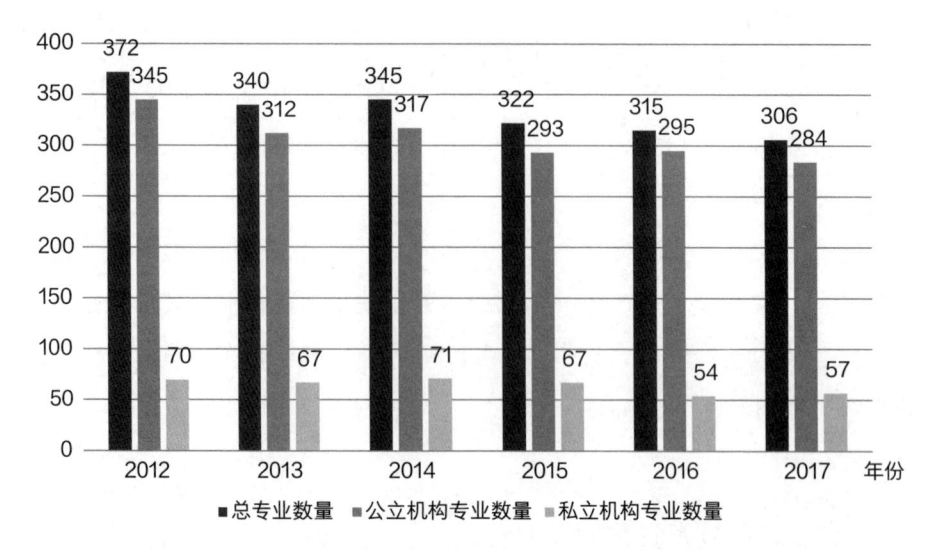

图 7.5　2012—2017 年突尼斯职业教育机构开设专业数量[1]（单位：个）

2012 年以来，职业教育专业数量有所减少，一些专业已经消失。然而，根据 2020 年 7 月突尼斯职业教育与就业部官网的数据，职业教育署开设了 300 个专业，占公立职业教育机构所设专业的 93%。[2] 由此推断出 2020 年公立机构的专业数量超过 320 个。需要关注的是，专业设置需要同市场需求相结合，目前这部分工作仍在不断完善当中。

第二节　职业教育的特点

历经几十年的发展和完善，突尼斯的职业教育呈现出自身的特点，并在不断发展的过程中积累了经验和教训。这些特点主要体现在职业教育的多方参与性和国家为推动职业教育发展而采取的一系列鼓励措施上。

---

[1] 资料来源于突尼斯职业教育与就业部官网。
[2] 资料来源于突尼斯职业教育与就业部官网。

一、多方参与职业教育

职业教育的多方参与性可从教育教学组织方、受教育方的角度进行探讨。

（一）教育教学组织方

目前，突尼斯的职业教育由职业教育与就业部会同国家旅游局、农业部、国防部、教育部、高等教育与科研部共同组织管理。[1] 职业教育与就业部是突尼斯职业教育的主管部门，负责职业教育教学的总体监管，下设职业教育署，专门负责职业教育培训。国家旅游局、农业部和国防部根据各自领域和行业的发展需要，开展有行业特色的职业教育培训，并设有专门负责职业教育管理的部门。职业教育中的职业中学归教育部管辖，包括应用型学士学位在内的同科技相关的教育培训由高等教育与科研部负责。

在职业教育培训的具体安排方面，各个主管部委也设有专门的机构。例如，职业教育方面的课程设置和更新以及师资培训由职业教育与就业部下设的国家师资培训和教育策划中心负责。农业领域相关的课程设置和师资培训在很长一段时间里由国家教学和继续教育研究所协同农业部下设的国家职业教育师资培训和教育策划中心负责。2016年1月，突尼斯部长会议决定将农业职业教育培训中心的管辖权交给职业教育与就业部。在继续教育方面，职业教育与就业部下设的国家继续教育和职业发展中心负责继续教育的项目运营和资金管理等事宜。

多个部委的参与和多个部门机构的设置可以发挥各单位的优势，有利于提升职业培训的专业性。但同时，在管理和人才培养方面也难免出现分

---

[1] 在国家就业与资格认定研究中心2011年的年度报告中，突尼斯卫生部也下设职业培训机构，但在后续几年的统计数据中没有再出现相关数据。2017年1月在欧洲培训基金组织和国家就业与资格认定研究中心对突尼斯职业教育做的一份评估报告中，参与职业教育的部委数量是7个，除正文提到的6个部委外，报告没有明确第7个部委的名称。此外，2020年7月职业教育与就业部官网关于职业教育部门的介绍中也没有提及卫生部。

片包干现象，因此需要在整体统筹方面加强沟通、调整。这也正是近年来突尼斯职业教育改革中反复提及的问题。

此外，2011年以前，职业教育主要采取中央集权式管理，职业教育的总体设计、规划以及教学内容的制定都由国家相关部委负责。2013年职业教育改革提出发挥地方机构的作用，2014年新宪法颁布后，教育领域实施地方分权政策，鼓励地方机构更多地参与职业教育，成为职业教育管理的新主体。目前，各级地方政府和机构的主要工作大多局限于采集信息数据，以及代表中央政府发声。有关部门正在努力给予各地方机构更多的自主权，提高地方政府、社会团体、企业等的参与度，以提供更具针对性的职业教育服务，满足当地经济发展和人才需求。需要指出的是，虽然中央与地方以及各领域之间的多方合作和协调有利于保持职业教育的鲜活生命力。然而，如何加强各方合作、如何提升教育发展的整体格局是职业教育发展不容忽视的两个方面，也是近年来突尼斯教育发展面临的挑战。

（二）受教育方

在提供教育培训的过程中，职业教育不仅关注国家发展和用人单位的需求，也十分重视不同人群对职业教育的需求。

作为对普通教育的补充，职业教育为在普通教育中遇到困难的学生提供了新的自我完善的机会，同时也为失学问题提供了一个解决问题的方案。正是出于这方面的考虑，1995年，突尼斯政府开设了技术资格学校，也称行业学校，专门面向小学六年级学生和初中学生。行业学校的教学内容包括普及性的常规教育（语言、科学和社会）和技术技能教育，学制三年。毕业后，学生原则上可以选择升入高中参加高考，也可以选择直接进入职场。2007年，突尼斯行业学校改为职业中学，招生对象为初中二年级毕业生、初中二年级和初中三年级复读生和离校生。学校提供语言课程和社会人文学科课程，同时还提供工业、房屋建筑和服务业三个领域的技术培训，学制两年，成绩合格者可获得基础教育义务阶段技术结业证书。

除了向15岁以下的初中生提供再次接受教育的机会之外，职业教育还将义务教育年龄上限由16岁提升到18岁，以帮助更多的青少年获得进入就业市场所需的技能。2017年3月，突尼斯颁布第2017-13号法令，将初始职业教育纳入义务教育范畴。法律明确规定，18岁以下未进入职场、且没有在基础教育义务阶段或高中阶段就读的人群有接受初始职业教育的义务。具体而言，对于所有年龄在16岁以下，未在基础教育义务阶段就读，但有能力接受教育的人群，他们有权进行以获取CC或CAP为目标的职业教育；对于年龄在16—18岁、未在基础教育阶段就读也没有进入职场，且有能力接受教育的青少年，他们有权接受以获取CC、CAP或BTP为目标的职业教育。

为保障上述条款的实施，该法律还规定，如果监护人在收到有关方面的书面通知后，没有为过早中断学业且未进入职场的被监护人办理上述学习所需的注册手续，那么监护人将被处以20—200第纳尔罚款；如果监护人多次失责，罚款金额可增至400第纳尔。

本着教育机会平等的原则，职业教育体制还向有特殊需求的人群以及弱势人群提供受教育的机会。其一，残疾人及其他有特殊需求的年轻人。欧洲培训基金组织2017年的一份报告显示，突尼斯社会事务部掌管295所特殊教育机构，向残疾人提供包含职业教育在内的培训，帮助他们恢复社会生活。[1] 其二，家庭条件较差，以及由于家庭条件较差导致在学校处境困难的儿童或其他人群。其三，乡村女童。目前，职业教育署下设14个专门针对乡村女童的培训中心，分布在13个省。尽管这些培训中心的设施配置和地理位置通常不是很理想，学员就读率较低，但自20世纪90年代以来，

---

[1] ETF, ONEQ, MFPE. Evaluation du système d'enseignement et de formation professionnels en Tunisie[R]. [S. l.: s. n.], 2017.

这些培训中心在乡村女童职业培训方面仍然取得了一定的成效。[1] 其四，失业者。寻求职业发展和职业晋级的人群。

二、鼓励措施多种多样

突尼斯政府采取了多种鼓励措施，推动职业教育的发展。

（一）利用国内、国际资源，加大财政支持

公立职业教育机构的资金主要来源于国家财政，此外还包括学生缴纳的注册费，个人或组织机构的资助、捐赠，以及机构自身盈利收入等。世界银行、欧盟、法国开发署等多个国际组织和国外机构都向突尼斯的职业教育部门提供过资金和业务上的帮助。在国家层面，2013 年前后，初始职业教育支出约占国家预算的 1%。[2] 2015、2016、2017 和 2019 年，职业教育与就业部年度预算分别为 6.59 亿第纳尔、6.59 亿第纳尔、7.02 亿第纳尔和 8.92 亿第纳尔。[3] 预算额虽然有所提升，但占当年国家预算总额的比例却有所下降，详见图 7.6。[4] 但同 2018 年相比，2019 年用于职业教育推广的费用增加了 60%。[5]

此外，相对于国家给予教育部和高等教育与科研部的预算而言，国家对职业教育与就业部的预算支持力度明显不足。以 2019 年为例，教育部和

---

[1] ETF, ONEQ, MFPE. Evaluation du système d'enseignement et de formation professionnels en Tunisie[R]. [S. l.: s. n.], 2017.

[2] 资料来源于国际劳工组织官网。

[3] 资料来源于突尼斯 Ilboursa 财经金融网。

[4] 资料来源于国际预算伙伴网。

[5] 资料来源于网络管理者中心新闻网。

高等教育与科研部的预算分别占突尼斯年度总预算的 13.69% 和 4.03%，而职业教育与就业部仅占 2.18%。2010—2019 年职业教育与就业部年度预算占国家年度预算总额百分比见图 7.6。[1]

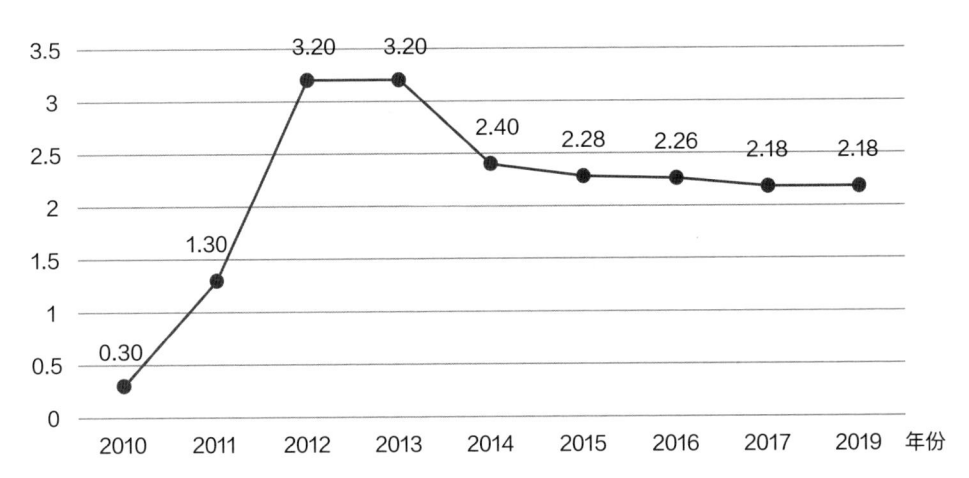

图 7.6 2010—2019 年突尼斯职业教育与就业部年度预算占国家年度预算总额比例（单位：%）

（二）实施财政补贴，鼓励企业参与职业培训

为鼓励职业教育的发展，突尼斯于 2009 年 2 月颁布了第 2009-292 号法令，对职业教育的补贴做出规定。根据这项法规，职业教育可享受财政税收优惠政策，即税收抵免，分为职业教育税垫付款和提款权两种。

第 2009-292 号法令明文规定，职业教育税垫付款面向缴纳职业教育税的企业。为享受优惠，企业上一年度缴纳的职业教育税不得低于 1 000 第纳尔。企业可以享受的职业教育税垫付款总额不得超过上一年度缴税款的 60%，所享受的金额在企业支付培训费用时直接抵扣。提款权主要是针对继

---

[1] 资料来源于 Ilboursa 财经金融网。

续教育的资助，其最高限额为上一年度初始职业教育开支的总额，可享受这项政策的群体为私营企业以及手工艺者，包括：年度应缴纳的职业教育税金额低于1 000第纳尔的公司；年度应缴纳的培训费用不低于1 000第纳尔，但没有使用职业教育税垫付款的公司；职业教育税垫付款全部用完的公司；根据现行法律免缴职业教育税的公司；手工艺者和手工业企业。

除职业教育税垫付款和提款权机制外，从事职业教育培训的机构还可以根据突尼斯《投资促进法》第39条规定，获得相应的支持。第39条规定，对于工业、农业和渔业领域内的企业所开展的能够推动或改善科技水平、提高生产力的培训，国家将承担全部或部分相关费用。突尼斯第2001-1992号法令对此类补贴的金额做了详细说明。根据此项法规，国家承担的费用最高为12.5万第纳尔，如果涉及特别重要的项目投入，补贴金额可达25万第纳尔。

如表7.3所示，2012—2013年，享受教育税垫付款和提款权的企业总数显著增加，2014年出现下滑，随后，享受上述两项优惠政策的企业总数又逐年增加。至2017年，共有4 240家企业从中受益（其中享受职业教育税垫付款企业2 051家，享受提款权企业2 189家）。如今，越来越多的企业参与到职业培训当中，并享受相应的优惠政策。

表7.3 2012—2017年突尼斯享受职业教育税垫付款和提款权的企业数量[1]

（单位：家）

年份	2012	2013	2014	2016	2017
享受职业教育税垫付款的企业	1 949	2 205	1 758	1 974	2 051
享受提款权的企业	1 399	2 703	1 366	1 818	2 189

---

[1] 资料来源于突尼斯职业教育与就业部官网。

（三）减轻学员负担，提升职业教育吸引力

2007年，突尼斯推出培训助学金计划，为参与私立培训中心初始职业教育的学员提供全额或部分学费资助，以鼓励年轻人参加职业教育。这一措施在一定程度上刺激了以沿海地区为主的私立培训中心的发展，学员数量明显增加。2014年，突尼斯职业教育与就业部从促进社会公平和提升职业教育管理的角度出发，对这项培训助学金计划进行修订，强调社会各界在职业教育中的积极作用，将助学金向困难地区倾斜，帮助困难地区学员解决全部培训费用，并鼓励短期培训，以提升就业率，减少失学现象。2016年5月，新的培训助学金计划正式通过。虽然各方积极推动助学金计划的实施，但是其具体成效仍有待观察。

此外，突尼斯政府还对监护人年毛收入在1万第纳尔以下、愿意参与国家优先发展技能领域培训的学员发放奖学金，奖学金数额由2008年的每月25第纳尔提升到2013年的每月60第纳尔；被列为国家优先发展技能领域的专业数量也由2008年的98个增加到2015年的250个。[1]

第三节 职业教育的挑战与对策

虽然突尼斯政府在推动职业教育发展方面做了不少努力和尝试，但目前仍然没有能够改变职业教育相对滞后的情况。面对挑战，突尼斯政府出台了一系列相关政策，力图改变现状。

---

[1] ETF, ONEQ, MFPE. Evaluation du système d'enseignement et de formation professionnels en Tunisie[R]. [S. l.: s. n.], 2017.

一、职业教育面临的挑战

（一）职业教育导学信息体系不完善

突尼斯职业教育的社会认可度偏低，往往是学业困难的学生的无奈之举或者备选方案。相对于职业教育，大众普遍更加倾向于选择高等教育，认为高等教育文凭才是通向公职岗位的桥梁。在高中教育阶段，选择职业教育的学生比例很低。2011年，13.9%的学生选择职业教育，2016年，该比例降至9.1%。[1]欧洲培训基金组织2019年的一份报告再次印证了这一现象。根据报告，只有不到10%的突尼斯年轻人选择职业教育。[2]除职业教育缺乏吸引力外，缺少可靠的职业教育导学信息系统也是重要的因素。有调查结果显示，62%的职业教育辍学人员是在没有任何专业导学建议的情况下，完全凭借个人感觉选择学校和专业。[3]而在教育比较发达的国家，完善的导学体系是减少辍学的有效手段。在突尼斯，这种体制上的缺陷不利于学生和家长全面了解职业教育的发展前景，也无法充分展示职业教育的优势和吸引力。纠正这一体制上的缺陷，建立完善的职业教育导学信息体系是突尼斯职业教育发展面临的一大挑战。

（二）职业教育质量有待提升

前文对2002—2017年突尼斯初始职业教育学员人数的分析中指出，职业教育中能够取得学历证书的学员比例很低。2012—2017年，仅有30%左右的学员最终获得学历证书，职业教育质量低下是原因之一。2017年，突

---

[1] 资料来源于欧洲培训基金组织网。
[2] 资料来源于欧洲培训基金组织网。
[3] 资料来源于经合组织官网。

尼斯职业教育与就业部的一份调查结果显示，19.1%的企业认为提高职业教育质量是公司面临的首要问题，17.4%的企业将提高培训质量列为公司的第二大难题。[1]此外，高居不下的职业教育辍学率也与职业教育培训质量低下有密切关系。在2013年制定的《2014—2018年职业教育资源配置改革——发展导向与行动规划》中，有关部门计划将职业教育辍学率由35%降至15%。[2]然而，突尼斯竞争力和量化研究所2018年的一份调查指出，受调查的职业培训机构的平均辍学率达22.3%，各学历当中CAP的辍学率最高（25.5%），接下来依次为CC（23.7%）、BTP（22.7%）和BTS（17.7%）。[3]究其原因，师资水平欠佳是重要原因。调查还显示，三分之二的培训中心缺乏有资质的教师，在某些特定行业领域，师资不足，甚至严重匮乏。[4]由此可见，加强师资建设，提升教育质量也是突尼斯职业教育急需解决的问题。

（三）职业教育与市场需求脱节

满足市场对就业人口职业技能的需求是职业教育的重要任务。众多研究表明，突尼斯人力资源市场供需不匹配的现象非常严重，这在相当程度上是职业教育导学机制不完善以及职业教育质量欠佳的结果。这一脱节现象具体表现为两方面：一是失业人数庞大，与此同时，用人单位缺岗空岗情况严重；二是企业对劳动力的职业技能水平颇有微词。

2013年，突尼斯推出职业教育资源配置改革。改革方案中明确提出职业教育应满足个人、企业、地方和社会的需求，然而该目标的落实情况不

---

[1] ETF, ONEQ, MFPE. Evaluation du système d'enseignement et de formation professionnels en Tunisie[R]. [S. l.: s. n.], 2017.
[2] 资料来源于突尼斯职业教育与就业部官网。
[3] 资料来源于突尼斯竞争力和量化研究所官网。
[4] 资料来源于突尼斯竞争力和量化研究所官网。

尽如人意。2015 年，国家就业与资格认定研究中心联合国际劳工组织做了一项研究调查，其结果显示在突尼斯劳动市场空缺的 2.9 万个岗位中，有 2.4 万个岗位很难找到拥有 10 年工龄及以上的应聘者。在参与调查的企业中，31% 的企业对岗位人才稀缺现象和求职人员的职业素质表示不满。[1] 2018 年，突尼斯竞争力和量化研究所的一份调查研究再次印证了这一现象，在参与调查的企业当中，27% 的企业表示招不到合格的劳动力，特别是有资质的工人和高级技师。大部分企业认为，职业教育培训内容与企业实际需求不匹配，人才市场难以满足企业对劳动力的需求。[2] 与此同时，不少职业教育学员因培训与期望值不符而辍学。由此可见，加强职业教育的针对性，确保职业教育培训出来的人员符合市场需求是突尼斯职业教育面临的挑战。

二、职业教育的发展对策

（一）完善职业教育导学机制，提升职业教育吸引力

早在 1958 年的教育改革中，加强导学机制建设就被列入职业教育发展需要重点关注的内容。2008 年的教育改革更是加大了这方面的改革力度，第 2008-10 号《职业教育法》明确指出，学生有权全面了解涉及学业发展方向的各种信息，学生应在明确选择理由的基础上，确定自己未来的学业发展道路和职业规划。

建立完善的导学机制并非易事。一方面，健全的导学机制需要有总体的规划、指导原则，完善的管理和跟踪测评体系。另一方面，专业的导学

---

[1] ETF, ONEQ, MFPE. Evaluation du système d'enseignement et de formation professionnels en Tunisie[R]. [S. l.: s. n.], 2017.

[2] 资料来源于突尼斯竞争力和量化研究所官网。

人员需要对就业市场以及各个专业和职业发展前景有比较完备的、有数据支撑的了解，而导学指导部门往往缺乏这样业务过硬的学业发展咨询师，导学工作通常由普通教师承担。因此，加强对导学和职业发展咨询师的培训必不可少。

有鉴于此，在欧盟的协助下，突尼斯设立专门项目，在部分职业教育培训中心建立了导学信息办公室，帮助学员了解职业教育的学制特点和专业设置，协助学生制定学习计划和职业发展规划，引导他们顺利地进入职场。2016年该项目结束时的评估调查结果显示，导学信息办公室已经建立，导学人员也已经上岗，虽然机构的运转情况不尽如人意，但对完善职业教育导学信息体系仍然起到了积极的作用。

除了同欧盟的合作之外，突尼斯教育部还成立了学业发展导向委员会，培训专门人员，向学生和家长提供关于教育体制、各领域职业发展情况等方面的信息和建议，努力完善导学信息体系管理。有关部门还多次组织各种活动，在全国范围内开展宣传，提升职业教育的吸引力。

从上述各项对策可以看出，突尼斯政府了解职业发展面临的主要问题，虽然受国内局势和社会、经济发展等多方因素的制约，这些问题没有能够得到充分的解决，但是职业教育部门始终在寻求改革，探索切实有效的方案。

（二）加强职业教育师资建设，完善教学内容

教师在教育中的作用不言而喻。2008年《职业教育法》规定，在培训中心和企业当中，负责教学和培训指导的教师和培训导师需要接受定期评估，以便有关部门把握和跟踪教学效果以及教学目标的完成情况等。由此可见，政府十分关注职业教育的师资培训和教学效果。

在师资方面，随着职业教育的发展，职业教育教师人数有所增加。2014年，公立职业教育体系中的教师总人数为4 803人，比2013年增加了

47人，其中，培训中心教师2 393人，企业培训导师2 410人。[1]在师资培训上，职业教育领域的教师培训涉及专业技能水平和教育教学水平两个方面。突尼斯设有国家师资培训和教育策划中心，负责教育教学方面的培训。该中心拥有比较规范的管理和培训机制，为突尼斯职业教育培养了很多合格的教师。在专业技能方面，突尼斯设有相应的教师培训体系，政府十分关注教师专业技能培训体系的规范性，努力在总体规划和监督管理方面不断地进行完善。

教学内容的完善和更新也是提升职业教育质量的关键一环。这项工作既需要制定完善的跟踪评估体制，也需要用人单位的积极参与。有鉴于此，突尼斯《2014—2018年职业教育资源配置改革——发展导向与行动规划》提出建立相应的评估系统，目的是从总体上完善职业教育机制，提升职业教育质量，为职业教育的发展再添动力。

（三）针对市场需求强化职业教育的针对性

为了让职业教育更好地满足人才市场的需求，突尼斯政府从企业和行业两方面入手寻求解决方案。在企业层面，国家就业与资格认定研究中心协同用人单位在全国范围内开展企业人力资源需求调查，了解企业所需技能，并采集、分析职业资格认定的有关数据。在此基础上，2016年，国家就业与资格认定研究中心制定了一套职业技能需求规划和认定体系，用于指导职业教育培养方案的制定。此外，政府还鼓励职业教育培训机构加强与企业的合作，听取企业的专业指导意见，在此基础上制定符合企业和市场需求的培养方案，加强培训的针对性。此举不仅能够解决企业当前所需，也可以通过了解企业对未来发展的设想，使培训中心从长远的角度培养市

---

[1] ETF, ONEQ, MFPE. Evaluation du système d'enseignement et de formation professionnels en Tunisie[R]. [S. l.: s. n.], 2017.

场所需人才，避免将有限的资源投放到没有市场需求和发展前景的领域，防止教育资源的浪费。在行业层面上，从 2010 年开始，突尼斯职业教育有关部门就积极努力，把握各行业的特点及其对人力资源质量和数量的需求，编写行业简介，指导职业教育教学。欧洲培训基金组织 2017 年关于突尼斯职业教育的一份报告显示，现有 13 个培训领域中，已有 9 个领域制作了此类简介。[1]

通过这些对策，突尼斯政府努力调整职业教育的教学内容和教学方式，使职业教育的供与求相吻合，从数量和质量两个方面共同促进职业教育的发展，达到为国家发展服务的目的。这也是今后突尼斯职业教育部门始终需要重视的工作内容。

---

[1] ETF, ONEQ, MFPE. Evaluation du système d'enseignement et de formation professionnels en Tunisie[R]. [S. l.: s. n.], 2017.

第八章 成人教育

　　自 1949 年第一届国际成人教育大会召开以来，成人教育的概念得到了发展和扩充，但关于成人教育的定义至今仍没有一个被世界各国一致认同的定论。联合国教科文组织在 1972 年提出的关于成人教育的定义常被广泛引用。这一定义强调，成人教育是"有组织的教育过程整体，无论其内容、层次和方法正式与否，被社会认为属于成人的人们借其发展能力，丰富知识，改善技术性或专业性品质，或者带来个人发展方面的转向以及态度和行为上的改变。这些改变还会影响个体在社会、经济及文化发展方面的参与和疏离程度"[1]。在这一定义中，成人教育作为教育的一个部分，与其他称谓的教育之间缺少明确的界限，成人教育的对象是"被社会认为属于成人的人们"，指的是从年龄、社会角色及自我认知角度被定义为成人的人们，而没有涉及其他更多的条件，与法律上认定的到达一定年龄的"成人"定义存在不同。[2] 在关于突尼斯成人教育的相关统计资料中（包括突尼斯本土和国际组织），有些统计数据针对的是 10 岁及以上人群，有些统计数据针对的是 15 岁及以上人群，还有些统计数据没有说明所针对的具体年龄段，因此，突尼斯的成人教育与年龄涵盖到 18 岁的义务教育有重叠。此外，突尼斯没有明确界定成人教育的教学领域，也没有对成人教育目标人群的特征

---

[1] 窦刚. 体制、实践与概念：成人教育研究的未来 [J]. 成人教育，2019（12）：1-6.
[2] 窦刚. 体制、实践与概念：成人教育研究的未来 [J]. 成人教育，2019（12）：1-6.

进行准确定义，导致成人教育在上述两个层面与高等教育、职业教育、教师教育存在交叉。本章以突尼斯，联合国教科文组织，阿拉伯联盟教育、文化与科学组织等国家和组织的相关文件为基础，重点阐述基础教育、高等教育、职业教育和教师教育之外的被列入突尼斯成人教育的情况。[1]

第一节 成人教育的发展和现状

在不同国家，成人教育根据其社会和制度的特点以及政治、经济、文化等发展水平呈现出不同的形态和发展轨迹。联合国教科文组织2003年的《阿拉伯国家读写能力与成人教育发展报告》指出，在阿拉伯世界，成人教育基本上就等同于扫盲教育，至今很多国家仍持这样的观点，突尼斯也不例外。[2] 尽管自21世纪以来，突尼斯政府开始逐渐拓展成人教育理念的内涵，但扫盲教育依然是突尼斯成人教育中十分重要的组成部分。这与突尼斯的国情发展密不可分：突尼斯独立时文盲率高达84.7%。[3] 在此背景下，突尼斯在开展义务教育的同时积极开展扫盲活动，为日后的成人教育定下基调。

一、扫盲机构和政策

扫盲是突尼斯社会事务部的工作之一，但截至2020年8月，突尼斯

---

[1] 由于各机构对成人年龄的界定不同，本章参考资料中会出现不同的年龄参照值，如10岁、15岁或者不加年龄说明等不同情况，但这并不影响对成人教育状况的整体把握和说明。尽管如此，作者仍努力从各方数据和资料中选取多维度、有代表性、能说明问题的资料，以期尽可能全面地展示突尼斯成人教育的概貌。

[2] 资料来源于联合国教科文组织官网。

[3] 资料来源于Nawaat新闻资讯网。

社会事务部官网上并没有列出专门负责扫盲的职能部门。在成人教育的具体实施过程中，各参与方通过定期举行会议的方式进行沟通与交流。[1] 截至2019年9月，突尼斯有成人教育中心950个，从事成人教育的教师约1 200名。[2]

20世纪90年代初，突尼斯开始教育体制全面改革。突尼斯政府借此时机于1992年制定了《国家扫盲战略》，使扫盲教育与基础教育改革和职业教育改革互为补充，以全面提高人力资源质量。在此背景下，突尼斯扫盲教育有了质的发展，并初步实现了扫盲课程设置的现代化。在该战略实施取得一定成效之后，突尼斯于1999年提出《国家成人教育规划》，将加速扫盲作为核心内容，取代之前的《国家扫盲战略》。

2011年之后，受国内局势的影响，突尼斯的成人教育发展一度放缓。2018年，突尼斯社会事务部提出新的扫盲目标，即每年为21 000名成年人提供扫盲服务，并力争在2025年将该数字提升至50 000人。[3] 此外，突尼斯社会事务部还于2019年重新启动《国家成人教育规划》，成立国家成人教育中心，并希望将突尼斯文盲率减少到8%以下。[4]

二、文盲人群的分布

突尼斯的文盲分布情况有着明显的年龄、地理区域和行业差异。

在年龄方面，根据联合国教科文组织的统计数据，突尼斯15岁以上（含）人口中，15—24岁的文盲占比较少。1984—2011年，15—24岁文盲数量呈下降趋势，2012和2014年有所回升。2014年，15—24岁文盲数量

---

[1] 资料来源于联合国教科文组织官网。
[2] 资料来源于网络管理者中心新闻网。
[3] 资料来源于马格里布经济学家资讯网。
[4] 资料来源于新闻直达资讯网。

为 6.707 万人，占 15 岁以上（含）文盲总量的 3.78%（见图 8.1）。2019 年，10—14 岁（含）和 15—24 岁（含）人群的文盲比例分别为 1.6% 和 3.2%。[1] 由此可见，24 岁以上人群占成人文盲总量的比例很大。

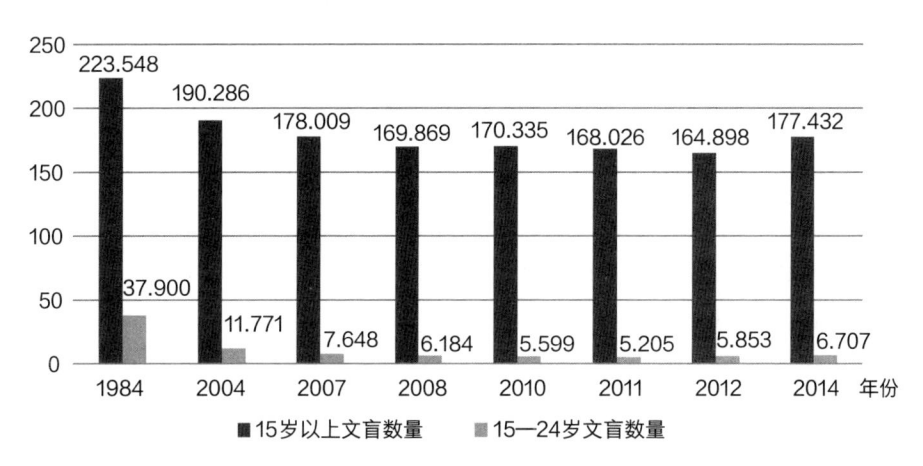

图 8.1　1984—2014 年突尼斯 15 岁以上（含）文盲数量[2]（单位：万人）

在地区分布方面，突尼斯 2014 年人口普查结果显示，农村文盲人口占文盲总数的 55%，市镇文盲占 45%。[3] 经过政府多年的努力，虽然突尼斯文盲整体数量有所减少，但城乡差距依然明显。2018 年，农村地区文盲率为 28.6%，市镇地区为 13.4%，两者相差较大。[4] 2019 年，城乡差距进一步加大，农村人口文盲率和市镇人口文盲率分别为 32.6% 和 13%。[5]

除城乡差异外，突尼斯的文盲率在各个省份也存在很大不同。2017 年，凯鲁万省的文盲率达到 32.9%，坚迪拜省为 32.1%，比塞大省为 20.3%，本阿鲁斯省为 10.1%，突尼斯省为 10.1%。[6] 该组数据体现出文盲率与各地经

---

[1] 资料来源于网络管理者中心新闻网。
[2] 图中数据由作者参照联合国教科文组织统计局公布数字计算而来。
[3] 资料来源于突尼斯竞争力和量化研究所官网。
[4] 资料来源于管理者空间网。
[5] 资料来源于 TN24 资讯网。
[6] 资料来源于突尼斯竞争力和量化研究所官网。

济发展水平之间关系密切：经济越发达的省份文盲率越低。

此外，在不同行业之间，文盲率也存在较大不同。2018年9月的一份资料显示，农业是突尼斯文盲率最高的行业，53%的农业从业人员为文盲，而服务业的文盲率则为22.4%，[1] 建筑和公共工程领域的文盲率为18.2%，社会、教育、文化和卫生服务领域的文盲率为10.1%。[2]

需要特别指出的是，隐藏在上述差异背后的深层差异是性别差异。突尼斯2014年人口普查结果显示，24岁以下人群的文盲率均较低，且男女差异也很小。[3] 而在24岁以上的各个年龄段中，女性文盲率都明显高于男性，并且男女文盲率差随年龄增加而上升。[4] 图8.2以突尼斯文盲率的城乡差异为例，从性别角度对其进行解读。

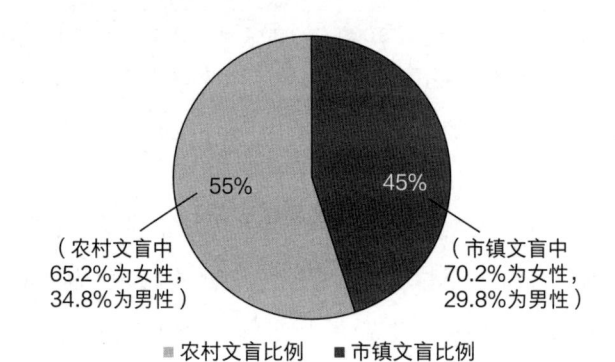

图8.2 2014年突尼斯农村和市镇文盲男女比例对比 [5]

从图8.2可以看出，文盲率的城乡差别背后隐藏着共性，即女性文盲率大幅高于男性。2015年，突尼斯国家统计局对1956—2014年男女文盲率进行统计后得出以下结论：1956年，突尼斯女性文盲率为96%，男性文盲率为

---

[1] 资料来源于马格里布经济学家资讯网。
[2] 资料来源于《引领者》杂志官网。
[3] 资料来源于突尼斯国家统计局官网。
[4] 资料来源于突尼斯国家统计局官网。
[5] 资料来源于突尼斯竞争力和量化研究所官网。

74.5%。[1] 2014 年，女性和男性的文盲率分别为 25% 和 12.4%，相较于 1956 年各减少了 71% 和 62.1%。[2] 由此可见，女性文盲率的降幅高于男性，但是女性文盲率仍高于男性。2015 年，突尼斯文盲中有 2/3 是女性。[3] 2019 年，10 岁以上（含）人群中，女性文盲率为 25.6%，男性为 12.8%。[4]

从男女文盲绝对数量上看，联合国教科文组织数据显示，1984 年，突尼斯 15 岁以上（含）女性文盲近 140 万人，此后逐年减少，到 2012 年降到 117 万余人，28 年间 15 岁以上（含）女性文盲数量共减少了约 21 万，2014 年该数值小幅回弹，达到近 120 万（见图 8.3）。

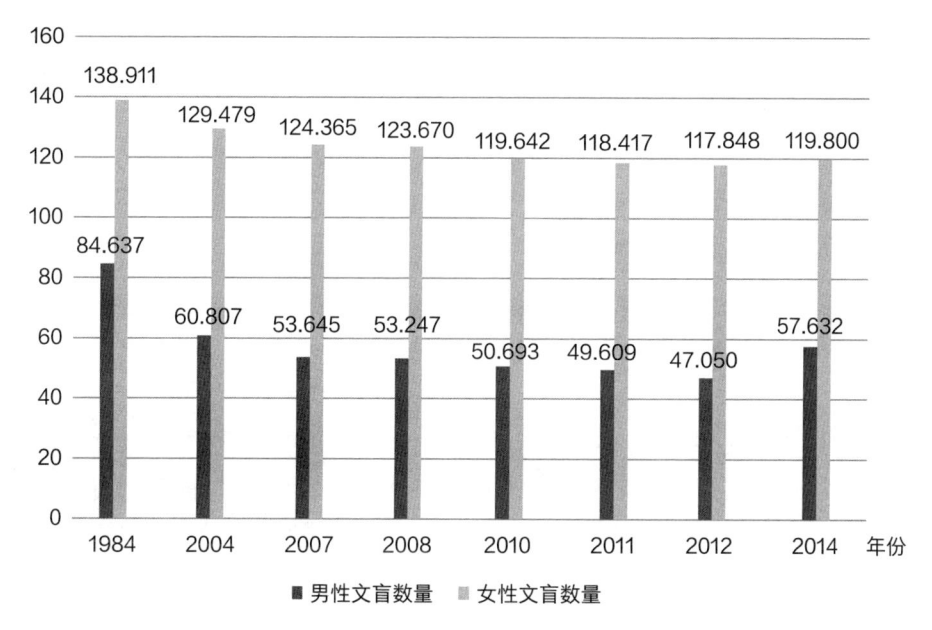

图 8.3 1984—2014 年突尼斯 15 岁以上（含）文盲男女数量 [5]（单位：万人）

---

[1] 资料来源于突尼斯国家统计局官网。
[2] 资料来源于突尼斯国家统计局官网。
[3] 资料来源于联合国驻突尼斯办事处官网。
[4] 资料来源于联合国官网。
[5] 资料来源于联合国教科文组织统计局官网。

以上数据表明，尽管取得了令人瞩目的成就，但突尼斯仍有大量女性处于文盲状态。2015年以来，突尼斯调整并出台一系列新的扫盲和成人教育政策，成人教育活动取得了一定成果，这些新进展也主要体现在女性扫盲方面。2018—2019学年，23 480成年人接受了扫盲教育，比上一学年增长了6.16%，其中18 717人为妇女，约占培训人数的80%。[1]

三、扫盲成效

从突尼斯独立至今，突尼斯扫盲教育大致可以分为四个阶段，这期间文盲率大幅降低，取得的成绩有目共睹（见图8.4）。

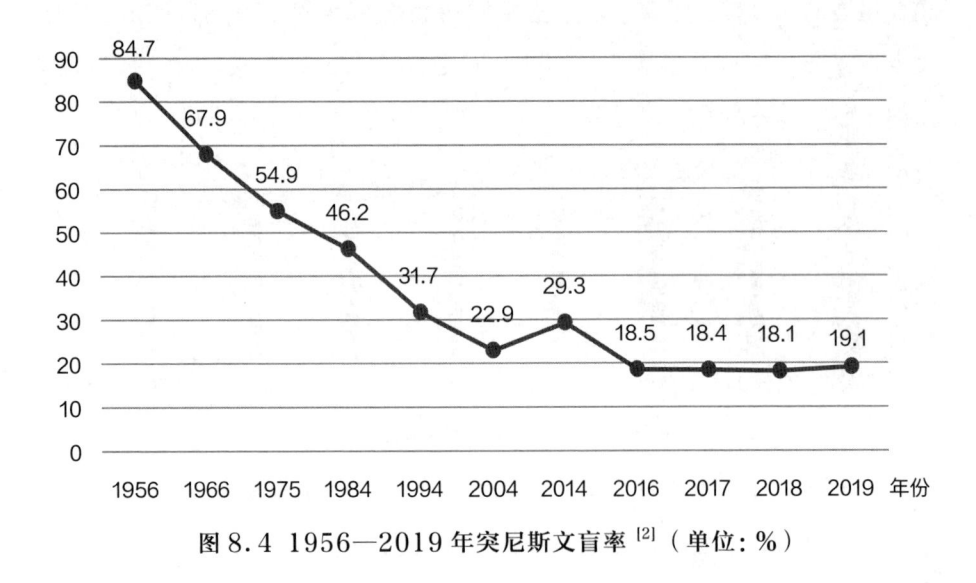

图 8.4 1956—2019 年突尼斯文盲率 [2] （单位：%）

1956—1984年是突尼斯扫盲成绩卓著的时期。独立之前，绝大部分突

---

[1] 资料来源于 Webdo 资讯网。
[2] 资料来源于 Nawaat 新闻资讯网和管理者空间网。

尼斯民众没有接受教育的机会,因此1956年突尼斯的文盲率高达84.7%,经过近30年的努力,到1984年,突尼斯文盲率下降到46.2%,降幅为38.5%。在这段时期内,第一个十年的成绩最为显著,1966年突尼斯文盲率降至67.9%,降幅接近17%,此后文盲率的下降速度有所放缓,第二个十年文盲率降幅为13%,第三个十年降幅为8.7%。[1]

1984—1999年是突尼斯教育体制发生巨变的15年。20世纪80年代末,突尼斯启动教育体制改革,九年义务教育制度的实施有效提升了基础教育的入学率,大幅度地提升了儿童的受教育比例。在此浪潮之下,1992年,突尼斯《国家扫盲战略》的实施开启了突尼斯成人教育和扫盲的新阶段。1994年,突尼斯文盲率降至31.7%,比1984年降低了约15%,降幅明显高于上一个十年。1999年,突尼斯文盲率降至27%。[2]同一年,在总结、分析《国家扫盲战略》实施情况之后,突尼斯政府推出了《国家成人教育规划》。《国家成人教育规划》的诞生为突尼斯的成人教育和扫盲注入了新的活力,同时也提出了新的目标。

2000—2010年是突尼斯扫盲教育的又一个阶段。联合国资料显示,2000年,撒哈拉以南非洲、南亚与西亚、阿拉伯国家与北非这三个地区集中了世界上约70%的成人文盲。[3]在上述地区中,阿拉伯国家的文盲率为38.5%,[4]通过前一阶段的扫盲工作,突尼斯2000年的文盲率已大大低于这个数字。在此基础上,突尼斯在2000—2010年进一步为643 815人提供了扫盲教育。[5]

2011年至今可视为突尼斯扫盲教育的最新阶段。在出现动荡之后,政府工作的首要目标是稳定政局和发展经济,因此对成人教育的关注度有所

---

[1] 资料来源于Nawaat新闻资讯网和管理者空间网。
[2] 资料来源于德国成人教育联合会国际合作院官网。
[3] 资料来源于联合国官网。
[4] 资料来源于德国成人教育联合会国际合作院官网。
[5] 资料来源于突尼斯资讯网。

降低。尽管突尼斯在 2015—2019 年继续推出一系列有利于成人教育发展的政策和措施，但还是没能阻止文盲率回升。突尼斯文盲率于 2014 年首次反弹至 29.3%，此后有所下降，但 2019 年再次呈现回升势头。

　　研究突尼斯扫盲教育的文献资料中另外一个经常引用的参数是 15 岁以上文盲数量。1984 年，突尼斯 15 岁以上（含）文盲人数降至约 223.5 万；2004 年，突尼斯 15 岁以上（含）文盲数量超过 190 万，到 2010 年该数量降至 170 万左右，减少了近 20 万人；2014 年，突尼斯 15 岁以上（含）文盲数量超过 177 万人，比 2011 年的 168 万多出 9 万余人（见图 8.5）。这一统计与前文中提到 2014 年突尼斯文盲率反弹的情况吻合。

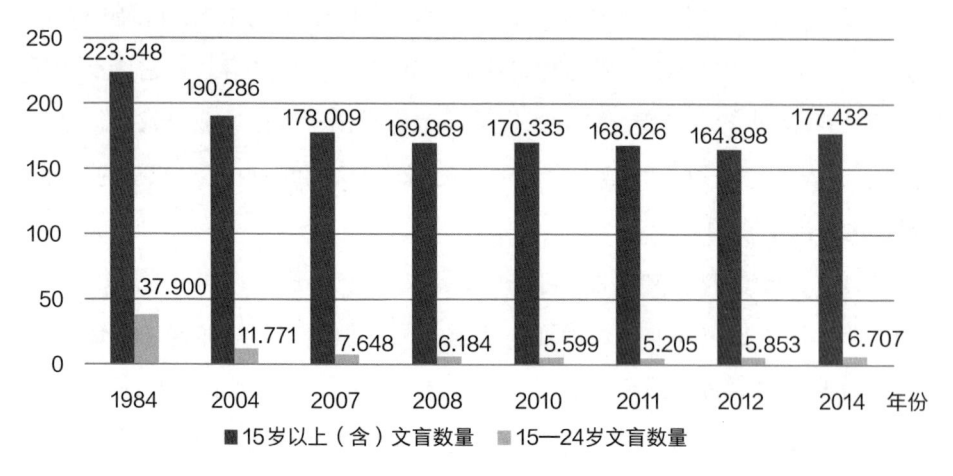

图 8.5　1984—2014 年突尼斯 15 岁以上（含）文盲数量[1]（单位：万人）

　　与 15 岁以上（含）人口文盲数量形成对比的数据是脱盲率。图 8.6 显示了 1984—2014 年突尼斯脱盲率的变化。可以看到，在 2014 年突尼斯仍然有接近五分之一的 15 岁以上人口没有脱盲。

---

[1] 图中数据由作者参照联合国教科文组织统计局公布数字计算而来。

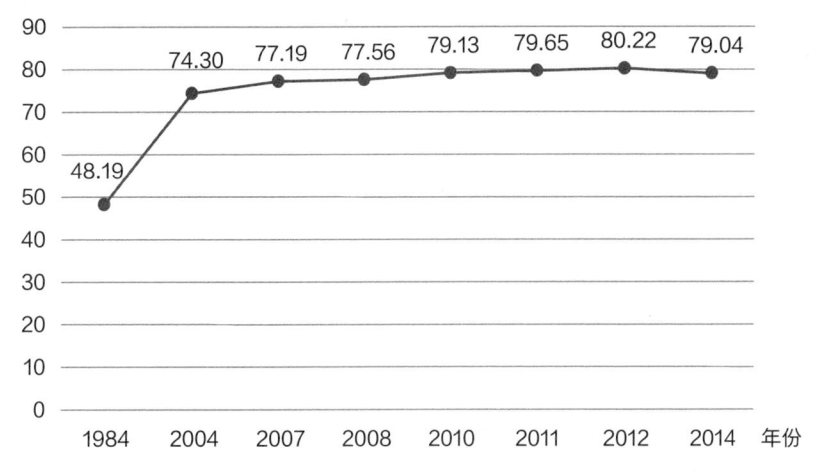

图 8.6 1984—2014 年突尼斯 15 岁以上（含）人口脱盲率 [1]（单位：%）

从绝对数量上来看，突尼斯 2015—2018 年文盲的数量虽然较 2014 年文盲数量有所下降，但仍然有 170 余万人，接近总人口的 15%（见图 8.7）。若将这一数字与图 8.3 中的 15 岁以上（含）人口文盲数量进行比较，我们可以得出大多数文盲人口集中在 15 岁以上（含）这一年龄段的结论。[2]

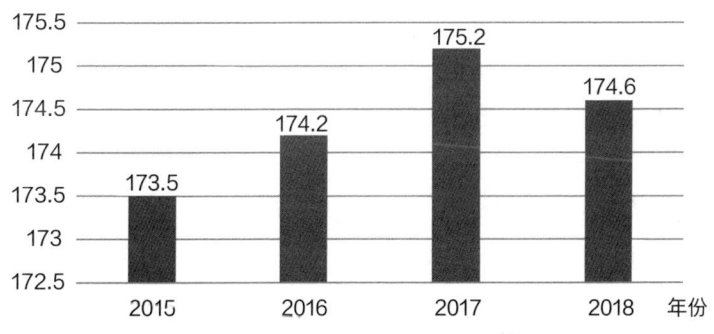

图 8.7 2015—2018 年突尼斯文盲数量 [3]（单位：万人）

---

[1] 数据来源于联合国教科文组织统计局官网。
[2] 资料来源于突尼斯国家统计局官网。根据突尼斯 2014 年人口普查结果，24 岁以下人群文盲率较低，因此，15 岁以上文盲中的绝大部分人群年龄在 24 岁以上。
[3] 资料来源于管理者空间网。

以上分析表明，尽管突尼斯独立后在扫盲领域取得了巨大成就，但劳动力人口的文化水平至今仍然受此局限，因此扫盲仍然是一项艰巨的任务。可以想见，庞大的文盲数量对突尼斯成人教育在其他方向上的发展也必然有所制约。

第二节 成人教育的特点与经验

突尼斯成人教育的特点是以扫盲为主，并重点在女性群体中推广。进入 21 世纪后，突尼斯政府努力在兼顾扫盲教育的同时，更新成人教育的理念和内容，开展更深层次的成人教育，使其成为突尼斯成人教育的又一特色。在成人教育的发展过程中，突尼斯注重调动多方力量，积极加强与有关各方的合作，同时注重汲取国际上先进的成人教育经验，加以借鉴。

一、成人教育的特点

（一）以女性为扫盲重点对象

突尼斯成人教育以基本国情为出发点，将女性扫盲作为成人教育的工作重心。实际上女性在文盲人群中比例巨大的重要原因是长久以来男女不平等现象的存在。为女性扫盲、提高女性的社会政治地位一直是突尼斯政府的工作重点之一。

首先从法律、政策角度，1956 年国家独立后，突尼斯颁布了《个人地位法》，对突尼斯的家庭和性别关系给予了新的定义，赋予女性充分平等的权利，由此，突尼斯妇女的地位发生了巨大的变化。1993 年，突尼斯再次修订《公民法》，女性社会地位进一步提升，女性扫盲、受教育的重要性日渐突出。需要特别指出的是，根据世界银行统计数据，1995年之前，突尼斯人口中男性比例总体维持不断增长的趋势，但是，1995年后，女性在突尼斯人口中的比例不断上升，2007年后已经超过男性，加之突尼斯总人口数量一直保持平稳上升趋势[1]，因此，突尼斯政府的各项扫盲措施和国家的相关文件都将女性扫盲列为重点内容，这是实现国家总体扫盲目标、推动成人教育发展的重要一环，同时也说明突尼斯独立以来一直将女性扫盲作为成人教育的核心工作是符合本国国情并且颇具远见的做法。

此外，突尼斯政府注重联合女性组织等多方力量，共同推进女性扫盲和教育的发展。随着相关法律和政策的颁布，突尼斯的女性运动蓬勃发展，女性组织大幅增多，这在改善妇女地位、实现女性脱盲、推动女性成人教育方面发挥了积极作用。政府与这些女性组织积极合作，加大宣传力度，以此来吸引尽可能多的妇女参加扫盲和成人教育。为此，政府还为住在特别偏远地区的农村妇女安排班车，方便她们去培训教育中心学习。2019年，突尼斯与德国成人教育联合会国际合作院开展成人教育合作时，除主管成人教育的社会事务部外，还联合了两家妇女组织，即突尼斯国家妇女联合会和非政府组织卡夫农村妇女和青年教育与就业联合会[2]。突尼斯从多方入手，强调妇女在新的成人教育发展规划中的地位可见一斑。然而，虽然几十年来突尼斯的妇女运动为女性争取了实际的权益，但男女不平等的社会观念根深蒂固，传统的社会认知让女性没能完全摆脱家庭的主导，男权意识对女性的限制依旧存在，女性接受教育的权利仍然没有得到充分的维护，这也是突尼斯政府至今还在努力推动女性扫盲和教育的原因之一。

---

[1] 资料来源于世界银行官网。

[2] 资料来源于突尼斯资讯网。

（二）注重成人教育理念的与时俱进

随着突尼斯社会、经济和文化的不断发展和国际扫盲运动以及成人教育活动的推广，原有的成人教育理念逐渐显得有些陈旧，仅以帮助人们能够识字和进行简单计算为目的的扫盲活动无法全面满足突尼斯社会的发展需求。

在更新成人教育理念方面，突尼斯参照联合国的相关文件，结合突尼斯的实际情况，将联合国文件的精神本土化，在进一步巩固扫盲成果的同时，因地制宜地更新成人教育的理念，从政策上和行动上推动成人教育向更加广阔和更加深入的层次发展。这也是21世纪突尼斯成人教育的又一特点。

实际上，早在1965年，联合国教科文组织就在伊朗德黑兰组织的教育部长会议上首次提出了"功能性文盲"这一说法。该概念与"一般性文盲"相对，从意识观念的角度对"文盲"这一概念做出重大革新。具体说来，"功能性文盲"是指具备一般读写和计算技能，但无法在此基础上掌握现代社会生活所需种种技能的人。根据这一定义，扫盲目标从传统的、静态的、普及读写与算术的单一指标，转变为站在动态角度，根据本国国情需要，普及一切现代文化生活所需的观念和技能的多重指标。[1]

在突尼斯，长期相对落后的基础教育及起点相对较低的经济基础导致

---

[1] 2015年，联合国教科文组织第38届大会通过了《关于成人学习与教育的建议书》（以下简称《建议书》），在新时代背景下对成人教育的含义和目的做出新的说明和阐述，为各国提供了成人教育的指导性意见。该文件中的部分描述在相当程度上能够体现当代突尼斯社会及成人教育的发展现状。具体说来，《建议书》明确提出扫盲不仅包括读写能力、运用书面材料进行识别、理解和计算的能力，还包括对资料的进一步解读、创造和交流能力，以及在技术日益发达、信息日渐丰富的环境中解决问题的能力。包括扫盲在内的成人学习与教育还包含增强公民意识的教育和学习机会，让人们有能力积极参与解决各种社会问题。在个人发展方面，成人教育还应当从健康、福祉、文化和精神生活方面以及以其他有益于个人发展和尊严的方式，帮助人们过上体面的生活。《建议书》还特别提出，作为教育的重要组成部分，成人教育的落实和发展需要根据各国的实际情况因地制宜地开展。这一思路对于处于转型阶段的突尼斯有相当的影响，为突尼斯的成人教育发展提供了具有指导性的推力。详细信息可参见联合国教科文组织官网。

民众甚至是官员对扫盲这一概念的理解相对固化。突尼斯社会事务部负责扫盲和成人教育的官员希沙姆·本·阿布达曾经指出，成人教育的目的仅仅是让文盲能够阅读、写作和计算的观点是一个普遍的错误。[1]

1999年以来，突尼斯政府制定了一系列政策以调整之前成人教育的方向。1999年，突尼斯推出的《国家成人教育规划》就提出在继续推动扫盲活动的同时，培养已脱盲人群的自我提升能力，强调功能性扫盲在促进就业和社会和谐与团结方面的作用。[2] 2013年1月8日，借"阿拉伯扫盲日"之机，突尼斯召开加强公民意识、普及选举知识的经验交流会，推动成人教育的发展。

2018年，突尼斯拟定一项新的扫盲与成人教育战略规划，并同时制定具体的实施方案，以推动2018—2030年突尼斯扫盲和成人教育的发展。该战略规划一方面提出在2030年前每年减少文盲43 000人，并将突尼斯的文盲率降到10%以下，另一方面特别着重指出要推动成人教育向更加广泛和深入的层次发展。[3]

2019年7月，突尼斯社会事务部与德国成人教育联合会国际合作院签署协议，将完善女性教育、维护妇女权益纳入协议内容。突尼斯妇女儿童家庭事务部部长内齐哈·拉比迪指出，之前的扫盲计划只停留在读写方面，而上述协议将更新之前的扫盲计划，纳入反家庭暴力和买卖儿童、教育方法和家庭内部沟通、生育健康、疫苗接种、手工业技能学习等多个方面，成人教育的内容越来越广泛。

此次突德合作协议的内容还包括在突尼斯以推广终身教育的方式，推动成人教育发展。双方决定在突尼斯建立跨学科的终身教育体制，在传授知识和技能的基础上，提升人类发展指标，最终服务当地经济发展。终身

---

[1] 资料来源于《引领者》杂志官网。
[2] 资料来源于突尼斯竞争力和量化研究所官网。
[3] 资料来源于《引领者》杂志官网。

教育的开展无疑为突尼斯的成人教育增添了新的内容，也推动"功能性成人教育"再次向前迈进一步。

2019年12月突尼斯终身教育大学揭牌之际，社会事务部部长穆罕默德·特拉贝尔西宣布将联合阿拉伯人权研究所和马努巴大学以及主要来自德国的国际专家共同实施新的成人教育计划。在此框架内，突尼斯社会事务部和马努巴大学文学、人类学和艺术学院签订了终身学习领域的合作协议。对此，突尼斯终身教育大学校长穆罕默德·艾哈迈德·加布西特别强调指出，成人教育计划中的理念部分与之前的传统教育不同，更加注重加强受教育者在价值观方面的认识。

综上可见，虽然突尼斯扫盲的任务仍然艰巨，但政府努力与时俱进，推动成人教育理念和实践不断丰富和发展，使之成为突尼斯成人教育的又一特色。

二、成人教育的经验

（一）注重多部门合作，共同推进成人教育发展

教育的发展需要多个政府部门和社会各方的参与和支持，成人教育亦是如此。突尼斯成人教育的经验之一便是各政府部门和社会各方密切合作，针对具体问题提出解决方案。

2018年，突尼斯拟定了新的扫盲与成人教育战略规划，为配合该战略规划的实施，成人教育相关部门与职业教育与就业部、农业部和突尼斯妇女联合会签署了伙伴关系协议，为成人教育新战略的实施提供便利条件。此外，负责管理和实施该规划的部门还与多个政党以及中央和地方各级单位保持沟通和协调，调动多方资源，以便相关措施能够得到更好的落实。

如前所述，女性扫盲是突尼斯成人教育的重要内容，因此政府积极开展同妇女组织的合作，希望通过妇女组织的参与加大宣传力度，吸引尽可能多的妇女参加扫盲和成人教育。以突尼斯与德国成人教育联合会国际合作院的合作为例，在参与合作的妇女组织的帮助下，合作推出四个月后便有约 12 000 名妇女接受培训，并加入农村妇女社保体系。[1] 2020 年 12 月，突尼斯国家妇女联合会公布了其成人教育战略，明确其 2021—2026 年成人教育的工作方向，主要目标是通过现代化的教学手段，进一步吸引更多的妇女加入成人教育行列。多部门多组织的支持与参与加快了成人教育前进的步伐，成为突尼斯成人教育发展的亮点和经验。

（二）积极开展国际交流与合作，助力成人教育的完善

关注世界成人教育发展，借鉴先进的理念，积极开展国际合作与交流是突尼斯在成人教育发展中的另一条宝贵经验，为突尼斯成人教育的完善起到了非常重要的推动作用。

1990 年的世界全民教育大会是突尼斯成人教育发展的第一个重要节点。大会将扫盲作为世界各国教育发展的重要内容，确立了到 2000 年，将成人文盲率降至 1990 年文盲率一半的目标，并着重强调妇女扫盲措施的落实。作为参会国家，突尼斯签署了大会决议，加入了向这一目标迈进的行列，并在此背景下制定了《国家扫盲战略》。

1997 年，突尼斯参加联合国教科文组织举办的国际成人教育大会。借此机会，突尼斯回顾了《国家扫盲战略》的推进过程，总结经验，着手制定新的发展战略，以便为扫盲教育的发展更好地提供支持。1999 年，《国家成人教育规划》出台，取代了 1992 年制定的《国家扫盲战略》。

---

[1] 数据来源于 Gnet 新闻网。

2011年，阿拉伯联盟教育、文化与科学组织开展"扫盲与推动农村妇女发展"主题活动，将扫盲与农村妇女的发展结合起来，突尼斯作为成员国给予积极响应。在与阿拉伯国家加强成人教育领域合作与联系的同时，突尼斯政府还与欧洲国家合作，借助外力推动"功能性成人教育"的普及。

2015年，联合国教科文组织修订了《关于成人学习与教育的建议书》。该文件指出扫盲是成人学习与教育的重要组成部分，敦促各国制定成人教育的总体方针政策，提升成人教育的地位，开展多方合作。在此基础上，突尼斯政府与联合国教科文组织驻拉巴特机构合作，颁布了《扫盲、成人教育和非正式教育战略》，指导突尼斯成人教育的进一步发展。

2019年，突尼斯与德国成人教育联合会国际合作院签订合作协议，借鉴德方在成人教育方面的经验，将突尼斯的成人教育向更为广泛和深入的层次推进。合作协议设定了19个具体目标，并特别突出成人教育在实现突尼斯可持续发展中的作用。通过该项合作，德国成人教育联合会国际合作院向突尼斯提供技术和资金援助，帮助突尼斯社会事务部建设三个多学科中心，提升成人教育现代化程度，发展创新性手段动员民众参与成人教育，促进社会和经济融入，规范大众日常行为，普及成人教育的新方法，充实成人教育的内容，将成人教育与建设终身学习型社会的目标相结合。[1] 这些新措施使突尼斯成人教育又进入了一个新阶段。

---

[1] 资料来源于联合国教科文组织官网。

第三节 成人教育的挑战和对策

一、成人教育面临的挑战

（一）传统观念的桎梏以及人力物力的局限

如前文所述，突尼斯自独立以来就十分重视成人教育，并积极与各国际组织合作制定关于成人教育发展的纲要和建议，推出本国的成人教育战略及规划，然而女性应以家庭为主等民间传统观念以及推广成人教育过程中暴露的资源不足问题始终是突尼斯成人教育面临的挑战。

以上问题在20世纪90年代制定的《国家扫盲战略》的推行过程中体现明显。例如，部分参与成人教育的合作方缺乏热情，宣传与投入度不高，导致大众对扫盲的意义缺乏足够的认识；部分扫盲中心学员数量达不到预期，一些学员甚至仅仅因为居住地距离扫盲中心较远就放弃学习。而且，无论在质量上还是数量上，实际投入的人力、物力资源与扫盲战略制定的目标相比显得捉襟见肘，导致无法完全实现战略目标的各项指标。正因如此，在20世纪末的最后五年里，突尼斯扫盲进程有所放缓。有专家在总结《国家扫盲战略》的实施成效时指出，突尼斯并没有取得预期的扫盲效果，全国每年新增扫盲学员人数不超过1万人，而且辍学情况十分严重。[1]

1999年制定的《国家成人教育规划》在实施过程中也并非一帆风顺。《国家成人教育规划》确定了以下五项主要目标：到2004年，突尼斯的文盲率将由1999年的27%降至20%，并为25万突尼斯人提供扫盲服务；优先开展30岁以下年轻人的扫盲活动，将这个年龄段的文盲率由9.1%降至3%；

---

[1] 资料来源于德国成人教育联合会国际合作院官网。

优先开展妇女和农村人口的扫盲活动；在 68 个代表性地区优先开展扫盲活动；优先关注已就业人口的扫盲问题。[1] 此外，突尼斯在国家第十个五年规划（2002—2006 年）中设立了新的扫盲目标，即在 2004 年实现 30 岁以下人群文盲清零，2006 年整体文盲比例降至 16%，2010 年降至 10%。然而受制于有限的人力、物力等资源，这些目标均没有实现。如何解决目标理念与现实脱节的问题，是突尼斯政府必须要解决的难题。

（二）政局不稳造成的政策不连续性

2011 年突尼斯政治巨变之后，受国内局势的影响，突尼斯的成人教育发展一度放缓。由于政府频繁更迭，成人教育战略和扫盲政策也处在不断的调整和修订当中，政策、目标稳定性和持久性不够理想，成人教育发展缺乏动力，停滞不前。前文所述的 2012 年和 2014 年文盲数量的回升就是表象之一。

二、成人教育的发展对策

（一）多方面投入，努力实现政策目标

为实现成人教育政策的目标，突尼斯政府先后从多个角度入手，为战略规划的落实提供便利。

在教学方面，突尼斯政府注重师资建设，为教师和学员提供多种教学指导和学习方法，2018 年，突尼斯政府还提出改善合同制教师地位，向合

---

[1] 资料来源于德国成人教育联合会国际合作院官网。

同制教师发放补贴，为教师提供更多的保障；在资源配备方面，政府调动各方资源，设计网络体系，加强成人教育有关各方的合作和伙伴关系，为成人教育的开展提供尽可能多的便利条件。同时，政府还积极推动职业教育与就业部、农业部以及各妇女组织等多方机构积极参与成人教育项目，落实方针政策。此外，政府还组织成人教育全国经验交流会，推动成人教育发展。在宣传方面，突尼斯在国家第十个五年规划（2002—2006 年）建设期间推出了成人教育电视项目，以电视为媒介进行成人教育活动。2017 年，突尼斯推出一项信息交流计划，旨在借助人们可触及的媒体手段，提升公众对成人教育的关注度。2018 年，突尼斯提出起草首部成人教育法，为成人教育建设提供法律依据，[1] 这是成人教育发展史上具有突破性意义的举措，必将为突尼斯成人教育的发展提供更加坚实有力的保障。

除上述各项措施外，突尼斯还不断完善成人教育机构，提升成人教育管理水平。为此，政府先后设置了新的扫盲策略执行机构。例如，为配合《国家扫盲战略》的实施，突尼斯政府组建了一个国家级扫盲委员会、24 个大区级扫盲委员会和 260 个地区级扫盲委员会。[2] 为保障《国家成人教育规划》的落实，突尼斯政府专门设置了一名国务秘书级别的成人教育总协调人，并在每个省份设立成人教育处并任命一名省级协调人，加强成人教育监督。2017 年，突尼斯政府还提出组建一个部级委员会，对成人教育与突尼斯社会的对接程度进行监督考察，以有效地保证扫盲活动的持续进行，减少失学、辍学现象。为保障《国家成人教育规划》的落实，国家还投入专项资金，在成人教育师资培训、硬件配备等方面提供必要的财政支持。2017 年，社会事务部部长穆罕默德·特拉贝尔西宣布启动针对成人教育的财政鼓励机制，激励成人教育发展。

---

[1] 资料来源于《引领者》杂志官网。

[2] 资料来源于德国成人教育联合会国际合作院官网。

（二）克服不稳定因素，制定并完善新时期成人教育的新策略

2015年，突尼斯政府借鉴联合国教科文组织在该年修订的《关于成人学习与教育的建议书》，与联合国教科文组织驻拉巴特机构共同发布了《扫盲、成人教育和非正式教育战略》。该战略以突尼斯新宪法，突尼斯关于教育、培训和发展的法律法规，以及相关国际公约为基础，针对15—59岁人群，积极努力调动社会各界投入到扫盲行动之中，力求发挥成人教育在国家可持续发展中的作用。[1] 此项战略将扫盲重点放在人口密集区域和农村地区，希望到2025年建成一个没有文盲的突尼斯社会。[2]

为配合该战略的顺利实施，2017年9月，突尼斯社会事务部在突尼斯市组织了一个主题为"扫盲、成人教育和非正式教育战略"的全国讨论会。2019年8月，突尼斯政府发布第2019-876号法规，在社会事务部下设国家成人教育中心，赋予其行政自主权和财务权并明确其职责，使其更好地在成人教育领域发挥作用。

此外，在2019年签订的突尼斯与德国成人教育联合会国际合作院的协议当中，双方也明确了在完善成人发展战略、推动相关法律制定、规范扫盲活动等方面的合作意向。综上所述，自2011年以来，突尼斯政府努力采取了一系列有针对性的举措，着力解决成人教育发展中的困难和挑战。

---

[1] 资料来源于网络管理者中心新闻网。
[2] 资料来源于管理者空间网。

第九章 教师教育

突尼斯教师教育的历史最早可以追溯到法国殖民时期。1884年，法国当局成立阿拉维师范学校培养法语教师，并于1909年将其改制为突尼斯市男子师范学校。1891年，茹费理女子中学成立小学师范班，该班于1911年改制为突尼斯市女子师范学校。在殖民统治期间，法国当局没有成立任何专门的中等师范教育机构。至1953年，突尼斯全国只有193名本土教师。[1]

第一节 教师教育的发展和现状

突尼斯教师教育的发展过程呈现出一定的周期性，其原因表面上可归结于突尼斯独立后的教育推广政策，而从深层来说，教育作为培养人才的机制，其发展必然遵循人口及教育领域发展的客观内在规律。突尼斯教师教育发展的历史脉络是先有小学师资教育，后有中学师资教育。与小学和中学师资教育一样，突尼斯独立初期的大学师资教育源自殖民时期的体系，之后才慢慢开始本土化过程。随着教师教育体系的不断完善，学前师范教育和教师在职培训也逐渐成型。

---

[1] SRAIEB N. Colonisation, décolonisation et enseignement : l'exemple Tunisien[M]. Tunis : Institut national des sciences de l'éducation, 1974 : 194.

一、教师教育的发展

自独立以来，突尼斯小学教师教育大致经历了四个阶段。第一阶段即国家独立初期，此时政府采用"先招聘再培训"和"在中学培养小学教师"的"短平快"策略，目的是尽快普及小学教育。在这一时期，突尼斯政府在莫纳斯提尔市和拉马萨市成立了两所新的小学教师师范学校，并在各中学成立"师范班"，以填补小学教师严重的数量缺口。第二阶段始于1967年，当年突尼斯政府对自独立以来施行的教师教育政策进行了评估并做出调整，其中比较重要的措施包括废除中学的"师范班"、在中学设立专门的考试以选拔有志投身教育事业的年轻人进入小学教师师范学校学习。上述政策的实施标志着小学教师教育进入专业化时期。第三阶段始于1990年，原有的小学教师师范学校停止运作，其职能由新成立的教师培训高等学院承担。2008年，政府再次对小学教师培养制度进行重大调整，成立教师职业与培训学院取代原有的教师培训高等学院[1]。这次调整标志着突尼斯小学教师教育为了适应新时代，力图站在新高度，提高整体水平而进入第四阶段。

突尼斯的中学教师教育主要经历了两个阶段。由于刚独立时对中学教师的需求并没有那么大，突尼斯仅于1956年和1958年分别成立了一所高等师范学校（简称为高师）和一所助理教师师范学校以培养中学师资。[2]之后，政府将先前的助理教师师范学校改制为高等技术师范学校以培养技术中学及职业培训中心的教师，并在苏塞和比塞大成立了两所新的中等师范学校。随着中学教育的普及化，对中学教师的需求大大增加，原来带有精英色彩

---

[1] United Nations International Children's Emergency Fund. Rapport national sur les enfants non-scolarisés[R]. Tunis：UNICEF, 2014.

[2] AMOR M, AMMAR M. Le système de formation des ressources humaines en Tunisie[J]. Revue internationale d'éducation de Sèvres, 2017, 75：27-34. 高等师范学校也培养国家干部和大学教师。这一时期的高等师范教育以精英教育为特征，选择教师方向的学生除了公共课程之外还要特别学习学科专业课以及教学法等课程，学习期满之后需要实习。除高师以外，其他大学的毕业生也可以当中学教师。

的中学教师培育体系不再符合时宜，中学教师教育于20世纪90年代借高等教育改革之机进入新阶段，高等技术师范学校及中等师范学校全部并入大学系统，自此突尼斯不再有独立的中等师范学校，所有的中学教师全部通过大学教育培养。

独立后，突尼斯高等教育阶段教师的培养模式也经历过几次变化。独立之初，突尼斯高等教育基础薄弱，大部分大学教师仍然是法国国籍。新成立的大学如高等师范学校，以及少数殖民时期遗留下来的高等教育机构虽然继续运作，但其职能除了提供教育之外也同时负责培养国家高级干部。直至20世纪90年代，立足于高等教育、真正只以培养教师为目的的教师教育才逐渐形成。

20世纪70年代，突尼斯通过立法对学前教育教师的资质做出要求，并且将学前教育阶段的教师教育纳入国民教育体系。随着国家的发展，针对学前教育阶段的教师培养更加专业化。1990年，儿童教师高等学院成立。该学院隶属迦太基大学，由迦太基大学和妇女儿童家庭事务部联合管理，主要为幼教人员提供在职培训并制定幼教人员的从业标准。

二、教师教育的现状

突尼斯小学教师的培养由教师职业与培训学院负责；中学教师则依托大学进行培养，并通过特定师资考试进行选拔；而针对高等教育的教师教育模式则与其他很多国家类似，主要对有志于投身教学和科研的博士毕业生或在读博士生进行培养，且大学的师资管理办法中包含详细的职称评价体系；教师在职培训则由地区级和国家级教师在职培训中心负责。

（一）小学教师教育

突尼斯小学教师教育的最大特点是不依托高等教育体系，通过独立的师范院校培养小学教师。下文主要介绍教师培训高等学院和教师职业与培训学院在教学和组织上的主要特点。

突尼斯政府于 1990 年 11 月 26 日颁布的第 90-108 号法令宣布成立教师培训高等学院，以此取代小学教师师范学校。[1] 根据该法律，教师培训高等学院隶属高等教育与科研部，主要有三个任务：负责基础教育阶段教师的培养，组织基础阶段在职教师的深造教育及其他与基础教育有关的文化活动和在职培训，完成政府指派的其他任务。突尼斯全国共有六所教师培训高等学院，全部位于中部和北部的内陆和沿海地区。[2]

应届高中毕业生以及满足教育部规定条件的往届高中毕业生可报考教师培训高等学院。所有考生必须通过心理测试，并且承诺从教师培训高等学院毕业后在公立教育系统中至少工作 10 年。教师培训高等学院对学生的管理非常严格，采用寄宿制，考勤严格并且不允许留级。与此同时，教师培训高等学院的师范生也享有一些待遇，例如在学院求学的两年计入工龄，学习期间按月获得国家统一发放的津贴，在有特殊困难的时候还可获得额外的补助，但在被开除、放弃学业、拒绝履行 10 年工作期限的情况下，上述款项必须悉数偿还。

教师培训高等学院学制为两年，毕业生获得相当于会考 +2(Bac+2)[3] 的高等教师学院结业文凭。教师培训高等学院的课程由高等教育与科研部统

---

[1] 资料来源于突尼斯立法信息官网。

[2] 这六所教师培训高等学院分别是苏塞教师培训高等学院、斯贝伊特拉教师培训高等学院、凯鲁万教师培训高等学院、加夫萨教师培训高等学院、卡夫教师培训高等学院、科尔巴教师培训高等学院。

[3] "会考 +" 是法国教育系统或采用类似法国教育系统的国家使用的术语，表示高等教育学历的年限。例如本科学历是 "会考 +3"（Bac+3），意味着接受过三年高等教育。同理，研究生学历为 "会考 +5"（Bac+5），即接受过五年高等教育。

一制定，学生在对基础教育进行初步了解的同时，学习计算机、英语、教育学以及教学法等实用型技能和教育理论知识，并且有机会在中小学实习。第一年的课程设置见表9.1。[1]

表9.1 突尼斯教师培训高等学院第一年的课程设置

科目		每周课时（小时）	学分
语言类	阿拉伯语	4	5
	法语	4	5
	英语	2	2
科学类	数学	3	4
	自然科学	2	2
社会学类	历史	1	1
	地理	1	1
	宗教	1	1
	公民教育	1	1
教育学类	哲学	1	1
	普通心理学	1	1
艺术教育类	美术与手工	2	1
	阿拉伯语书写	1	1
	音乐	1	1
一般实用技能教育		2	1
体育		2	1
计算机		2	1
总计		31	30

[1] 资料来源于科尔巴教师培训高等学院官网。

由表9.1可知，阿拉伯语和法语无论在课时上还是学分权重上都超过其他课程，这体现了突尼斯独立以来的教育政策导向。而由于国家经济发展的需要，英语也被列为必修课程。与第一年相比，教师培训高等学院第二年的课程设置（见表9.2）在取消艺术教育类课程的同时，更突出教育学类课程，同时学生在第二年还必须进行实习。[1]

表9.2 突尼斯教师培训高等学院第二年的课程设置

科目		每周课时（小时）	学分
语言类	阿拉伯语	3	3
	法语	3	3
	英语	1	1
科学类	数学	2	3
	物理	2	2
教育学类	教学法	2	2
	普通教育理论	1	1
	儿童心理学	1	1
	学校管理	1	1
体育		1	1
计算机		1	1
选修		3	3
实习		10	8
总计		31	30

教师培训高等学院的师资构成一般是具有资质的[2]大学教师，或是在中

---

[1] 资料来源于科尔巴教师培训高等学院官网。

[2] "具有资质（agrégé）"是法国教育系统或采用类似法国教育系统的国家使用的术语，表示教师通过了国家统一选拔和认证，具有任教资格。区别于当助教的博士生或临时教师，具有资质的教师一般可以终身执教。

学任教的正式教师。教学法课程和实习则由小学教学督导负责，实习包括课堂观摩、情景分析、教学实习等内容。

2007年8月，突尼斯政府颁布第2007-2116[1]号法令，宣布成立教师职业与培训学院，取代原有的教师培训高等学院。[2] 相较于教师培训高等学院，教师职业与培训学院的教育目标更综合，其职能是"为小学、中学、职业培训学校培养教师、教学督导、校长"。学员在校学习期间将达成三项目标：学习基础学科，了解教学科研方法，实践教育理念。每所教师职业与培训学院设行政委员会、一名校长、一名负责培训与实习的副校长、一名负责教学的副校长、一名秘书。学院的教师是外派[3]的大中小学教师或教学督导，以及教育领域的专家。学院的教学组织完全按照法律所规定的学院职能而设定，依照学生未来的工作去向分为如下培养方向：小学教师、中学教师、职业培训教师、学校督导、学习顾问、教学顾问、学监、小学校长、中学校长、职业培训学校校长。此外，教师职业与培训学院和先前的教师培训高等学院一样，对学生的纪律管理非常严格，同时学生也享受国家统一发放的津贴，求学时间计入工龄。

（二）中学教师教育

突尼斯的中学教师培养体系依托大学教育，在此基础上通过考试选拔产生。中学教师资格考试分为两种，第一种是设立于1998年的"中学教师资质认证考试"（Certificat d'aptitude au professorat de l'enseignement

---

[1] 资料来源于突尼斯立法信息官网。

[2] 这一仓促的决定受到广泛诟病。详见联合国儿童基金会2013年2月发表的报告《联合国儿童基金会突尼斯教育合作项目回顾》。

[3] 在该制度下，教师有权申请离开自己的原雇主（通常为学校），为另一个雇主（通常为另一所学校或政府机关）工作一段时间，在此期间，原雇主必须为其保留职位。因此，根据规定，在教师职业与培训学院任职的教师应当是已经在另一所学校正式任职且在职的教师。

du second degré，简称 CAPES）[1]。该考试分为三部分，分别是选择题、综合笔试、面试。选择题为机器批改，综合笔试由两名以上考官人工批改。通过考试选拔之后，考生将接受大约3个月的培训，学习教学法以及课堂管理，并在中学进行实习[2]。第二种考试难度更高，被称为"教师资格考试"（agrégation）[3]。现行的教师资格考试以1998年7月颁布的第98-1430号法规[4]为依据，要求报名考生必须拥有Bac+4或同等级别的学力。

"教师资格考试"具体每个专业考试的形式、内容、时长、各部分内容的权重由负责中学教育和高等教育的部委联合发文决定，考试组织由一个专门设置的评审团负责实施。评审团任期两年，其具体职责包括确定考试题目、批改笔试考卷、组织面试，并向教育部和高等教育与科研部通报考试大纲。评审团成员的资质必须符合条件，文科专业的评审团成员应为教授或副教授，或是已经通过"教师资格考试"的讲师；理科专业的评审团成员应为教授或副教授，以及已经通过"教师资格考试"且在大学教授相关专业六年以上的教师。考试分为笔试环节和面试环节，以笔试成绩确认是否有录取资格，最终以面试成绩决定是否录取。笔试考卷至少由两人批改，必要时其中一人可为非评审团成员，但必须具备与评审团成员一样的资质，面试则必须有三名评审团成员出席。教育部和高等教育与科研部会根据考生成绩排名和各学校的职位空缺为通过考试的考生指派职位，候选人不得拒绝任命，否则会被视为放弃考试成绩。此外，通过"教师资格考

---

[1] 在采用学士—硕士—博士学制之后，CAPES考生须获得相当于Bac+5的硕士学位才能报考该考试。CAPES原是法国招聘中学教师的体制，创建于1950年。

[2] 由于大学扩招等原因，CAPES考试竞争非常激烈。2005—2006学年，全突尼斯所有专业共有大约58 000名考生报考，而录取人数只有4 500名。此外，突尼斯近年来有取消CAPES的呼声。

[3] 突尼斯政府于1971年第一次组织"教师资格考试"，开放的专业是语言和阿拉伯语历史文学。之后逐渐增加了哲学、历史、地理、法语、英语文学等专业，以及基础理科专业。与"中学教师资质认证考试"不同的是，"教师资格考试"也涉及部分大学教职。

[4] 资料来源于突尼斯立法信息官网。

试"的候选人可以申请延缓一年任职以准备申请攻读博士。

此外,组织"教师资格考试"的大学可以在获得高等教育与科研部许可的情况下,开设教师资格考试补习班,针对考试内容帮助考生备考。表9.3 为 2017—2018 年突尼斯法语教师资格考试大纲。[1]

表9.3 2017—2018 年突尼斯法语教师资格考试大纲

考试总项(文学专业)	分项
文学	中世纪:《罗兰之歌》
	16 世纪:约阿希姆·杜·贝莱《罗马遗迹之悲怆》
	17 世纪:让·拉辛《布里塔尼居斯》
	18 世纪:伏尔泰《哲学辞典》
	19 世纪:洛特雷阿蒙《马尔多罗之歌》
	20 世纪:雷蒙·格诺《蓝花》
比较文学主题:乡土小说	让·季奥诺《重生》
	阿玛杜·库鲁马《独立的太阳》
	加夫列尔·加西亚·马尔克斯《百年孤独》
语言	法语语言、语言学、文体学的全部内容
翻译	阿拉伯语-法语文学翻译

以上大纲虽然规定了考试的大致范围,但实际上覆盖内容非常广,备考绝非易事。在突尼斯,"中学教师资质认证考试"和"教师资格考试"对于很多文科学生,如阿拉伯语、历史、地理、哲学专业的学生,是非常重要的机会,因为这些专业在教育系统以外往往很难找到工作。

---

[1] 资料来源于突尼斯高等教育与科研部官网。

（三）高等教育教师教育

在突尼斯，从事高等教育工作的教师基本通过大学系统培养，只有获得特定的高等教育学位才能从事大学教师职业。进入大学之后，教师的工作年限必须达到一定标准，并且在教学和科研中取得成果才能晋升。可以说，突尼斯高等教育的教师教育是以大学教育本身为基础、采用大学系统特有的教师聘用及评级体系。

突尼斯现行的高等教育的教师教育体系以1993年9月颁布的第93-1825号法令[1]为蓝本。该法令对高等教育教师的学历、聘用方式、任务要求等做了详细的规定。根据该法令，突尼斯高等教育教师的职称分为四级：教授、副教授、讲师、助教，四级都属于长期聘用人员职称，其中前两级为高级职称，后两级为初级职称，根据教师水平的不同，每一个职称内部又分成若干等级。法律规定教师平均每21个月必须晋升到下一个等级。晋升之后的第一年是新等级的"试用期"，一年之后若达不到要求则此次晋升视为无效。除长期聘用的教师外，以下四类人员也可以参与大学教学：光荣退休教授、访问学者、外聘教师、临时教师。

同法国一样，突尼斯非常强调高等教育教师的教学工作和科研工作的双重属性，并通过法律规定教师的任务包括授课、组织考试、科研、参与教员的职称评定。不同级别的大学教师教学工作任务量不同，这主要体现为每周课时数的差异。在大学的教学、行政、科研工作中，教授和副教授作为师资的中坚力量承担主要责任，因此这两类教师的周课时数相对较少，为4.5小时；讲师每周课时8小时以上，助教每周课时9小时以上。

教授的聘用采用评审制，候选人需要担任副教授四年以上，定期发表学术成果，并证明自己有连续多年指导学生和从事科研的经验。评审材料

---

[1] 资料来源于突尼斯立法信息官网。

会根据专业领域送审到国家级的评审委员会。评审委员会成员通常包括三名由该专业全体教授根据相关规定选举出来的教授评审员，以及两名高等教育与科研部指派的教授评审员。评审结果公布后，由高等教育与科研部以法令的形式对晋升教授进行任命。

副教授候选人必须拥有博士学位或同等级学力，或拥有根据第93-1824号法令[1]授予的大学任教资格。此外，候选人还需要提供材料，证明自己具备一定的科研水平以及指导学生的经验，并积极参与大学或社会活动。评审材料会送至国家级的评审委员会，该委员会的人员构成与教授评审委员会相同。此外，副教授候选人还需要通过一轮面试，面试内容涉及科研与教学两方面。关于科研的面试环节相对简单，评委在听完候选人介绍自己的科研成果后进行提问。关于教学的面试环节则相对复杂：评委团事先规定面试的课程主题以及候选人可使用的参考资料，面试前候选人有8小时在考试现场备课，准备完毕后进行半个小时的试讲。评审结果公布后，由高等教育与科研部以法令形式对副教授进行任命。

讲师和助教主要在教学和科研工作中起辅助作用，承担辅导课和实践课[2]。从课程设置角度来说，虽然这类课程的理论性没有教授和副教授负责的课程强，却是学生吸收和实践所学知识的重要环节。

同教授、副教授的聘用方式一样，讲师的聘用也采用评审制，候选人必须拥有博士学位或同等学力，或是文学与人文科学的硕士学位（相当于Bac+5水平）[3]，并且需要证明自己的学术和教学水平。讲师评审委员会构成的基本原则与教授、副教授评审委员会基本一致，但是讲师评审委员会的

---

[1] 资料来源于突尼斯立法信息官网。

[2] 辅导课和实践课制度源自法国。辅导课是学生在完成理论性和综合性较强的正课后，帮助学生理解所学概念的练习课。实践课则主要涉及物理、化学、电学等有试验的学科。教授和副教授也可以参与辅导课和实践课，但是有特定的工时换算系数：1小时的辅导课计为45分钟的正课，1小时的实践课计为30分钟的正课。反之，在特殊情况下讲师和助教也可以承担主课的教学，此时的换算系数为1小时主课记为1小时50分钟的实践课或2小时45分钟的实践课。

[3] 该学位的相关规定于1973年11月由突尼斯教育部颁布。

成员可以是教授或副教授。评审时，候选人需要做 20 分钟左右的陈述，之后回答评审委员会的提问。

助教的聘用条件与讲师相似或略低。候选人必须已通过"教师资格考试"，为具有文学与人文科学硕士学位（或其他相当于 Bac+6 水平的学位）的在读博士生（且须证明自己能够在规定的时间内完成博士学业）。助教评审委员会的成员可以是教授、副教授或讲师。

在长期聘用教师的四级职称晋升评审体系中，比较重要的两个环节是大学任教资格和科研指导资格。前者为讲师晋升副教授的必要条件，后者为副教授晋升教授的必要条件。第 93-1824 号法令中对大学任教资格的评审办法做了详细规定。候选人需要写一份总结报告对自己的研究进行概括，并提交博士论文、已发表的科研论文、专利发明证书等作为评审材料，以证明自己在本学科领域取得的成果。此外，评审团由五人组成，其中至少三人必须是教授。评审团会根据候选人的材料撰写一份报告，决定候选人是否通过。如果报告最终给出否定意见，评审团主席须向候选人说明未通过的理由。科研指导资格评审的组织形式与大学任教资格的组织形式类似。

（四）教师在职培训

突尼斯将教师在职培训视为成人继续教育在教师这一职业中的具体体现。2002 年颁布的《教育导向法》对此做出如下阐述："教师继续教育的必要性来自知识和社会的发展变化，教师行业应当体现这些变化。"继续教育可以有不同的目标，如获得更高一级的学位、在新领域获得一定的知识和技能、更新和强化已有知识和技能等。根据该定义，前文中介绍的大学教师在参与职称晋升过程中所需要达成的目标，如获得博士学位、获取大学任教资格和科研指导资格，在广义上都属于继续教育的内容。本小节对这部分内容不再赘述，主要介绍后一种教师继续教育，即通常所说的教师在职培训。

刚独立时，突尼斯教育基础薄弱，面临的首要目标之一是普及小学教育。然而面对国家成立初期严重的教师缺口，政府不得不降低教师聘用标准，使得大量基础知识能力不足且没有受过专业训练的人员得以进入教育行业，导致了教育质量的低下。在普及小学教育和提高小学教育质量的背景下，突尼斯的教师在职培训体系应运而生。在当时的历史条件下，教师在职培训的形式非常简单，一般为讨论会和教学实习。在行政层面，政府特别任命了专职的教学督导为水平较低的教员进行专门培训。进入20世纪70年代之后，同样的情况在中学阶段再次出现：随着中等教育的普及，学校面对教师数量缺口问题，不得不聘用学历程度不够或是学历背景与所教授科目不相符的教师。

1976年9月13日，突尼斯政府颁布第76-829号法令[1]成立专门负责教师培训的机构，该机构于1981年改制为教师计划与在职培训指导中心。此时的培训主要围绕四个方面：填补教师本人在求学阶段时留下的知识能力空白；提高教学技巧；制定教师职称晋升体系；鼓励课程创新。

随着1991年新教育法的出台，教师在职培训被提到了一个新的高度，政府采取了一系列措施推动教师培训的发展：出台国家教师培训计划并定期组织教师全面能力发展暑期培训班；建立地区教师在职培训中心，根据各地区情况设计针对性培训课程；建立国家教师培训中心，通过系统化的培训培养小学和中学教师督导。此外，突尼斯大学还成立了教育和职业培训高等学院，从综合学术和专业教学法的角度为在职教师提供课程，顺利完成学业的教师可以获得本科或硕士学位。

---

[1] 资料来源于突尼斯立法信息官网。

第二节 教师教育的挑战和对策

尽管自独立以来突尼斯一直将发展教育视为基本国策之一，并且制定了一系列政策从各个层面使教育规范化，然而地区间教育资源分配不均、政府各部门协调不充分等问题始终没有解决。对此，《联合国儿童基金会突尼斯教育合作项目回顾》评论："自独立至 2011 年，突尼斯分别于 1958、1991、2002 年进行了三次主要教育改革，其间还推行了系列小规模的改革措施。然而自 2000 年后，教育改革只停留于表面……实际上，突尼斯政府政策制定失误导致了一些后果。例如，盲目提高高中会考通过率；在准备不足、缺乏研究的情况下，用教师职业与培训学院取代原有的教师培训高等学院，导致教师水平下降……"[1] 当教育政策整体出现问题时，教师水平必然会有所下降，而为了提升教师水平，教师教育的要求便会有所提高。本节将根据现有的文献资料，从不同侧面对突尼斯学前教育、小学、中学、大学阶段的教师教育所面临的挑战及采取的对策进行简要介绍。

一、教师教育面临的挑战

在针对学前教育阶段的师资培训方面，虽然政府很早就出台法律进行政策引导，但事实上突尼斯学前教育阶段的师资水平始终较低。据统计，2000 年前后非专业的幼教从业者比例占行业从业总人数的 78%。[2] 尽管国民教育、青年与体育事务部于 2000 年推出一项计划，为没有达到从业要求的学前教育教师组织最基本的职业培训，力图改变这一局面，但突尼斯政府

---

[1] United Nations International Children's Emergency Fund. Revue rapide de la composante Éducation du programme de coopération de l'UNICEF en Tunisie[R]. [S. l.: s. n.], 2013.

[2] 资料来源于阿尔及利亚国家社会与文化人类学研究中心官网。

在 2017 年 9 月发布的《2017—2025 年低龄儿童多领域发展国家战略》中写道:"学前教育的教学活动质量以及不同教师的教学水平差距甚大,学前教育教师在职培训远达不到要求。"该报告提出将每名学前教育从业人员的在职培训时间提高到每年至少 40 小时,且其中至少 60% 的课时内容须是现场示范与实践,同时加强对幼儿教育督导的培训工作,所有在职培训要进行有效性评估。突尼斯政府还在联合国儿童基金会的帮助下,起草了针对幼儿园教师、幼教职业培训师、督导的培训标准,并编写了《家庭教育指南》供幼教教师参考和处理家庭沟通问题。此外,妇女儿童家庭事务部于 2019 年宣布在迦太基大学高等幼儿教育学院成立学前教育本科专业。自 2019 年 9 月,高等幼儿教育学院通过在职培训、编写培训教材等方式培养了约 300 名学前教育督导和约 4 000 名学前教育教师。[1]

在小学教师教育方面,《2017—2025 年低龄儿童多领域发展国家战略》指出:"突尼斯目前尚无专门培养小学和初中教师的高等教育机构……新聘任的小学教师在入职前没有接受足够的关于教学方面的培训。教师缺乏在职培训是突尼斯教育质量不高的主要原因之一。"有学者认为,突尼斯小学教师教育中存在的主要问题是课程设置老化,教育水平不高,面对社会发展新趋势和教育新理念显得不合时宜。具体表现为教育理论与教学实践脱节,教师外语水平普遍较低,对校园霸凌或因成绩较差导致的辍学等问题缺乏专业的应对措施。[2]

中学教师教育也面临类似的问题。尽管有中学教师资质认证考试和教师资格考试这两套相对完善的教师选拔体系,但没有经过师范专业学习的大学毕业生在进入教师行业时始终存在能力短板。有学者指出:"仅三个月的针对新教师的培训时间太短,不足以培养新教师的团队合作精神及新教

---

[1] 资料来源于联合国儿童基金会官网。
[2] MILED M. Un aperçu sur la formation des enseignants en Tunisie[M]//KARSENTI T, et al. La formation des enseignants dans la Francophonie—Diversités, défis, stratégies d'action. Montréal : Agence Universitaire de la Francophonie (AUF), 2007 : 188.

师配合行政部门工作的习惯。同时，仅经过短期培训的新教师对教师工作的一些特殊问题，如参与社会生活、与学生家长沟通、帮助有困难的学生、青少年暴力、信息化教学、教师终身学习等，没有足够的认识"。[1]

在高等教育阶段的教师教育方面，存在政策与现实脱节的问题。20世纪90年代的高等教育改革和高校扩招给突尼斯高等教育的相关院校造成了极大的压力，很多大学的长聘教师数量无法满足学生扩招后的需求，因此只能聘用临时教师。[2] 此外，突尼斯大学大多以考试通过率来衡量教学质量。这在一定程度上导致高校教师在课堂上照本宣科，学生通过死记硬背在考试中取得高分，在接受知识的过程中缺乏好奇心，不注重分析和总结的情况。[3] 这样的制度培养出来的教师自身就缺乏学习能力，因此教师在职培训更显得重要。

二、教师教育的发展对策

面对种种问题，突尼斯教育部联合高等教育与科研部于2012年启动了一项措施，旨在改革中小学教师培养模式。该措施于2016年开始实施，其核心是将教师培养与本科—硕士—博士学制更紧密地结合。具体措施为在大学的实用型本科学历和实用型硕士学历中设立教育专业，实用型本科教育专业专门培养从事小学教育工作的毕业生，实用型硕士教育专业的培养方案更加注重将未来教师所教科目的专业知识与教学法相结合，较以往更

---

[1] MILED M. Un aperçu sur la formation des enseignants en Tunisie[M]//KARSENTI T, et al. La formation des enseignants dans la Francophonie—Diversités, défis, stratégies d'action. Montréal : Agence Universitaire de la Francophonie (AUF), 2007 : 189.

[2] 临时教师的聘期一般是两年，之后可以按年延聘。根据1993年第93-1825号法令，临时教师的聘用标准和周课时数与助教相同。

[3] ZGHAL R. Un équilibre instable entre le quantitatif et le qualitatif. L'enseignement supérieur en Tunisie[J]. Revue internationale d'éducation de Sèvres, 2007 (45) : 51-62.

加重视学生的论文和实习质量。自 2017 年起，教育专业的实用型硕士开始招收本科毕业生，录取的先决条件之一是毕业生本科所学专业是中学课程教授的科目。突尼斯教育部预计用十年的时间落实新的中小学教师培养模式。

为了提高大学师资水平，突尼斯政府通过与世界银行的合作贷款项目，启动了《高等教育现代化与提高就业率计划》，其中特别提出要组织系统的大学教师在职培训，以提高教师的教学水平，减少大学非长聘教师的数量，规范大学教师招聘。此外，高等教育与科研部与国家高等教育改革委员会于 2015 年 1 月联合发布的《2015—2025 年高等教育和科研改革战略规划》中专门设有关于大学教师教育的章节，表 9.4 为其部分内容。[1]

表 9.4 突尼斯《2015—2025 年高等教育和科研改革战略规划》中教师教学培训系统化内容（节选）

编号	预期结果	具体措施	衡量指标	结果最终形式	期限
5.1.3	大学教学授课资质纳入大学教师聘用评价体系	在博士学习阶段设置关于大学教学授课以及其他相关技能的培训（30 学分）；作为补救措施，建议招聘委员会即刻将教学资质纳入考量；在现有的大学教师聘用标准中永久性加入对教学资质的要求	具备教学资质的新任职的大学教师数量	包含大学教学授课培训的博士生培养制度、更新的大学教师招聘标准	2 年（2017—2018 年）

---

[1] 资料来自"突尼斯创新"官网。

续表

编号	预期结果	具体措施	衡量指标	结果最终形式	期限
5.1.4	大学教学授课资质纳入大学教师职称评定体系	作为补救性措施，建议职称评定委员会即刻将教学资质纳入考量；在现有的大学教师职称评定标准中永久性加入对教学资质的要求	具备教学资质的大学教师数量	更新了的大学教师职称评定标准	2年（2017—2018年）
5.1.5	新教师正式入职前必须接受教学培训；定期为教师组织技能培训	为新教师建立辅导人制度；建立新教师入职前的教学培训机制；为教师提供足够的资源（如杂志期刊、电子信息资源）；增加教师职业技能培训的种类；为教师提供国内外的强化教学技能的实习机会	接受辅导的新教师数量和接受教学培训的教师数量；用于相关资源的预算金额；参加技能强化实习项目的教师数量；	编纂教师辅导人制度的说明文件；制定教学培训计划；制定在职培训和实习计划	3年（2015—2017年）

综上所述，近年来，突尼斯不断在立法和实践层面加强高等师范教育和高等教育教师在职培训，并已经取得初步成果。但是，由于高等师范教育本身即属于高等教育，且在职培训的教师通常也来自大学系统，因此除政策制定的因素外，高等教育本身的质量在相当程度上便决定了教师教育的质量。根据学者研究，很多培训课程没有根据教师本身需求和教学实际情况设计，而是简单地将普通大学课程生搬硬套地移植到教师教育；由于培训时不能有效地调动学员积极性或进行及时反馈等原因，因此教师培训效果并不理想。[1] 突尼斯针对教师教育的新措施能否打破"没有好教师培养好教师"的恶性循环仍然需要时间检验。

---

[1] MILED M. Un aperçu sur la formation des enseignants en Tunisie[M]//KARSENTI T, et al. La formation des enseignants dans la Francophonie—Diversités, défis, stratégies d'action. Montréal : Agence Universitaire de la Francophonie (AUF), 2007 : 192.

第十章 教育政策

教育政策是国家为实现教育目标而制定的指导方针和行动准则，是教育管理的重要手段和措施。[1] 教育的发展离不开教育政策的指导和规范。不同时期、不同历史条件下，教育政策呈现不同的特点。了解各个时期的教育政策是把握一个国家教育发展历程和脉络的重要依据。教育政策的内涵十分丰富，其内容和精神主要体现在政府的有关文件和国家的相关法律法规中。本章第一节将梳理对当今突尼斯教育有重大影响的法律法规、发展战略等指导性文件，从立法和政策的角度展现突尼斯教育的现状；第二节从政策和法律法规的落实情况入手，总结突尼斯教育政策的经验与挑战。

第一节 政策与规划

建立独立自主的教育体系，使教育服务于国家发展需要是很多国家的教育发展目标。独立之初，突尼斯的教育政策以普及全民教育为核心，逐步建立完整的教育体制，确立教育有层次的发展。经过几十年的努力，上述目标基本实现。时至今日，提升教育质量、完善教育体制和教育管理，

---

[1] 翁福元. 教育政策社会学：教育政策与当代社会思潮之对话[M]. 台北：五南图书出版股份有限公司，2007：528.

让教育更好地与国家可持续发展相结合成为突尼斯教育改革和教育发展的主旋律。

一、2011年以前的教育立法

随着国家政治、经济状况的变化，突尼斯教育领域的立法不断调整和完善。在突尼斯立法网站中，教育类的立法条款（包括法律、法规、政令等）数量庞大，但其中相当一部分仅为人事命令，关于教育体制、教育行政等内容的立法相对有限。综合基础教育、高等教育、职业教育、成人教育等不同阶段或类型教育情况，2011年以前突尼斯的教育立法主要经历了三个发展阶段。

（一）以第58-118号教育法为代表的第一阶段

突尼斯独立后，国家致力于建立新的教育体制。1958年11月，突尼斯颁布了第58-118号教育法。该项法律确定了免费教育的原则，并对教育目标、学制、教学管理、公立和私立学校等做出了明确规定。第58-118号教育法从立法角度勾勒出突尼斯教育发展的雏形，是此后30多年突尼斯教育发展参照的主要法律依据。

（二）以第91-65号教育法为代表的第二阶段

20世纪80年代中期，突尼斯教育体制的弊端日益突出，改革势在必行。1989年7月，突尼斯颁布了关于高等教育与科研的第89-70号法令，就高等教育目标、大学办学宗旨、高等教育与科研的组织和管理等做出了规定。同年 12 月，突尼斯就大学与高等教育和科研机构的组织结构颁布了第 89-1939 号法令。

1991 年 7 月，突尼斯第 91-65 号法令取代了之前的第 58-118 号教育法，将 20 世纪 80 年代末改革的核心内容法律化，成为 20 世纪 90 年代教育发展的重要依据，为突尼斯现行教育模式奠定了基础。第 91-65 号法令共分为五章，具体包括教育的基本原则、基础教育、高等教育、私立教育及其他条款。第 91-65 号法令在免费教育的基础上，确立了义务教育的原则，明确指出 6—16 岁公民有接受学校教育的义务。此后，突尼斯政府出台了一系列的法规、政令，对第 91-65 号法令的具体落实过程加以规范。

1993 年 2 月，为推动职业教育发展，改善就业情况，突尼斯颁布了第 93-10 号《职业教育导向法》，与此相关的配套法律文件也相继诞生。这些法律法规对突尼斯职业教育的学历与学位认证、机构组织和运转等情况做出了明确的规定。

（三）2000—2010 年以加强各阶段各类型教育立法为代表的第三阶段

在 20 世纪 90 年代教育改革及立法的基础上，突尼斯在 21 世纪第一个十年里，在基础教育、职业教育、高等教育、残疾人教育等多个方面加强了立法。

2000 年 7 月，突尼斯颁布了关于高等教育与科研的第 2000-67 号法令，对第 89-70 法令进行修订，扩大了大学的职能范围，并确立了大学自主管理的原则。同月 25 日，第 2000-73 号法令对私立高等教育机构做出了规定。2000 年 9 月，第 2000-2124 号法令为私立高等教育机构的学位认证提供了法律依据。

2002 年 7 月，为进一步完善第 91-65 号法令，突尼斯颁布第 2002-80 号《教育导向法》。《教育导向法》将教育列为国家发展的绝对优先事项，明确指出无论性别、社会阶层、肤色或宗教信仰如何，国家确保所有 6—16 岁公民都享有接受学校教育的基本权利。该法律重申了教育的宗旨、学校的使命、学生的权利与义务，就小学、初中和高中教育做出规定，明确了教育教学机构的组织和管理、从业人员管理、教学管理、评估体系以及教育领域的科研创新等内容。

2004 年 10 月，突尼斯颁布了有关校园生活的第 2004-2437 号法令。该法明文规定各学校应制定关于校园生活和学生活动方面的方案，使学生了解公民的权利和义务。此外，除文化和教学活动外，学校还应向学生提供身心健康、社会援助等方面的服务。

2005 年 8 月 15 日，突尼斯颁布了保障残疾人权利的第 2005-83 号法令。该法第 19 条规定国家确保所有残障儿童在普通教育体系下平等享有接受教育、培训和重新适应社会生活的各项权利。

2007 年 8 月，突尼斯颁布第 2007-2116 号法令，对职业教育学校的建立、组织和运营模式做出规定。

2008 年 2 月，突尼斯颁布了两部法律。第一部是第 2008-9 号法令，该法修订了第 2002-80 号《教育导向法》，主要涉及初中和高中阶段的职业教育、教育语言的使用、高中的入学条件以及重点中学等方面的规定。另一部是有关职业教育的第 2008-10 号法令，主要内容包括：建立职业能力认证体系，为 15 岁以下儿童接受职业教育提供机会，设置能力资格证书（CC）为不满足 CAP 条件的年轻人提供培训机会等。该法令的主要目的是为学业困难或面临失学危险的青少年提供职业教育培训机会，同时也为有多年工作经验的从业人员提供资格认证。

随着高等教育改革的推进，2008 年 2 月，突尼斯颁布了第 2008-19 号《高等教育法》，以指导高等教育未来的发展。该法确立了学士—硕士—博士培养体系，并对高等教育机构、学制、教学大纲、教师工作的评估审定工作做出了规定。

2008年8月，第2008-59号法令对第2000-73号法令进行了修订。修改内容主要涉及私立高等教育机构的组建形式、创办条件、监管机制等。第2008-59号法令也同时明确，同年2月25日颁布的第2008-19号法令是私立高等教育机构管理的新依据。

此外，2007—2010年，突尼斯先后颁布第2007-463号、第2010-85号、第2010-86号和第2010-358号等系列法令，对省级教育主管部门的权责予以说明。

二、2011以后的教育立法和规划

2011年以来，国家进入调整阶段，教育立法进展缓慢，总体上延续了之前的法律框架。这期间颁布的法律法规主要包括：2011年4月颁布的第2011-31号法令（对第2008-19号《高等教育法》进行了修订），同年6月颁布的第2011-683号法令（修订了有关高等教育机构和科研机构组织架构和运转机制的法规），2012年9月颁布的关于教育质量检测的第2012-1719号法令。2017年3月13日颁布的第2017-13号法令是这一时期意义重大的一部法律，它将初始职业教育纳入义务教育范畴，并以法律的形式将义务教育的年龄扩展到18岁。

经过以上梳理可以看出，一方面，突尼斯教育立法没有覆盖所有教育领域，学前教育立法很不完善，成人教育立法基本空白；另一方面，2011年以后，教育立法进展迟缓，一些新想法有待从立法角度得到进一步的规范。

2011年以后突尼斯政局不稳，各届政府根据自己的主张提出了众多教育战略和规划，而不再采用立法形式推动教育发展。在这些纲领性的文件中，颇具代表性的有《2016—2020年教育发展战略规划》《2015—2025年高等教育和科研改革战略规划》《2017—2025年低龄儿童多领域发展国家战略》。

（一）《2016—2020年教育发展战略规划》

2016年，为配合国家新的五年发展规划，教育部开启新一轮教育改革，推出了《2016—2020年教育发展战略规划》，该文件成为这一时期教育领域发展的指导性文件。

《2016—2020年教育发展战略规划》共四章244页。第一章讲述了2016—2020年教育领域的发展方向和战略主张，第二章评述了国家现阶段的教育状况，第三章阐述了教育体制、教育目标和教学大纲方面的原则，第四章是战略规划的具体细则。

时任教育部部长杰鲁勒表示，教育体制的发展和现代化刻不容缓，改革必须在合理治理、调动多方力量、取得共识的情况下开展。新的战略规划与《2016—2020年国家发展规划》相呼应，符合突尼斯复杂的社会经济状况。2014年，突尼斯新宪法再次明确了教育平等的原则，《2016—2020年教育发展战略规划》以此为依据，将学生个人发展和公民意识作为着眼点，让学校成为社会和经济发展的动力，让学生掌握技能以便在就业市场和社会生活中拥有自己的一席之地。[1]

具体而言，《2016—2020年教育发展战略规划》在下列原则的基础之上，从教学、人员、物资等方面确立了目标。这些原则是：开展服务于所有人的有质量的教学；保证所有学生公平、公正地享有接受教育的机会，消除地区差异，消除学校间的差异；让学校更好地满足社会的需求；优化国家和地方的教育管理。[2]

为了落实上述原则，发展战略列出了下述目标[3]。一是加强师资队伍的专业性建设，通过组织适当的培训、实习等活动，进一步提升教师素质。二是在教学辅助资料的使用、时间安排和教学手段方面，完善教学大纲，加强公

---

[1] 资料来源于商务新闻网。
[2] 资料来源于马格里布经济学家网。
[3] 资料来源于马格里布经济学家网。

民教育，培养学生的创新精神，并改进调整评估体系和考试机制。三是改善学校办学条件，加强学校（尤其是小学和中学）基础设施建设，完善教学设备，加强学校同当地有关部门和社会各界的合作，做好教学设备的维护和保养，关注内陆地区和边境地区，改善学校食堂和住宿环境。四是丰富校园生活，开展文化体育活动，鼓励学生积极参与。五是在教学、行政和财政管理和决策上落实权力下放的原则，加速开发学校管理信息综合体系，推动评估文化和愿景管理文化的发展。六是促进信息技术的使用，为学校配备信息技术手段及设备，加快高速度网络建设和覆盖。

纵观《2016—2020 教育发展战略规划》，提升教育质量、让教育更好地为国家发展服务是其核心内容。正如杰鲁勒部长所说，为了让毕业生的技能与人才市场需求相符，各项工作应围绕提高教学质量、增加教学体系内部多样性，以及提升教职工专业素养展开，只有这样才能更好地培养学生的分析能力、主动学习能力和创新能力，提升学生在国内和国际人才市场上的竞争力，使突尼斯更好地保持国家的独立性和在国际竞争中的地位。[1]

为配合《2016—2020 年教育发展战略规划》，突尼斯还于 2016 年 5 月发布了题为《突尼斯教育体系改革》的教育白皮书。白皮书提出"创建平等、高效的突尼斯学校，培养合格公民，促进国家发展"的口号，确定了突尼斯教育改革的总体方针，即：教育是国家的优先发展领域原则、6—16 岁义务教育原则、免费公立教育包含学前教育阶段原则、教育必须服务于国家可持续性发展原则、教育须尊重学生个体差异并维护学生尊严原则、学校中立原则。[2] 白皮书还就学校的任务和职责、学生的培养目标、教育面临的挑战等做出详细说明。可以看出，白皮书和《2016—2020 年教育发展战略规划》这两份文件互为参照，全面地对突尼斯的教育面貌和发展方向做了总结与规划。

---

[1] 资料来源于商务新闻网。
[2] 资料来源于教育从业者网。

（二）《2015—2025年高等教育和科研改革战略规划》

2015年，在对突尼斯高等教育实际情况做了充分调查和讨论之后，突尼斯高等教育与科研部和国家高等教育改革委员会发布了《2015—2025年高等教育和科研改革战略规划》。该计划是突尼斯2015—2025年高等教育和科研发展的指导性文件。文件详细阐述了突尼斯高等教育发展的五个总体目标：提高大学教育质量及毕业生就业能力、推动科研与创新、优化行政与资源管理、优化高等教育机构的区域分布和优化高校教师培训制度。文件在每个总体目标下又分别细化出一级子目标和二级子目标，并对目标的设立、预期结果、具体措施、参考指标、实现形式以及实现期限分别做了明确的规定。表10.1列出了《2015—2025年高等教育和科研改革战略规划》的5个总体目标及下设的27个一级子目标。

表10.1《2015—2025年高等教育和科研改革战略规划》总体目标及一级子目标[1]

总体目标	一级子目标
提升大学教育质量和毕业生就业能力	帮助学生做好大学阶段学习的准备
	使高等教育更符合社会需求
	强化高等教育各个阶段学校与社会的合作
	优化培训与评估体系
	推动私立高等教育改革，提升教育质量
	加强过程管理，巩固质量管理体系
	强化自主创业教育
	提升高等教育中的职业技能训练水平
	提倡以科研促教学
	推广具有资格认证和学位认证资质的继续教育
	改善毕业生就业

---

[1] 资料来源于高等教育与科研部官网。

续表

总体目标	一级子目标
推动科研与创新	建立国家科研管理体系
	规范并推动人文社会科学研究
	加大科研投入，完善科研基础设施
	改善科研领域的人力资源管理
	建立科研质量管理体系
	建立科研成果转化体系
优化行政与资源管理	完善各级行政管理
	建立大学和高等教育与科研机构的自治体制
	提升高等教育与科研部、大学和高等教育与科研机构三级机构的管理能力
优化高等教育机构的区域分布	制定有关创建高等教育与科研机构的政策
	制定有助于内陆大学发展的战略规划
	加强高校在区域发展中的作用
	规划区域管理，发挥高校的辐射作用
	丰富高校校园生活
优化高校教师培训制度	促进教学培训的制度化
	推动教学创新

该战略规划针对的是2015—2025年的高等教育发展，但各项目标完成的期限均设定在5年以内，甚至相当部分的目标期限仅为1—2年，由此可见突尼斯有关部门完善高等教育体制的迫切心情。

（三）《2017—2025年低龄儿童多领域发展国家战略》

2015年，联合国通过《2030年可持续发展议程》（以下简称《2030议程》），2016年1月1日该文件生效。《2030议程》列出了17项发展目标，其中包括确保在2030年前，所有男童和女童都可以享受到促进低龄儿童发展的各项服务。作为《2030议程》签约国，突尼斯在世界银行和联合国儿童基金会的支持下，着手制定低龄儿童发展的多领域全面战略。2017年7月，《2017—2025年低龄儿童多领域发展国家战略》（以下简称《低龄儿童战略》）诞生。这份文件旨在新宪法人才发展导向的指引下，填补突尼斯低龄儿童发展的空白。文件遵循《2016—2020年国家发展规划》的原则和目标，积极响应联合国《2030议程》倡议和2000年达喀尔会议提出的"人人有学可上"的目标，主张为低龄儿童的健康成长提供良好的家庭环境和社会环境。《低龄儿童战略》指出，低龄儿童发展是突尼斯优先发展的领域，并提出在2025年前，所有低龄儿童都可以平等享受与儿童成长相关的各项服务，特别是学前教育。

在具体措施方面，《低龄儿童战略》规定，在全国范围内对37—72个月的儿童公平地开展有质量的学前教育，确保儿童的身心健康和文化发展，组织有益的娱乐和体育活动，制定学前教育机构的从业准则以及各项服务规范和标准，让这个阶段的儿童能够顺利地进入小学学习。为此，《低龄儿童战略》设立了六项主要目标。[1]

第一，落实包容型学前教育计划。各学前教育机构应调整各自的教学大纲和教学目标，避免相互之间存在较大差异，帮助学生家长、学前教育从业人员和相关教育专家达成共识，进而推动学前教育的普及。鉴于该计划明确说明学前教育属于义务教育，因此国家应结合学前教育的特点，为其发展提供必要的人力、财力、物力和评估体系方面的支持，尤其是向有困难的家庭提供相应的帮助。有关部门应了解学前教育成本、教育质量水平以及开展学前教育的其他必要条件，在此基础上制定公立和私立学前教育机构的发展规划。为了实现学前教育的包容性，还应倡导在条件艰苦地区开办非营利性学前教育机构，以便落后地区的儿童就近上学。

---

[1]《低龄儿童战略》一共设置了九项目标，除六项与教育直接相关的主要目标外，还有三项涉及教育环境保障条件：协调医疗卫生、饮食和安全保障部门的工作；保证良好的周边环境，防止环境污染对儿童健康产生不利影响；组织文化体育活动，修建和管理儿童娱乐场所。

第二，制定学前教育公平发展所需的财政计划，逐步提升学前教育的覆盖率，争取在2021年实现3—4岁儿童学前教育覆盖率达到65%的目标。为此，突尼斯成立了国家级和省级的多部门学前教育规划委员会，指导相关工作。国家还将逐步向低收入家庭子女、单亲家庭子女提供补贴，为低龄儿童就学扫除经济障碍。

第三，建立统一的学前教育课程体系，同时在统一原则的基础上考虑个体差异，全面考量儿童发展的各个层面以及儿童个体的特殊性，兼顾整体性和灵活性构建课程体系。为此，突尼斯将加强学前教育从业人员的培训，帮助教师熟练掌握教学内容、教学方法和教学手段。

第四，调整开设学前教育机构的规章制度。教育部、妇女儿童家庭事务部和宗教事务部将制定相应的标准，规范学前教育机构的创办条件。

第五，制定关于学前教育机构的营运标准和设备要求。教育部、妇女儿童家庭事务部和宗教事务部共同组建学前教育工作小组，同学前教育机构代表一起制定学前教育的营运标准。此外，工作小组还负责协调统一不同机构的教学大纲。

第六，加强学前教育机构的监管和评估。设施设备、卫生条件、学生健康、安保等方面的工作由卫生部监督；教学内容和教学方式由教育部、妇女儿童家庭事务部和宗教事务部监督。

《2017—2025年低龄儿童多领域发展国家战略》体现了将教育问题与社会发展相结合进行考量的理念，这一思路与以往制定的教育政策相比体现出相当的前瞻性。

第二节 实施与挑战

联合国教科文组织针对制定教育政策的重要性做出过如下表述：坚实、

连贯的政策和计划是建立可持续教育体系、实现教育发展目标和有效促进终身学习的基石。[1] 突尼斯自1956年独立以来以重教育为基本国策,制定和执行教育法律政策的过程中体现出较强的连续性,在教育的各个领域基本实现了法律政策从无到有、推陈出新的良性循环。然而由于突尼斯自身薄弱的经济基础以及总体制度结构方面的原因,一些初衷良好的教育政策在实施的过程中遇到困难,让人不禁有政策制定脱离实际之感。这一点在2011年之后体现得尤为明显。

一、教育政策的实施

独立以来,突尼斯制定的主要法律政策实施效果总体良好。根据统计,突尼斯的文盲率从1956年的84%下降到1990年的35%,为马格里布三国中最低。2007—2008学年,小学、初中、高中学生分别达到1 036 445人、569 649人、574 109人,[2] 而独立时基础教育阶段注册学生总人数只有24万人左右。[3] 1957年,全国大学生不到2 200人,1980年30 150人[4],而到了2013年该数字达到335 000人。[5]

这些数据清晰地展现了突尼斯在教育建设中取得的成就。受教育人数增加固然与突尼斯独立后人口大量增长直接相关,但突尼斯政府为教育提供的政策保障也功不可没。然而,自20世纪90年代开始经济转型以来,突尼斯教育在不同领域实现从量变到质变的过程中逐渐遇到瓶颈,2011年后

---

[1] 资料来源于联合国教科文组织官网。

[2] 资料来源于地中海和中东地区经济合作办公室官网。

[3] TARIFA C. L'enseignement du premier et du second degré en Tunisie[J]. Population (French edition), 1971 (1) : 149-180.

[4] SIINO F. Science et pouvoir dans la Tunisie contemporaine[M]. Paris : Karthala Editions, 2004 : 91-111.

[5] 资料来源于地中海和中东地区经济合作办公室官网。

的政治经济形势更是让教育发展陷入被动。在基础教育阶段，国家希望能够将学前教育纳入义务教育体系，然而政府预算无法支撑该目标，导致愿望仅停留在纸面；高等教育中的私营成分虽然体现出相当的活力，能够作为公立高等教育的有益补充，但在相当程度上有脱离政策监管的倾向；在职业教育方面，虽然加强职业教育与企业和地方发展实际情况的对接一直是几十年来职业教育努力的方向，但校企合作机制始终不够健全，职业教育质量不高，无法满足劳动市场的需求。[1] 此外，推动普通基础教育、职业教育和高等教育间的衔接工作也未取得实质性进展。

2015年，为了配合《2016—2020年国家发展规划》，教育领域也制定了相应的五年规划，成为2011年后指导突尼斯教育发展的纲要性文件。为了顺应这一时期教育改革的呼声，突尼斯政府在制定该五年发展规划时雄心勃勃，在国家财政收入减少的情况下，仍然坚持在教育规划上加大投入，并且在实际当中取得了一定的成就。与此同时，突尼斯-艾尔马纳尔大学于2020年进入世界大学排名前1 000之列，说明突尼斯近年来高等教育进入世界评价体系的努力获得认可。

然而，突尼斯政府在《2016—2020年国家发展规划评析报告》中对《2016—2020年国家发展规划》的执行情况总结时承认，规划中制定的目标与最终落实的结果存在相当差距，并且在高等教育与科研方面体现尤其明显。

在高等教育方面，原计划建立13所高等教育学院，实际仅落成5所；原计划每年建成20个教师科研和办公场所，到2020年建成100个，然而2016—2018年实际共建成此类场所26个；原计划建造3座图书馆，而实际上一所也没有建成；原计划推动大学之间的共建活动，并为此组建15个助力工作小组，而实际上没有组建任何此类工作组；原计划与私立高等教育

---

[1] 2008年2月颁布的第2008-10号《职业教育法》明确提出创建职业教育高考体制，此后多位职业教育与就业部部长也表示要尽快落实这项规定，但时至今日职业教育高考体制仍未成型。

机构订立 30 个合作合同，改革私立高等教育，而实际上并无任何后续。[1]

在科学研究方面，国家在教育基础设施上的实际投入十分有限，科研预算没升反降，在国内生产总值的占比低于 2% 的预期，且实际落实项目与规划不符；高等教育与科研部没有为科研人员提供有力的财政支持；管理上的条条框框制约了科研创新的发展；各项考察指标重量不重质，无法体现质量上的变化等。[2]

预期目标与实际成效之间之所以差距明显，主要原因在于政局不稳和经济发展萧条。在此背景下，教育发展很难有所突破，在政策的推陈出新和有效落实上颇显乏力。如何制定与现实情况相符的发展规划，并在实际当中落实各项目标、切实推动教育发展是突尼斯政府今后需要考虑的问题。

二、教育政策的挑战

本小节将介绍两个实例，分析突尼斯教育政策制定与实施之间落差产生的原因。第一个是突尼斯自 20 世纪 90 年代开始在基础教育阶段倡导的能力导向模式教学的实践情况，第二个是 20 世纪 70 年代针对高等教育提出的增强大学办学自主性原则的落实情况。

（一）能力导向教学模式的实践

能力导向的教学模式是指将学生放在教育教学核心位置，注重培养学生的能力，强调学习的自主性，打破科目之间的壁垒，帮助学生将所学知

---

[1] TRABELSI S, ZRELLI N. Evaluation du plan de développement 2016-2020[R]. Tunis : Solidar Tunisie, 2019.
[2] TRABELSI S, ZRELLI N. Evaluation du plan de développement 2016-2020[R]. Tunis : Solidar Tunisie, 2019.

识转化为技能的一种教学模式，通常被认为是提升教育质量的有效手段。[1] 20世纪90年代，很多发展中国家采纳这种教学模式，突尼斯也是其中之一。能力导向模式是突尼斯政府提升基础教育质量的一项改革措施。1995—1996年，突尼斯在国内10%的小学开展了能力导向型教学的试点工作，以期消除教育质量低下、失学和辍学情况严重的问题。[2] 在国际专家的协助下，突尼斯成立了专门的指导委员会，监督试点单位工作。经过5年的发展，到2001年，能力导向型教学逐步推广，并形成一定规模。

为配合能力导向模式的顺利推广，教学督导开展了教师培训，有关专家对教学大纲和教学资料进行了修订。联合国教科文组织的一份报告指出，突尼斯的能力导向型教学改革目标在整体上呈现出良好的协调一致性，测试阶段的结果也比较令人满意。[3] 但是在后期实施过程中，改革存在如下问题。[4]

第一，受不同学派观点影响，突尼斯教育界就如何理解并在具体实践中引入能力导向模式存在分歧。有关专家呼吁突尼斯建立一套符合本国实际情况的能力导向模式体系，将教学内容从跨学科的角度加以整合。遗憾的是，突尼斯并没有为此项教学改革制定专门法律和行政规定，教育部审批的指导性文件也一直没有出台，导致后续工作无章可循。[5] 以上问题说明在政策制定过程中，理念层面的问题若没有得到解决，则政策很难指导实际。

第二，虽然每位任课教师都配备了新教学模式所需的资料，但教师对资料的掌握程度不如人意。同时培训时间过短导致教师没有充分准备好应对教学中的挑战。某些学校由于无法领会能力导向模式的实质，甚至将原有练习和教学内容贴上新模式的标签应付了事。这一问题说明政策制定需要充分考虑现有教学的整体水平，帮助教师在新旧模式之间顺利衔接与过渡。

---

[1] 资料来源于联合国教科文组织网站。
[2] 资料来源于联合国教科文组织官网。
[3] 资料来源于联合国教科文组织官网。
[4] 资料来源于《引领者》杂志官网。
[5] 资料来源于《引领者》杂志官网。

第三，能力导向教学模式的有效落实需要一定的人员支撑和物质基础，如合理的师生比例、班级规模和相应的教学设施等。但突尼斯很多学校并不具备这些必要条件，从而制约了该模式的落实。这一问题说明政策制定时需要考虑基本的物质条件是否匹配。

由于以上原因，原本以提升教育质量为目的的能力导向模式在一定程度上反而拉低了突尼斯小学的教育水准。[1]

由于能力导向模式最终没有取得令人满意的结果，因此没有得到继续推广应用。2015 年，突尼斯教育部门放弃能力导向模式，采取以建设完整课程体系为中心的教学理念，努力围绕具体课程的设置，统筹考量教材、教师培训、教学评估和教育方法，注重教育目标与社会需求之间的契合，力求最大限度地为社会培养所需人才。[2]

（二）增强大学办学自主性的尝试

挖掘教育潜能、增加就业机会、促进国家可持续的全面发展在经济发展困难、年轻人失业率高居不下的突尼斯具有重要意义。在众多改革措施中，增强突尼斯高等教育机构的自主性一直是一个热门话题。

早在 20 世纪 70 年代，突尼斯便提出增强大学自主性的主张。1989 年出台的关于高等教育与科研的第 89-70 号法令以及 2008 年出台的关于高等教育的第 2008-19 号法令先后明确指出大学拥有民事法人资格和财政自主权[3]，此外两项法律还扩大了大学的权责范围[4]。2011 年后，突尼斯政府多次指出要避免某些刻板的管理模式所带来的僵化，反复强调赋予大学更多

---

[1] 资料来源于联合国教科文组织官网。
[2] LENOIR Y. Conséquences des conceptions curriculaires actuelles sur les modes évaluatifs[J]. Les dossiers des sciences de l'éducation, 2011 (25) : 13-28.
[3] 详见突尼斯第 89-70 号法令第 5 条以及 2008-19 号法令第 10 条和第 24 条。
[4] 资料来源于突尼斯竞争力和量化研究所官网。

自主权的必要性和迫切性，希望能够以此调动学校的积极性和主动性，培养符合市场需求的人才。

在 2015 年颁布的《2015—2025 年高等教育和科研改革战略规划》中，"增强大学和高等教育科研机构的自主性"被列为突尼斯高等教育改革的一级子目标，其下设两个二级子目标：逐步推动高等教育和科研机构自愿向教学、科研、学术、行政和财政自主方向转型；加强国家在教育和科研上的财政投入。[1] 其具体措施如下：明确大学和高等教育科研机构自主性建设的预期目标，制定向自主型学府和科研机构转型的指标，通过一系列与大学和高等教育科研机构自主性相关的法律法规，采取配套措施，帮助大学和高等教育科研机构转型；重新确立国家划拨财政款项的标准，开发目标型预算管理机制，建立透明的财政问责体系。[2] 然而这种管理模式和职能设置的转变绝非朝夕之间可达成，这再次反映了教育部门政策制定时理念不清晰，且政策实践缺乏具体操作指导的问题。此外，大学暂时不具备实现真正意义上的自主资质和能力，在长期愿景、战略规划的制定、机构协调与合作、财务管理方面尚无自主实力。真正意义上的自主首先需要有关各方明确责任，设立完整的大学管理指标体系，并在法律法规和政策上加以约束，同时还需要完备的信息数据以及业绩评审体系。

2018 年，突尼斯在欧盟的支持下推出了"智慧计划"，致力于完善突尼斯高等教育管理体系，加强大学自主性和提升质量保障体系水平。[3] 作为试点单位的突尼斯远程教育大学获得科技型公共机构的资质认定，并因此享受一定的行政管理自主权。这一有益尝试是否预示着突尼斯在未来制定教育政策过程中能够摆脱以往的弊病，让我们拭目以待。

---

[1] 资料来源于突尼斯高等教育与科研部官网。
[2] 资料来源于突尼斯高等教育与科研部官网。
[3] 资料来源于管理者空间网。

第十一章 教育行政

广义而言，一切教育机构，包括政府的教育行政部门在内，凡是对教育事业管理的活动都可称为教育行政。[1] 在教育领域实行集中管理的国家，教育行政是国家行政的重要组成部分，政府的教育行政部门对教育事业进行直接领导和管理。[2] 虽然不同学者从不同视角对教育行政做出的定义有差异，但归根结底，作为一种手段，教育行政的目的是保障全体公民受教育的权利，并为实现国家的教育理念、促进社会教育事业发展创造条件。[3] 教育行政体制可分为中央教育行政和地方教育行政两种。在突尼斯，中央政府在教育行政方面一直起主导作用，但如何更好地发挥地方政府在教育中的作用，让教育更有效地与地方发展相结合以促进国家总体发展，一直是突尼斯教育改革的重要内容。本章将从中央和地方两个层面入手，探讨突尼斯的教育行政特色。

---

[1] 吴志宏. 教育行政学 [M]. 北京：人民教育出版社，1999：376.
[2] 萧宗六，贺乐凡. 中国教育行政学 [M]. 北京：人民教育出版社，2004：595.
[3] 吴志宏. 教育行政学 [M]. 北京：人民教育出版社，1999：376.

第一节 中央教育行政

突尼斯的教育行政具有集中管理的特点，教育行政权力集中在国家部委，中央直接领导和干预各级教育事业，国家有较为统一的教育目标、教学计划和评价标准，教育的基本法律、法规由中央有关部门制定并颁布，对地方有绝对的约束力。在财政方面，国家承担全部或主要部分的教育经费。地方政府在教育方面的权力很小，一般只是执行上级部门指令，在一定范围内处理教育事务。[1] 下文将从教育监管、机构设置、部门协调和评审机制等方面对突尼斯的教育行政进行介绍。

一、中央层面教育主管部门

在中央层面，突尼斯教育不仅仅归教育部管辖，高等教育与科研部、妇女儿童家庭事务部、职业教育与就业部也是主要教育管理部门。此外，宗教事务部、社会事务部、农业部、国家旅游局、国防部等多个部委也不同程度地参与到国家的具体教育事业工作中。具体而言，在学前教育阶段，托儿所和幼儿园由妇女儿童家庭事务部管辖，古兰经学校归宗教事务部管辖，小学预科班（学前班）归教育部管辖；在基础教育阶段，普通的小学、初中和高中归教育部管辖，但职业教育体系下的技术初中、职业高中归职业教育与就业部统管；在高等教育阶段，大学的管理由高等教育与科研部负责；在成人教育方面，社会事务部是主管单位；在职业教育方面，虽然职业教育与就业部是主管部门，但由于职业教育涉及各个不同的领域，因此，农业部、国防部、国家旅游局、卫生部等多个部委也在各自的领域开

---

[1] 吴志宏. 教育行政学 [M]. 北京：人民教育出版社，1999：376.

展职业教育，并相应地进行监管。

在国家管理层面，虽然各部委行政级别相同，但教育在各部委工作中所占的比重有所不同。教育部、高等教育与科研部、职业教育与就业部可以视为突尼斯教育的主要管理部门，虽然高等教育与科研部和职业教育与就业部还肩负着科研和就业的责任，但教育培训是其主要工作内容。在机构设置方面，上述三个部委都有完整的类似于中国部级、司级、处级的多层级组织架构，相关行政管理体系比较完备。而在妇女儿童家庭事务部、社会事务部、农业部、宗教事务部、国防部等其他部委，教育只是其工作事务之一。目前，在这些部委官网公布的组织架构介绍中，没有专门负责教育的下一层级部门，关于教育事务的行政管理组织方式相对简单。此外，突尼斯的政府机构历经多次重组，某些教育管理工作在不同历史时期归属不同的部委管辖。例如，学前教育曾经全部归国民教育、青年与体育事务部管辖，且目前相当部分关于学前教育的法规也是由其颁布，但近年来，学前教育中的幼儿园和托儿所归妇女儿童家庭事务部管辖。

二、教育管理部门间的协调

参与突尼斯教育管理的部门众多。各部门各具优势，相互配合，协同共进，群策群力，共同促进国家教育事业的发展。因此，加强各部委之间的合作与协调一直是突尼斯教育发展和改革的重要内容，其目的就是在国家总体可持续发展的战略下，统筹规划突尼斯的人才培养机制，加强教育发展的总体性和全局性，使教育成为国家可持续发展的有力支撑。为此，突尼斯投资和国际合作发展部专门成立了教育和公民总署，负责跟踪高教、科研、职业教育、妇女、青年、儿童、体育、文化和信息等相关领域的政策和发展规划。与此同时，每个部委对教育的发展和改革都有各自的侧重点。[1] 此外，在 2015 年推出的《2015—2025 年高等教育和科研改革战略规划》中，政府将提高所有负责教育工作的部委之间的协同能力列为高等教育未来十年战略规划的一个子目标。[2] 由此可见，突尼斯十分重视各部门之间的协同能力建设。

根据目前突尼斯教育发展的情况，突尼斯教育管理协调在学前教育和职业教育方面显得尤为重要。在学前教育阶段，教学缺乏统一的规划是政府需要解决的问题。尤其是近年来，学前教育规范性不足的问题更显突出，各地、各类学前教育机构（托儿所、幼儿园、古兰经学校和学前班）没有统一的教学大纲，关于教学内容和教学方式没有统一规范，由此导致学前教育难以同基础教育进行有机的衔接和过渡。为此，突尼斯有关部门多次呼吁并努力推进将学前教育纳入义务教育的范畴，实行统一的行政管理。在此情况下，妇女儿童家庭事务部和宗教事务部等负责学前教育的有关部门和教育部需要加强协调与合作，以便统筹学前教育的发展规划，制定系统的、与基础教育等后续教育阶段相衔接的教学纲领和规范。

在职业教育方面，自 2008 年突尼斯教育改革以来，加强普通教育和职业教育之间的转换衔接、促进人才培养的协调发展也是政府工作的重点，这同样需要多个政府部门之间协调统一。事实上，尽管 2008 年《职业教育法》提出应建立普通基础教育、职业教育和高等教育间的交叉转换体系，然而该理念并没有在第一时间得到有效落实，在实际操作中高中阶段职业教育体制下的学员无法升入大学，即便取得 BTS 学位也很难转入大学深造。职业教育某种程度上变成了单向车道，导致学生不愿意选择职业教育，职业教育的吸引力不尽如人意。因此，负责普通基础教育、职业教育和高等教育的各部门需配合与协作，促进普通教育和职业教育的衔接转化，这是职业教育发展中十分重要的一环。

---

[1] 资料来源于突尼斯《引领者》杂志官网。

[2] 资料来源于突尼斯高等教育与科研部官网。

为了强化并落实普通教育与职业教育的衔接，2013年职业教育改革把协调教育部、职业教育与就业部、高等教育与科研部之间关系，建立全局概念下的人才培养机制列为重要目标之一。2015年11月的部长会议决定组建职业导向信息署，加强部门之间的互补性和协同性，并计划在各地成立分部，为职业导向信息署提供支撑。《2016—2020年国家发展规划》也强调加强教育部、职业教育与就业部、高等教育与科研部三部委之间的协调能力，建立三者彼此衔接的沟通管理体系，方便学生在不同教育体系间转换，促进不同阶段和不同类型人才培养的协调发展。

三、教育评估、跟踪和评审机制

教育评估、跟踪和评审机制是高质量教育的必要条件，而建立有效的评审机制的前提是对各类问题及相关数据有详尽、准确的把握。在同等发展水平的国家当中，突尼斯的信息收集系统相对比较发达。根据相关数据，教育行政管理部门设计相应的评估和检测手段，力求提高教育评估、跟踪和评审的有效性。

在学前儿童发展方面，突尼斯和国际儿童基金组织等联合创建的突尼斯儿童信息库是了解突尼斯儿童，尤其是低龄阶段儿童发展状况的重要信息来源，也是突尼斯政府制定学前教育相关政策的重要参考。

在基础教育阶段，突尼斯教育部设有负责教育监察和评审的部门，从教育行政管理、财务、教学、学生考核等多个方面对下属单位进行监管和考察。突尼斯2002年的《教育导向法》就考核评估做出规定。根据该法，国家对各教育机构的教学成果进行定期测评，其中包括学生的学习成果、教职人员的业绩以及教育机构完成国家规定的各项教育教学指标等情况。同时，突尼斯还参加了以PISA和TIMSS为代表的国际测评，通过多种手段为基础教育提供参考数据。这些数据信息不仅为中央部门把握教育发展方向、完善改革措施提供了依据，也为地方机构、学生及其家长了解最新教育动态，选择更加适合本地区和个人的教育发展路径提供了参考，成为完善教育行政管理的有效手段。尤其需要指出的是，在教育经费有限的情况下，评审和测评信息对于更有针对性、更高效、更合理地利用教育资源尤为重要。突尼斯教育监察和评审部门在这方面做了大量工作。

在职业教育方面，由于职业教育的教学内容专业性较强，且职业教育与当地的经济结构、发展水平、社会文化等诸多因素关系紧密，因此有关部门在规范职业教育机构的教学内容、教学规划以及校企合作方面更需要有力的信息支撑和政策支持。为此，突尼斯职业教育与就业部下设国家就业与资格认定研究中心，负责公布职业教育和就业相关的年度报告，以比较详细的数据为依托，从多个方面反映突尼斯职业教育的变化和进展。

在高等教育方面，1995年突尼斯成立了国家评估委员会，专门负责高等教育和高校科研活动的评估工作，并监察高等教育与科研部下拨资源的使用情况。为进一步提升高等教育质量，使大学培养的人才能满足市场对高素质人力资源的需求，2006—2007年，突尼斯高等教育与科研部决定扩大国家评估委员会的职能范围，赋予其在机构评估方面更多的权力，使其能对高等教育范畴内的各种培训机构的资质进行严格审察。为此，国际教学研究中心的专家、荷兰和比利时的专家、突尼斯高等教育与科研部代表、突尼斯远程教育大学代表等组成工作组，共同对突尼斯高等教育状况进行调研，制定突尼斯高等教育管理与评估工作所需的理论方法和步骤，并对大学和高等教育与科研部的相关工作人员进行了评估管理方面的培训，组织其到欧洲实地考察。

为了进一步推动高等教育评估和评审机制的完善，2008年，突尼斯高等教育与科研部决定成立国家评估、质量保障和资质审定委员会（以下简称评审委员会），其职责主要包括以下内容：在质量检测方面，将毕业生的专业技能、知识水平以及所学内容与就业市场的契合度作为检测的主要内容；在质量检测的基础上，评审委员会对高等教育机构的办学资质、培训内容或者学制设置予以审核。这些措施的目的在于提升突尼斯的高等教育水平和国家辨识度，保障突尼斯高等教育的健康发展。评审委员会每年向总理提交评审报告。[1]经过四年的筹备，2012年，评审委员会正式成立。评审委员会通过加强对高等教育的跟踪、监管和评估，推动了高等教育行政管理水平提高，帮助突尼斯政府提高了高等教育的质量和效率，也在一定程度上帮助缓解了突尼斯大学毕业生就业困难的问题。

由此可见，突尼斯政府重视教育行政工作中的监管评审工作，努力发挥其积极作用，以便为教育发展和规划提供可靠的数据参考和支撑。

第二节 地方教育行政

一、地方教育管理机构

负责教育的突尼斯国家部委在各地区都有各自的下设机构。2007年，根据突尼斯第2007-463号法令，突尼斯全国24个省分别建立了教育培训局。在专门的教学委员会的协助下，教育培训局负责对本地区的教育部门和机构进行监管，并负责该地区教育相关的行政以及财政事宜。2010年，教育系统进行调整，教育培训局中的职业培训部门被划归到职业教育与就业部在各省设立的职业教育与就业管理局，各省的教育培训局更名为省教育局，其中突尼斯省和斯法克斯省分别设有两个省教育局。省教育局下设

---

[1] 具体参见突尼斯2008年2月25日颁布的第2008-19号法令。

教学委员会、总秘书处、统筹规划处、法律事务处、人力资源处、财务处以及建筑、设备和维修管理处，除此之外还设有小学部，初高中部，评估、质量和信息交流技术部等部门。[1] 省教育局的主要职能包括：对省内所有教育单位进行监管；管理本省的教育教学、教育行政和教育财政；在国家教育指导方针框架内，协助制定不同层次的教育发展目标；帮助设计不同教育阶段的教学项目；推动学校开展文化、社会和体育活动；监测各教育阶段学校的教学方案执行情况；协助拟订促进当地公共和私立教育部门提升服务质量的项目方案等，因地制宜地推动当地教育事业的发展。[2]

省教育局的创建被认为是完善突尼斯教育体系管理能力、提升教育成效的重要措施，在结合当地实际情况、落实国家教育总体战略和决策方面本应能够发挥十分重要的作用。然而实际上，省教育局在战略发展规划意识和规划能力、财政预算管理以及自主管理能力等方面存在很多不足，在行政级别更低的地区，教育管理机构的行政能力更加需要提升，否则无法圆满地完成国家的总体教育目标，也难以推动教育质量的提升和教育的积极发展。

二、赋予地方教育管理机构更多的自主权

尽管突尼斯设置了地方教育管理机构，但其主动性与积极性不足、自主能力缺乏一直是有目共睹的问题。这一现象源于突尼斯长久以来在教育领域采取的集中管理模式。因此，赋予地方教育行政管理机构更多的自主权、实行教育领域的权力下放、赋予教育发展更大的活力成为突尼斯政府完善教育行政的重要措施之一。

---

[1] 资料来源于联合国儿童基金会官网。
[2] 参见 2010 年 9 月 6 日突尼斯颁布的第 2010-2205 号法令第二条。

实际上，突尼斯从 20 世纪 70 年代起已经开始逐步推行一定程度的教育管理权力下放，以便更好地发挥地方有关部门的主动性和创造性。但直至 21 世纪第一个十年，集中管理模式的思路始终在突尼斯教育治理中占据主导。2011 年以后，面对各地发展水平的巨大差异，实行权力下放的呼声不断高涨。2014 年，突尼斯通过新宪法，权力下放作为国家治理的原则之一也写入宪法，教育行政管理中的权力下放理应进入一个全新的阶段。然而，时至今日，教育领域的权力下放基本停留在纸面，一些根本性的问题仍然有待解决。[1]

权力下放在落实中困难重重有多方面的原因。首先，宪法第 138 条明确了中央对地方的监管权，以避免地方政府过度自由。根据这条规定，中央政府可以在事后进行干预，撤销地方机构的决定。这项规定虽然确保了国家教育发展和教育政策的整体性，但在一定程度上使地方教育行政管理部门产生诸多顾虑，影响了权力下放的落实。其次，作为权力下放的具体实施单位，各地方教育行政管理单位是否具备能力落实也是需要直面的问题。实际上，受中央集中管理模式的长期影响，各地方教育行政管理单位在人员素质、财政能力、管理文化、基础设施等方面存在很大的提升空间，在制定符合当地特色、有战略意义的中长期发展规划、落实教育评估和跟踪检测、协调相关部门及行业等方面急需改善。如此，地方行政管理单位才能承担权力下放所赋予的职责，达成预期的效果。[2] 最后，权力下放不是简单地在中央和地方之间进行权力职能的分配，同时还需要转变理念和行为方式，其实施过程涉及政治、经济、司法、财政等多方面因素。这也解释了为何突尼斯的权力下放多停留在文件层面。为了有效落实权力下放原则，2020 年 7 月，突尼斯社会事务部部长洛菲·兹通表示，将就权力下放的程

---

[1] MEDINILLA A, FASSI S. Réduire les inégalités régionales en Tunisie[J]. Note d'information, European Centre of Development Policy Management, 2016 (84) : 1-16.

[2] 资料来源于联合国儿童基金会官网。

序开展全国性咨询讨论活动，寻求方法解决机制运转中的障碍，为切实落实宪法确立的这一新的管理模式注入新的动力。[1] 就目前情况来看，作为一种新的行政管理模式，教育领域的权力下放将是一个缓慢的过程，需要在不断的探索中前行。

---

[1] 资料来源于 Gnet 新闻网。

第十二章 中突教育交流

中国与突尼斯于 1964 年 1 月 10 日建立外交关系。1979 年 6 月 22 日，两国政府签署《中华人民共和国政府和突尼斯共和国政府文化合作协定》（以下简称《中突文化合作协定》）。该协定对两国文化教育合作做出如下说明："缔约双方根据可能，致力于发展两国间在文化、艺术、教育、体育、青年、新闻、广播和电视等方面的交流，以及有关的技术合作……双方在各自国家法律许可的范围内，促进两国教授、专家、艺术家、作家、大学生、记者，以及其他有关人员的交往，并提供力所能及的方便……双方互相为对方国民来本国从事学习和研究提供奖学金或津贴。"[1] 自此，两国教育交流拉开帷幕。

近 60 年的中突交流经历了从无到有、从单一到多维的过程。两国教育界的往来在进入 21 世纪后逐渐增多，并且拓展到高科技等领域。非洲及阿拉伯国家的双重属性使得突尼斯在以中非合作论坛和中阿合作论坛为代表的国际合作机制中能够和中国互相深化了解，共同寻找机遇。

---

[1] 中华人民共和国条约数据库. 中华人民共和国政府和突尼斯共和国政府文化合作协定 [EB/OL]. [2021-01-30]. http://treaty.mfa.gov.cn/tykfiles/20180718/1531876542618.pdf.

第一节 交流历史

一、主要文件

中突两国政府在 1979 年《中突文化合作协定》的基础上，分别于 1987 年、1989 年、1991 年、1995 年、1999 年、2002 年、2006 年、2010 年、2014 年更新续签了双边文化交流计划。其中，1987 年签署的《中华人民共和国政府和突尼斯共和国政府一九八七年至一九八八年文化交流计划》尤其有代表意义。该计划再次强调了 1979 年《中突文化合作协定》的精神，日后陆续签订的文化交流计划基本以 1987 年版计划为蓝本。[1]

1987 年版计划首次对两国教育的潜在合作方式和内容进行了细化：

> 中华人民共和国政府和突尼斯共和国政府，为促进文化交流和加强两国的友好关系，根据一九七九年六月二十二日签署的文化合作协定，决定签署一九八七年至一九八八年文化合作计划……双方鼓励本国教师应邀到对方大学任教……双方互相交流信息和资料，以研究对方的教学方法和教育体制……双方鼓励中、高等学校互换教科书和与各自教学计划有关的资料……一九八七年和一九八八年，中方每年向突方提供十个奖学金名额，其中三名向布尔吉巴现代语言学院提供……突方每年向中方提供三个奖学金名额……双方促进和支持两国高等院校之间建立直接接触和业已存在的合作，特别是布尔吉巴现代语言学院和北京语言学院之间的合作。[2]

---

[1] 自 2002 年开始，中突文化交流计划中不再单独列出教育交流部分。

[2] 中华人民共和国条约数据库. 中华人民共和国政府和突尼斯共和国政府一九八七至一九八八年文化交流计划 [EB/OL]. [2021-01-30]. http://treaty.mfa.gov.cn/tykfiles/20180718/1531876616211.pdf.

二、交流实践

中突两国交往初期以初步加深双方了解、语言培训和小规模互派留学生为主，语言交流在这期间起到了突出的作用。1977 年，中国首次向突方派遣两名中文教师，这成为突尼斯中文教学的开端。在两国教育交流经历了相对平静的 20 年之后，迦太基大学高等语言学院[1]于 1998 年正式开设四年制中文语言本科专业，并于 1999 年派教师访华。2000 年，中文教育在突尼斯的发展进入新阶段，中国向突尼斯增派两名中文教师，而突方则派教师来华参加"2000 相约中国"知识竞赛。2003 年，突尼斯部分中学开设中文选修课，这标志着中文教学在突尼斯的进一步普及；同年 9 月，突尼斯高等语言学院负责人来华参加"高等教育管理研修班"。经过中突双方中文教育界多年的耕耘，突尼斯中文教育取得了长足进步。

语言是文化的载体，中文教学在突尼斯蒸蒸日上发展的同时也带动了两国间进一步的教育文化交流：2004 年 3 月和 2005 年 11 月，时任中国驻突尼斯大使代表中方向突尼斯高等语言学院赠送多媒体教学设备和图书，其中图书数量上千册，类型包括教材、字典、地图等，涵盖了中国经济、文化、旅游等主题；2005 年 7 月，突尼斯高等教育与科研部部长办公室主任来华参加"世界汉语大会"；2009 年 9 月，突尼斯斯法克斯大学城与中国国际广播电台突尼斯听众之友俱乐部合作，在斯法克斯开设了阿拉伯国家与地区第一个孔子课堂广播，并由中国大使馆向孔子课堂赠送教材。

与此同时，中突两国在教育领域的交流互动在形式和内容上逐渐多样化。2002 年 10 月，突尼斯高等教育与科研部官员来华参加"非洲 40 国教育行政官员研讨班"；同年 12 月，中国教育部考察团访问突尼斯。2004 年 4 月，中国教育部代表团再次访问突尼斯；2005 年 8 月，突尼斯加贝斯大学

---

[1] 高等语言学院成立于 1964 年，当时名为布尔吉巴语言学院。

和卡夫萨大学校长来华,参加在浙江师范大学举办的"非洲法语国家大学校长研修班"。

纵观中突教育交流历程,两国建交后建立了一套"语言教学先行,教育文化跟进"的交流机制。从1979年第一份意向性文化交流协定的签订,到2000年后两国在教育领域的各种互动,中国和突尼斯在相互认识的基础上开始了更为实质性的接触,为两国下一步关系的发展奠定了良好的基础。

第二节 现状、模式与案例

进入21世纪以来,随着中国经济的不断发展,中国在世界舞台上的重要性也愈发凸显。自2000年前后至今,中国举办了一系列有世界影响力的文化活动,并与其他国家一起开展了很多文化教育合作。中突交流在此过程中也借力进入新阶段。

一、日新月异的中突教育交流

2004年8月,迦太基大学高等语言学院派出的选手伊美娜(Belhadj Imen)在第三届"汉语桥"世界大学生中文比赛中获得一等奖,获得"汉语语言使者"称号以及三年全额奖学金。获奖之后,伊美娜来到北京大学攻读中文硕士学位。2017年12月,中国相关方面和迦太基大学签订合作协议,筹备成立突尼斯第一家孔子学院。[1] 2018年11月,时任中国驻突尼斯大使在会见突尼斯教育部部长时表示,将支持迦太基大学孔子学院参与突

---

[1] 同年,天津外国语大学亚非语学院与突尼斯迦太基大学高等语言学院也建立了合作关系,中方向突方派遣了阿拉伯语专业留学生。

尼斯教育发展，参与突尼斯国家中心语言实验室的建设，为突尼斯的数字教育提供协助和支持。2018年11月，由大连外国语大学和迦太基大学共同承办的孔子学院正式举行开课仪式。该孔子学院传承了迦太基大学高等语言学院与中国教育界交流的优良历史传统，成为中突文化教育交流的重要平台。

2019年11月，中国驻突尼斯大使馆文化处、迦太基大学孔子学院、突尼斯教育部教师培训与教育创新国际中心的相关负责人，以及突尼斯本土的高中教师参加了突尼斯高中中文教学研讨会。与会代表围绕"突尼斯高中中文教学现状——问题与对策"这一主题，对突尼斯中学的中文教学师资情况展开了讨论。作为对会议精神的落实，迦太基大学孔子学院在2019年底和2020年初为突尼斯的中学中文教师举行了六期培训。面对随后突发的新冠肺炎疫情，孔子学院坚持网络授课，以电话和视频的方式进行了2020年度"汉语桥"世界大学生中文比赛突尼斯赛区的预赛选拔工作，并且在中秋节时举办了线上体验中秋习俗的活动，成为中国形象的重要展示窗口。

如前文所述，"语言教学先行，教育文化跟进"是中突教育交流的基本模式。21世纪初发生在中国的两件大事为中国走向世界，同时也为中突两国间的交往注入了新动力：2008年第二十九届夏季奥林匹克运动会在中国首都北京举办，展示了良好的国家形象。两年之后，上海举办了第四十一届世界博览会，将北京奥运会创造的中国热再次推向新高潮。奥运会和世博会成为21世纪初中国对外交往的两张响亮名片。2010年12月，"中国上海教育展"借世博会余热在突尼斯-艾尔马纳尔大学开幕。参展的中方教育机构包括复旦大学、上海交通大学、同济大学、华东师范大学、上海大学等高校，以及上海中学、上海外国语大学附属中学等国际中文推广中小学基地。[1] 展会期间，中突双方签署了《高等教育合作备忘录》，并开通了"留学上海"网站。[2] 此次教育展是两国建交以来中方向突方派出教育代表团人数最多的一次交流，加深了突尼斯教育界和普通民众对中国尤其是中国教育的了解。

"中国上海教育展"为中突教育界进一步加深了解与合作创造了良好氛围。2016 年 11 月，突尼斯高等教育与科研部部长一行访华，其间会见了中国教育部副部长和国家留学基金管理委员会秘书长，参观了多所中国大学。2017 年 1 月，突尼斯驻华大使访问国家留学基金委，双方对中突教育交流进行了探讨，突尼斯驻华大使特别邀请中国国家留学基金委在突尼斯举办中国教育展。2017 年 5 月，中国国家留学基金委和突尼斯高等教育与科研部共同举办的"2017 年中国高等教育展"在突尼斯首都科学城举行。北京大学、北京师范大学、北京理工大学、北京航空航天大学、天津大学、上海外国语大学、上海财经大学、武汉大学、哈尔滨工业大学、华中科技大学、华中师范大学等 20 多所中国高校参展，专业覆盖理工人文众多学科。展会期间，突尼斯当地教师和学生千余人前往咨询来华留学事宜，很多学生或登记留学意向信息，或当场提交报名材料。2019 年，中国国家留学基金委、中国驻突尼斯大使馆与突尼斯高等教育与科研部在中突建交 55 周年之际，在突尼斯市联合举办了"2019 年中国高等教育展"。本次展会吸引了北京大学、北京林业大学、中国人民大学、中国传媒大学、浙江大学、浙江财经大学、东南大学、南京航空航天大学、河北经贸大学、燕山大学、武汉体育学院等 30 多所中国高校参展。展会期间，中国教育部和突尼斯高等教育与科研部举行了"中突大学校长论坛"，中方教育界代表还参观了突尼斯莫纳斯提尔大学和迦太基大学。

---

[1] 新浪网. 沪教育展在突尼斯举行 为优秀学生提供全额奖学金 [EB/OL]. [2021-01-30]. http://news.sina.com.cn/c/2010-12-16/211421655454.shtml.

[2] 中华人民共和国驻突尼斯共和国大使馆. 上海教育展在突尼斯成功举办 [EB/OL]. [2021-01-30]. https://www.fmprc.gov.cn/ce/cetn/chn/ztgx/whjl/t778813.htm.

二、中非合作论坛与中阿论坛

进入21世纪以来，中国参与或联合倡议发起国际合作机制，其中包括中非合作论坛和中阿论坛。鉴于突尼斯作为非洲国家以及阿拉伯国家的双重属性，这些合作机制为中突交流提供了新的平台和机遇。

中非合作论坛创立于2000年，成员包括中国、突尼斯等与中国建交的53个非洲国家，以及非洲联盟委员会。迄今为止，中非合作论坛已经举办了八届部长级会议，通过了一份合作纲领和六份行动计划，其中教育是中非合作的重要领域。中非合作论坛第一届部长级会议通过了《中非经济和社会发展合作纲领》，其中包括了关于教育合作的内容：

> 与会部长们一致主张扩大双方在教育及人力资源开发领域的合作。中方承诺……进一步增加非洲国家来华留学人员奖学金名额；继续派遣教师，帮助当地的高等院校加强学科和专业的建设；建立双方大学间研究中国和非洲文明的联系渠道……设立"非洲人力资源开发基金"，逐步增加奖金投入，帮助非洲国家培训各类专业人才……双方同意通过适当途径制定国别培训计划，研定具体合作项目并为之提供便利。[1]

这份纲领性文件为中非教育后续合作提供了蓝图。2009年，中非合作论坛在埃及举行第四届部长级会议，并通过了《中非合作论坛沙姆沙伊赫行动计划》，其中特别提出"中非高校20+20合作计划"，即20所中国大学（或职业教育学院）与20所非洲国家大学（或职业教育学院）建立"一对一"的校际合作新模式。根据该计划，对外经济贸易大学被选作突尼斯迦太基大学的中方对接合作院校。2017年6月，对外经济贸易大学成立区域

---
[1] 中国政府网. 中非经济和社会发展合作纲领 [EB/OL]. [2021-01-30]. http://www.gov.cn/ztzl/zflt/content_428691.htm.

国别研究院，下设突尼斯研究中心等 14 个研究中心。该中心与迦太基大学制定了长期合作机制，至今已举办了三届中突智库研讨会，吸引了两国众多专家前来对"一带一路"倡议及中突合作关系进行讨论。

同中非合作论坛类似，中阿论坛也是中国作为联合倡议发起方建立的国际合作机制，成员是中国和阿拉伯联盟的 22 个成员国，每两年举行一次部长级会议，每年召开高官委员会会议。2004 年，中阿论坛第一届部长级会议通过了《中国-阿拉伯国家合作论坛行动计划》，对双方在人力资源和教育领域的合作模式进行了规划：

> 培养人才并提高人力素质以实现可持续发展……增加阿拉伯各方面人才参加每年在中国举办的各领域培训班的机会……中国继续为阿拉伯国家政府官员举办培训班……双方扩大彼此高等院校间的联系渠道；加强在研究领域的交流合作……双方继续互派留学生，并在原互换奖学金名额的基础上设立新的奖学金项目……积极推动中国的阿拉伯语教学和阿拉伯国家的汉语教学，并在师资、教材和教学设备等方面相互提供支持。支持两种语言互译工作，并向该领域的现有专门机构提供帮助。[1]

在中阿合作论坛框架内，中国教育部于 2008 年在扬州大学举办"中阿（10+1）高教合作研讨会"，并于 2011 年、2013 年、2015 年三次在宁夏银川举行"中国-阿拉伯国家大学校长论坛"。包括突尼斯在内的多个阿拉伯国家教育界人士及政府官员以论坛为契机，讨论中国与阿拉伯国家在高等教育方面合作的前景，并与中国大学签署合作协议。

---

[1] 中华人民共和国驻阿尔及利亚民主人民共和国大使馆. 中国-阿拉伯国家合作论坛行动计划 [EB/OL]. [2021-01-30]. https://www.fmprc.gov.cn/ce/cedz/chn/xw/t160294.htm.

三、案例与思考

纵观2000年之后的中突交流历程，两国之间的文化教育合作在原有基础之上，借助中国在新时期的国际影响力，达到了新水平。传统的海外中文教育有了孔子学院这一新平台作为依托，中国高等教育也在国家留学基金委、中非合作论坛、中阿论坛这些政府部门和国际合作机制的倡导下，与包括突尼斯在内的众多非洲和阿拉伯国家展开了更深入的合作。随着中国经济与科技的发展，教育交流的参与方不再仅仅是学校，交流方式也不再限于语言教育及互派留学生与访问教师。近20年来，中国在通信及航天领域的长足发展成为中国对外教育交流的新名片，也由此诞生了新的教育合作交流方式。本小节将以北斗卫星导航系统在突尼斯的发展为例，介绍中国高教领域与突尼斯的交流状况。

北斗卫星导航系统是中国自主研发运行的全球卫星导航系统。中国-阿拉伯国家卫星导航合作是中国与阿拉伯国家合作的重要内容之一。2017年5月，第一届中国-阿拉伯国家北斗合作论坛在上海举行，会议确定了"加强中阿卫星导航交流合作，全面带动北斗系统落地阿拉伯国家，促进北斗系统服务于阿拉伯国家经济社会发展"的原则。[1] 2018年4月，中阿北斗中心在突尼斯成立。该中心坐落在突尼斯市贾扎拉科技园，是北斗系统的首个海外中心。作为中阿科技合作的标志性项目，其主要用途是展示北斗系统的应用产品和方案、科学研究及培训阿方工程人员。

2019年4月初，第二届中国-阿拉伯国家北斗合作论坛在突尼斯市举办。此次论坛的主题是"合作、应用与服务"。这是北斗系统开通国际服务以来第一次在"一带一路"国家举行类似活动，其间中突双方签署了关于精准农业合作示范项目的谅解备忘录，论坛发布了《第二届中阿北斗合作

---

[1] 北斗卫星导航系统网站. 第一届中阿北斗合作论坛 [EB/OL]. [2021-01-30]. http://www.beidou.gov.cn/yw/xwzt/dyjzabdhzlt/gdxw/201710/t20171025_6360.html.

论坛联合声明》，宣布将继续在卫星导航领域合作。第二届中阿北斗论坛短期教育培训也同期在突尼斯举行。北京航空航天大学国际学院、北斗丝路学院、电子信息工程学院、交通科学与工程学院的教师作为北斗国际交流培训中心代表参加了培训活动。通过这次活动，中突两国教育、科研人员在相关领域进行了深入交流。除突尼斯学员外，参加培训的还有众多来自其他阿拉伯国家的专家，再次显示出突尼斯在中阿交流中的突出地位，以及中国大学在两国科技合作中的作用。[1]

自中阿合作论坛第七届部长级会议以来，双方在《中阿合作论坛执行计划》中愈发重视科技合作。北斗系统在突尼斯的发展正是这一合作成果的体现。2020年7月6日，《中国-阿拉伯国家合作论坛2020年至2022年行动执行计划》公布，除人力资源开发及教育科研领域的传统合作项目外，还涉及科技领域，特别是航天领域合作的框架：

> 双方继续加强教育和科研领域合作，鼓励双方教育和研究机构之间的交流，加强并支持中阿高校之间的交流，逐步增加双方包括公派硕士和博士在内的奖学金名额，推动中阿高校积极建立校际联系，鼓励双方高校开展历史文化、科技应用，尤其是在科技的落地和转移领域，以及在纳米科技、生物科技、新能源、农业和食品药品产业等领域的联合科研……通过增加奖学金名额、在阿拉伯国家开设孔子学院等方式，支持阿拉伯国家汉语教师的培养计划。实施"中阿翻译联合培养计划"……通过举办研讨会、会议、讲座和互换学术、智库刊物、杂志等方式，鼓励中阿双方研究机构间合作。
>
> 双方……继续支持中国-阿拉伯国家技术转移中心和双边技术转移分中心建设，构建覆盖中阿各国的一体化技术转移网络，根据双方技

---

[1] 实验室赴突尼斯参加第二届中阿北斗论坛短期教育培训活动[EB/OL].（2021-04-18）[2023-02-27]. http://gps.buaa.edu.cn/xinwenzhongxin/592.html.

术需求，通过培养专业技术人才，安排科技专家互访，加强航天、通信卫星、导航卫星、对地观测卫星领域合作。同阿方开展培训，交流经验，促进先进实用技术的转移与推广……欢迎2019年4月1日至2日在突尼斯举办的第二届中阿北斗合作论坛所取得的成果，欢迎2021年在中国举办第三届中阿北斗合作论坛。欢迎根据中国卫星导航系统管理办公室与沙特阿拉伯王国阿卜杜勒阿齐兹国王科技城、阿拉伯信息通信技术组织签署的谅解备忘录，在突尼斯启动中阿北斗/GNSS卓越中心，并欢迎突尼斯为中心启动及落户发挥作用。欢迎中国卫星导航系统管理办公室继续向阿拉伯国家提供来华攻读硕士学位的政府奖学金名额。[1]

可以想见，以中突两国目前在卫星领域交流合作的基础，突尼斯将来一定会在中阿合作中发挥更大的作用。

---

[1] 中阿合作论坛. 中国-阿拉伯国家合作论坛2020年至2022年行动执行计划[EB/OL]. [2021-01-30]. http://www.chinaarabcf.org/chn/lthyjwx/bzjhywj/djjbzjhy/202008/t20200810_6836922.htm.

结　语

　　从 200 万年前的能人活动痕迹到公元前 5000 年左右的人骨遗骸，从公元前 1100 年左右的迦太基古城到今日现代气息浓郁的沿海大都市，突尼斯的发展伴随着人类前进的脚步，时而舒缓，时而急迫，时而执着，时而迂回，但从未停歇。这片土地见证了非洲文明、阿拉伯文明和欧洲文明在此播种、生根、发芽、成长并相互碰撞。柏柏尔人与腓尼基人、罗马人、阿拉伯人、土耳其人、西班牙人、法国人等诸多人群在此不断交融，本土文化不断吸纳各种外来因素，缔造出突尼斯异彩纷呈、多姿多彩的文化面貌，成就了突尼斯独特的多元文化魅力。大量的历史古迹见证了突尼斯人民在城市规划、建筑艺术、水利灌溉、果园种植等方面的成就，精美的马赛克、编毯、彩釉陶器等工艺品也呈现出突尼斯人高超的手工艺传统。进入 20 世纪以来，突尼斯在独立后承袭多元文化遗产，在强调本国阿拉伯-伊斯兰属性的同时，逐步扩大同世界的交往，塑造新的突尼斯文化形象，其各种文学、电影、戏剧等文化活动也为古老的传统增添了鲜活的现代气息。

　　文化的发展离不开教育，教育是本书的核心主题，也是突尼斯历史、现在以及未来发展的基石。突尼斯教育历史悠久，8 世纪早期便出现了伊斯兰学校，并拥有伊斯兰世界最古老的学府之一宰图纳大学。19 世纪的巴尔杜综合理工学校以及萨迪克学校在推动国家公共教育、开展现代科目教学、推动民族意识发展等方面起到了重要作用。摆脱了殖民统治之后，突尼斯开始着手建立本国的完整教育体系，力图改变殖民时期教育是少数阶层特权的情况。在独立后不到30年的时间里，基础教育、职业教育、高等教育、成人教育以及教师教育同时发展，到20世纪80年代已经形成了比较完整的教育体系，学龄人群入学率明显提高，教育发展在受教育人数上取得了巨大的进步。与此同时，随着突尼斯经济的发展，教育质量和教育体系的运转已难以满足国家对人才的需要，因此，自20世纪80年代末至90年代初，突尼斯陆续开展全面教育改革，教育目标也由侧重教育普及转向追求教育质量和教育平等，提升教育体制的效率成为新的发展方向。可以说，突尼斯的教育发展史也是突尼斯国家历史的缩影。

独立60多年来，突尼斯学前教育经历了从无到有的过程。尽管共和国第一部教育法便对学前教育有了初步的设想和规划，但由于受到经济和社会文化发展条件的制约，学前教育的必要性没有得到广泛的认可和接受，学前教育在国家独立初期没有得到全面普及。然而，经过20世纪90年代末的发展，突尼斯逐渐形成了一套世俗化学校与古兰经学校并存、公立学校与私立学校并存的学前教育体系。2017年，突尼斯政府发布《2017—2025年低龄儿童多领域发展国家战略》，将学前教育纳入低龄儿童整体发展框架，并将之与家庭社会保障体系结合。这一具有时代前瞻性的思路体现了突尼斯对学前教育重要性和复杂性的深刻理解。在基础教育领域，随着6—16岁免费义务教育的普及，全民教育的目标基本实现。突尼斯基础教育不但走在非洲国家的前列，同时在发展过程中还形成了符合本国需求的特色。例如，在语言教育方面，突尼斯强调以阿拉伯语和法语作为教学语言，并且还立法规定学生在基础教育阶段应掌握两门以上外语；在教育机构方面，政府允许私立学校运营，作为对公立学校的有益补充，从而不仅减轻了国家财政压力，同时也为有不同需求的学生和家长提供了更多选择。

在高等教育方面，突尼斯在独立后继承并拓展殖民时期遗留的高等教育体系，为国家培养了大量干部和高级人才。进入20世纪90年代后，特别是2000年后，高等教育转型进入普及阶段，公立大学扩招重组，众多私立大学也纷纷成立。经过多年的发展，与其他非洲国家大学以及阿拉伯国家大学相比，突尼斯大学水平可圈可点，同时科研水平在非洲国家中也名列前茅。

与此同时，突尼斯职业教育与成人教育和高等教育也并行发展，并针对教育对象和教育目标的不同各有侧重。职业教育将促进就业作为核心内容，随着20世纪90年代和21世纪初职业教育改革的推进，职业教育人数明显增加，2011年之后增幅更加显著，私立职业教育机构也数量猛增，毕业学员的学历学位水平总体有所提升。与职业教育不同，成人教育的内容长期以扫盲为主，其对象主要集中在农村、社会经济发展相对落后的内陆地区以及女性群体。因此，除成人教育的主管部门社会事务部外，妇女儿童家庭事务部和妇女联合会等女性组织在成人教育中也扮演着重要的角色。随着义务教育的普及，突尼斯24岁以下人群的文盲率已降至较低水平。随着突尼斯社会的发展，开展更广泛意义、更深层次的成人教育成为2015年以后突尼斯成人教育发展的新方向。2018年，突尼斯提出新的成人教育发展规划，并特意制定了有关成人教育的法律法规。此外，高等教育与成人教育涉及的一个重要环节是师资教育。独立前夕，突尼斯本土教师的数量不到200人。在此背景下，政府出于效率角度考虑，采取了短平快的教师培训方式，即先从数量上满足教育发展对教师的需求。随着国家发展及教育水平的不断提升，对教师的要求日益增多，对师资培训的专业化程度要求也越来越高，因此突尼斯开始着手制定教师资格制度，形成了各具特色的小学教师、中学教师以及大学教师的认定和晋升体系，先后出台了一系列有关教师教育的规定。

为了适应不断变化的形势，近30年来突尼斯进行了一系列教育立法及教育政策的规范和指导工作，相关的法律文件和政策数量都达到了前所未有的水平。一方面，这是突尼斯政治、经济和社会发展的需求。另一方面，教育多层次发展过程中出现的一些历史遗留问题也有待解决。在教育总体方针政策的规划方面，参与教育管理的多个部委之间的合作与协调一直是突尼斯教育发展和改革的重要内容。同时，建立健全教育信息和数据分析系统，完善教育评估、跟踪和评审机制，为教育发展提供可靠的数据参数也是改进教育行政管理不可或缺的一环。此外，2014年突尼斯新宪法确立了权力下放的原则，这与多年来教育界因地制宜、结合地方发展水平和特色、调动地方机构积极性、推行总体格局下适应地方具体情况的教育策略和举措的呼声相吻合。在教育改革的过程中，突尼斯重视与教育先进国家和联合国教科文组织，联合国儿童基金会，欧盟，阿拉伯教育、文化与科学组织等国际机构的合作，参考国际教育发展经验，接受国际教育援助。

综上所述，经过独立后几十年的发展，突尼斯教育已经形成了完整的教育体系，其成就有目共睹，在非洲和阿拉伯世界都具有示范作用。中国商务部国际贸易经济合作研究院、中国驻突尼斯大使馆经商处及商务部对外投资和经济合作司在2020年12月联合发布的《对外投资合作国别（地区）指南：突尼斯（2020年版）》中认为"突尼斯劳动力资源充沛，受教育程度高"，这正是对突尼斯国民教育所取得成就的中肯评价。

自中突建交以来，文化教育一直是两国交往的重要领域。无论是早年间对外汉语教学在突尼斯的发展，还是近年来中国高科技企业在突尼斯开展的教育合作，都是两国友好关系的见证。2018年7月11日，中突签署"一带一路"谅解备忘录，两国交流进一步深化。2021年8月19—22日，第五届中国-阿拉伯国家博览会在宁夏银川举行。在开幕式上，中方宣读了中国国家主席习近平的贺信，信中说道："中国愿同阿拉伯国家一道，共谋合作发展，共促和平发展，实现互利共赢，高质量共建'一带一路'，推动中阿战略伙伴关系迈上更高水平，携手打造面向新时代的中阿命运共同体！"[1]突尼斯外交部部长杰兰迪代表赛义德总统发表致辞，表示突方一直视

---

[1] 光明网. 深化经贸合作 共建"一带一路"[EB/OL]. [2022-01-30]. https://m.gmw.cn/baijia/2021-08/20/35094437.html.

中方为重要经贸合作伙伴，希望中方在附加值生产行业、数字、高科技等领域加大对突方直接投资，助力突方培养优秀人才，为后疫情时代两国务实合作注入新动力。[1] 突尼斯中国友好协会主席埃塞迪内·热巴利致大会贺词时强调："突尼斯与中国关系友好，在'一带一路'的大背景下，我们之间的交流与合作在日益增多。"[2] 可以想见，中突关系在未来的发展一定充满机遇。

目前，我国关于突尼斯教育的专题性研究几乎是空白。作为"一带一路"国家文化教育大系的分册，本书力图展现突尼斯文化和教育的整体脉络和基本情况，希望在一定程度上能够填补相关研究的空白。由于作者水平有限，书中很多内容仍有待有志于突尼斯教育研究的学者们补充、完善。希望本书能够播撒一粒种子，助力突尼斯教育专题研究这片森林未来生机盎然，硕果累累！

---

[1] 中华人民共和国驻突尼斯共和国大使馆．突尼斯外交部长杰兰迪在第五届中阿博览会暨工商峰会上代表赛义德总统发表视频致辞 [EB/OL]. [2022-01-30]. https://www.mfa.gov.cn/ce/cetn/chn/sgxw/t1900542.htm.

[2] 环球网．中阿博览会 [EB/OL]. [2022-01-30]. https://m.huanqiu.com/article/44PLeasddQU.

参考文献

一、中文文献

本书编写组．习近平总书记教育重要论述讲义 [M]．北京：高等教育出版社，2020．

崔璨．马达加斯加文化教育研究 [M]．北京：外语教学与研究出版社，2022．

董蕴琦．中国再就业工程指南 [M]．北京：中国人事出版社，1998．

冯增俊，陈时见，项贤明．当代比较教育学 [M]．2 版．北京：人民教育出版社，2015．

顾明远．顾明远教育演讲录 [M]．北京：人民教育出版社，2014．

顾晓燕，游滔．加蓬文化教育研究 [M]．北京：外语教学与研究出版社，2022．

国家信息中心"一带一路"大数据中心．"一带一路"大数据报告（2017）[M]．北京：商务印书馆，2017．

贺国庆，朱文富，等．外国职业教育通史 [M]．北京：人民教育出版社，2014．

蒋真，李竞强．突尼斯史 [M]．北京：商务印书馆，2022．

教育部课题组．深入学习习近平关于教育的重要论述 [M]．北京：人民出版社，2019.

李洪峰，崔璨. 塞内加尔文化教育研究[M]. 北京：外语教学与研究出版社，2021.

李佳宇，万秀兰. 肯尼亚文化教育研究[M]. 北京：外语教学与研究出版社，2022.

李竞强. 突尼斯政治转型研究[M]. 北京：中国社会科学出版社，2020.

刘捷. 教育的追问与求索[M]. 北京：人民出版社，2021.

刘捷. 专业化：挑战21世纪的教师[M]. 北京：教育科学出版社，2002.

刘进，张志强，孔繁盛. "一带一路"高等教育研究（2019）：国际化展望[M]. 北京：北京理工大学出版社，2020.

刘生全. 教育成层研究[M]. 北京：教育科学出版社，2011.

卢晓中. 比较教育学[M]. 北京：人民教育出版社，2020.

陆有铨. 教育的哲思与审视[M]. 北京：人民教育出版社，2016.

马健生. 比较教育[M]. 北京：高等教育出版社，2010.

帕金斯. 突尼斯史[M]. 姜恒昆，译. 上海：东方出版中心，2012.

秦惠民，王名扬. 高等教育与家庭流动[M]. 北京：科学出版社，2019.

秦惠民. 教育法治与大学治理[M]. 北京：人民出版社，2021.

任钟印. 东西方教育的覃思[M]. 北京：人民教育出版社，2017.

石筠弢. 学前教育课程论[M]. 2版. 北京：北京师范大学出版社，2014.

滕大春. 教育史研究与教育规律探索[M]. 北京：人民教育出版社，2019.

王承绪，顾明远. 比较教育[M]. 5版. 北京：人民教育出版社，2015.

王定华，秦惠民. 北外教育评论：第2辑[M]. 北京：外语教学与研究出版社，2021.

王定华，杨丹. 人类命运的回响——中国共产党外语教育100年[M]. 北京：外语教学与研究出版社，2021.

王定华. 教育路上行与思[M]. 北京：人民出版社，2020.

王定华. 美国高等教育：观察与研究 [M]. 北京：人民教育出版社，2016.

王定华. 美国基础教育：观察与研究 [M]. 北京：人民教育出版社，2016.

王定华. 新时代高品质学校建设方略 [M]. 长春：东北师范大学出版社，2019.

王定华. 中国基础教育：观察与研究 [M]. 北京：人民教育出版社，2021.

王定华. 中国教师教育：观察与研究 [M]. 北京：人民教育出版社，2020.

王吉会，车迪. 刚果（布）文化教育研究 [M]. 北京：外语教学与研究出版社，2021.

王晶，刘冰洁. 摩洛哥文化教育研究 [M]. 北京：外语教学与研究出版社，2021.

王名扬. 美国公立研究型大学内部质量改进的实证研究 [M]. 北京：中国社会科学出版社，2020.

翁福元. 教育政策社会学：教育政策与当代社会思潮之对话 [M]. 台北：五南图书出版股份有限公司，2007.

吴旻雁，黄超. 埃及文化教育研究 [M]. 北京：外语教学与研究出版社，2022.

吴式颖，李明德. 外国教育史教程 [M]. 3版. 北京：人民教育出版社，2015.

吴志宏. 教育行政学 [M]. 北京：人民教育出版社，1999.

习近平. 论坚持推动构建人类命运共同体 [M]. 北京：中央文献出版社，2018.

习近平. 习近平谈"一带一路" [M]. 北京：中央文献出版社，2018.

萧宗六，贺乐凡. 中国教育行政学 [M]. 北京：人民教育出版社，2004.

谢维和. 我的教育觉悟 [M]. 北京：人民教育出版社，2016.

徐倩，李慧芳. 坦桑尼亚文化教育研究 [M]. 北京：外语教学与研究出版社，2021.

杨汉清. 比较教育学 [M]. 3 版. 北京：人民教育出版社，2015.

杨鲁萍，林庆春. 突尼斯 [M]. 北京：社会科学文献出版社，2010.

杨学伦，郑希臻. 突尼斯文化 [M]. 北京：文化艺术出版社，2001.

苑大勇. 国际高等教育协同创新与人才培养比较研究 [M]. 北京：知识产权出版社，2020.

张方方，李丛. 安哥拉文化教育研究 [M]. 北京：外语教学与研究出版社，2021.

张笑一，Edmund Chang. 埃塞俄比亚文化教育研究 [M]. 北京：外语教学与研究出版社，2022.

郑通涛，方环海，陈荣岚. "一带一路"视角下的教育发展研究 [M]. 广州：世界图书出版广东有限公司，2017.

朱睿智，杨傲然. 莫桑比克文化教育研究 [M]. 北京：外语教学与研究出版社，2021.

二、外文文献

BLEUCHOT H. Les institutions traditionnelles dans le monde arabe. Institut de recherches et d'études sur les mondes arabes et musulmans[M]. Aix-en-Provence : Karthala Editions, 1996.

BOULARÈS II. Histoire de la Tunisie : les grandes dates de la préhistoire à la révolution[M]. Tunis : Cérès Editions, 2012.

CHOURIKA L, ERIC G. Histoire de la Tunisie depuis l'indépendance[M]. Paris : Editions La découverte, 2015.

KARSENTI T, et al. La formation des enseignants dans la Francophonie—Diversités, défis, stratégies d'action[M]. Montréal : Agence Universitaire de la

Francophonie (AUF), 2007.

LOTFI A. Être Tunisien. Opinions croisées[M]. Tunis : Editions Nirvana, 2014.

MEZOUAGHI M. Les territoires productifs en question(s). Maghreb et sciences sociales[M]. Tunis : Institut de recherche sur le Maghreb contemporain, 2006.

SIINO F. Science et pouvoir dans la Tunisie contemporaine[M]. Paris : Karthala Editions, 2004.

SRAIEB N. Colonisation, décolonisation et enseignement : l'exemple Tunisien[M]. Tunis : Institut national des sciences de l'éducation, 1974.